지도로
읽는다

일본 전국시대
130년 지정학

지도로
읽는다

노부나가 · 히데요시 · 이에야스의
천하통일 대전략

일본 전국시대
130년 지정학

코스믹출판 지음 · 야베 겐타로 감수 · 전경아 옮김

이다미디어

수확고로 평가한 전국시대 다이묘 세력도

히데요시의 토지조사를 기준으로 평가한 1548년 무렵의 주요 다이묘 세력도

군웅이 할거하던 전국시대 초기의 지정학을 살펴보기 위해, 도요토미 히데요시가 훗날 실시한 토지조사를 기반으로 쌀 수확고를 산출했다. 30여 년의 시차가 있을 정도로 정확성이 떨어지긴 하지만, 어찌 되었건 천하를 손에 넣은 다이묘는 수확고도 영지도 적은 오다 노부나가였다. 영지의 경제력과 천하통일은 비례하지 않는 모양이다.

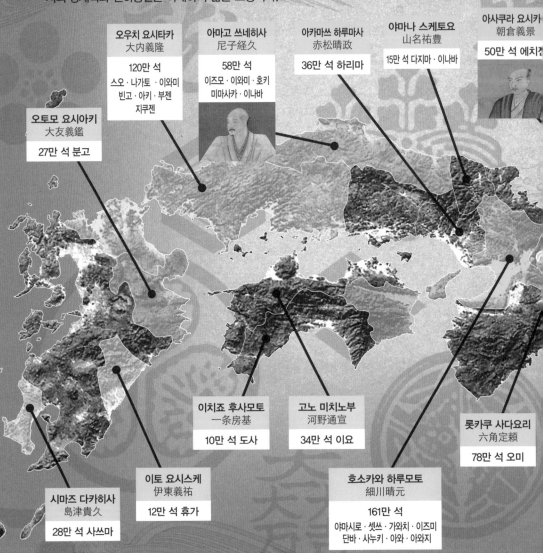

오우치 요시타카
大内義隆

120만 석
스오 · 나가토 · 이와미
빈고 · 아키 · 부젠
지쿠젠

아마고 쓰네히사
尼子経久

58만 석
이즈모 · 이와미 · 호키
미마사카 · 이나바

아카마쓰 하루마사
赤松晴政

36만 석 하리마

야마나 스케토요
山名祐豊

15만 석 다지마 · 이나바

아사쿠라 요시카
朝倉義景

50만 석 에치

오토모 요시아키
大友義鑑

27만 석 분고

이치죠 후사모토
一条房基

10만 석 도사

고노 미치노부
河野通宣

34만 석 이요

롯카쿠 사다요리
六角定頼

78만 석 오미

시마즈 다카히사
島津貴久

28만 석 사쓰마

이토 요시스케
伊東義祐

12만 석 휴가

호소카와 하루모토
細川晴元

161만 석
야마시로 · 셋쓰 · 가와치 · 이즈미
단바 · 사누키 · 아와 · 아와지

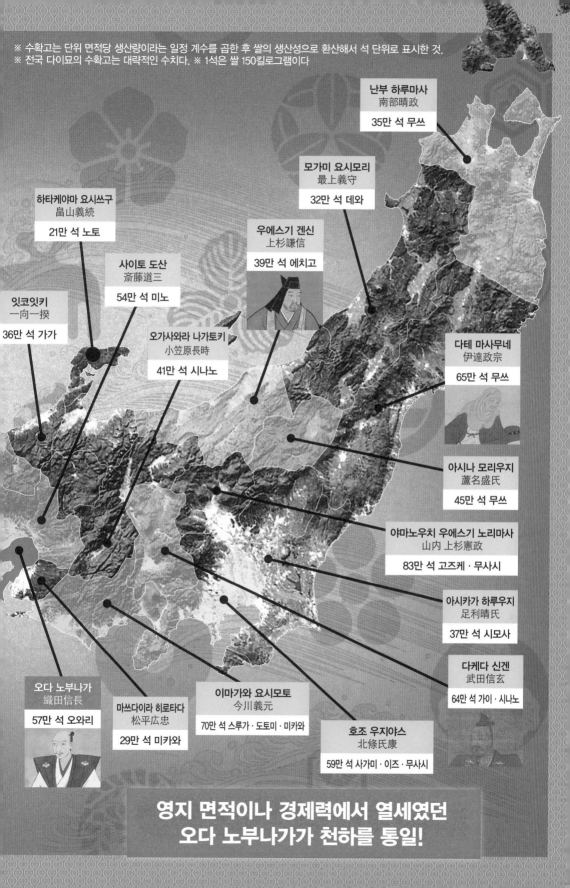

※ 수확고는 단위 면적당 생산량이라는 일정 계수를 곱한 후 쌀의 생산성으로 환산해서 석 단위로 표시한 것.
※ 전국 다이묘의 수확고는 대략적인 수치다. ※ 1석은 쌀 150킬로그램이다

난부 하루마사
南部晴政

35만 석 무쓰

모가미 요시모리
最上義守

32만 석 데와

하타케야마 요시쓰구
畠山義続

21만 석 노토

우에스기 겐신
上杉謙信

39만 석 에치고

사이토 도산
斎藤道三

54만 석 미노

잇코잇키
一向一揆

36만 석 가가

오가사와라 나가토키
小笠原長時

41만 석 시나노

다테 마사무네
伊達政宗

65만 석 무쓰

아시나 모리우지
蘆名盛氏

45만 석 무쓰

야마노우치 우에스기 노리마사
山内 上杉憲政

83만 석 고즈케 · 무사시

아시카가 하루우지
足利晴氏

37만 석 시모사

오다 노부나가
織田信長

57만 석 오와리

마쓰다이라 히로타다
松平広忠

29만 석 미카와

이마가와 요시모토
今川義元

70만 석 스루가 · 도토미 · 미카와

호조 우지야스
北條氏康

59만 석 사가미 · 이즈 · 무사시

다케다 신겐
武田信玄

64만 석 가이 · 시나노

영지 면적이나 경제력에서 열세였던
오다 노부나가가 천하를 통일!

'지정학'으로 푸는
전국시대의 수수께끼

도카이도東海道와 도산도東山道, 호쿠리쿠도北陸道 등 일본의 주요 교통로는 7~10세기 나라 시대에 건설되어 물류와 인적 교류 부분에서 큰 역할을 담당했다. 도카이도만 봐도 오다 노부나가의 기요스성, 이마가와 가문의 스루가성, 호조 가문의 오다와라성 등 주요 다이묘의 거성이 교통로를 따라 세워져 있다. 요컨대 주요 도로를 중심으로 보면 전국시대를 움직인 권력자의 움직임을 파악하는 실마리를 잡을 수 있을 것이다.

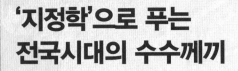

1570년 무렵의 세력도

물류가 활발하게 이동하는 주요 도로에는 반드시 명장들의 영지가 있었다!

도산도

호쿠리쿠도

다테 마사무네

우에스기 겐신

아사쿠라 요시카게

아자이 나가마사

호조 우지야스

도카이도

다케다 신겐

교토

도쿠가와 이에야스

오다 노부나가

해적들로 조직된
전국시대의 수군

전국시대에는 사람들의 이동과 물자 수송에 도로만이 아니라 해로도 이용되었다. 그때 가장 활약한 사람들이 해적이었는데, 전국 다이묘들도 세력을 인정하는 존재였다. 주로 해적 활동을 하다가 일단 전투가 시작되면 다이묘에 고용되어 군량을 운반하거나, 해상전을 펼치는 등 용병으로도 활약했던 것으로 보인다.

전국시대의 수군 분포

북부 항로

무라카미村上 수군

아타기安宅 수군

사토미里見 수군

마쓰우라松浦 수군

이즈伊豆 수군

다케다武田 수군

구마노熊野 수군

구키九鬼 수군

오토모大友 수군

남부 항로

물자를 육로보다 신속하게 대량으로 수송할 수 있는
해로는 전국시대의 주도권을 결정짓는 중요한 교통로였다.

일본 전국시대 행정지명 지도

도산도
東山道

호쿠리쿠도
北陸道

산인도
山陰道

산요도
山陽道

사이카이도
西海道

난카이도
南海道

기나이
畿内

도카이도
東海道

무쓰 陸奥

데와 出羽

에치고 越後

시모쓰케 下野

고즈케 上野

히타치 常陸

시모사 下総

가즈사 上総

아와 安房

사도 佐渡

엣추 越中

시나노 信濃

무사시 武蔵

사가미 相模

이즈 伊豆

가이 甲斐

스루가 駿河

노토 能登

히다 飛驒

가가 加賀

에치젠 越前

미노 美濃

오와리 尾張

미카와 三河

도토미 遠江

이가 伊賀

오미 近江

이세 伊勢

시마 志摩

야마시로 山城

와카사 若狭

단바 丹波

단고 丹後

다지마 但馬

이나바 因幡

이즈모 出雲

가와치 河内

야마토 大和

기이 紀伊

이즈미 和泉

아와지 淡路

셋쓰 摂津

미마사카 美作

하리마 播磨

비젠 備前

빈고 備後

호키 伯耆

이와미 石見

아키 安芸

빗추 備中

이요 伊予

도사 土佐

아와 阿波

사누키 讃岐

나가토 長門

스오 周防

지쿠젠 筑前

부젠 豊前

분고 豊後

히젠 肥前

히고 肥後

휴가 日向

지쿠고 筑後

사쓰마 薩摩

오스미 大隅

일본의 현재 행정지명 지도

도호쿠 지방

간토 지방

주부 지방

긴키 지방

주고쿠 지방

시코쿠 지방

규슈 지방

아오모리현 青森県

아키타현 秋田県

이와테현 岩手県

야마가타현 山形県

미야기현 宮城県

후쿠시마현 福島県

니가타현 新潟県

도치기현 栃木県

이바라기현 茨城県

군마현 群馬県

사이타마현 埼玉県

치바현 千葉県

도쿄도 東京都

가나가와현 神奈川県

나가노현 長野県

야마나시현 山梨県

시즈오카현 静岡県

도야마현 富山県

기후현 岐阜県

아이치현 愛知県

이시카와현 石川県

후쿠이현 福井県

시가현 滋賀県

교토부 京都府

미에현 三重県

나라현 奈良県

와카야마현 和歌山県

효고현 兵庫県

오사카부 大阪府

돗토리현 鳥取県

오카야마현 岡山県

도쿠시마현 徳島県

가가와현 香川県

시마네현 島根県

히로시마현 広島県

고치현 高知県

에히메현 愛媛県

야마구치현 山口県

오이타현 大分県

미야자키현 宮崎県

후쿠오카현 福岡県

구마모토현 熊本県

사가현 佐賀県

나가사키현 長崎県

가고시마현 鹿児島県

지정학으로 읽는 3대 명장
노부나가 · 히데요시 · 이에야스

수많은 영웅의 탄생과 몰락, 그리고
역사의 물줄기를 바꾼 주요 전투들

최근 '지정학'이라는 학문이 유행하면서 서점에 가면 지정학과 관련된 수많은 서적이 매장 앞을 차지하고 있는 모습을 볼 수 있다. 지정학이란 '지리적인 환경이 국가에 미치는 정치적, 군사적, 경제적 영향을 거시적 관점에서 연구하는 학문'을 뜻한다. '일본은 사방이 바다로 둘러싸여 있고 유럽 대륙과 멀리 떨어져 있어 식민지화가 되지 않았다'라는 입장이나, 지금이라면 '북한은 지정학적으로 일본에 위협이 되는 나라다'라는 식의 정치 담론이 여기에 해당된다.

기본적으로 지정학이란 '국가 대 국가' '대륙 대 대륙'이라는 거시적 시점에서 논하는 학문이다. 이런 지정학의 틀 안에서 일본을 통일하려는 전국시대의 움직임을 설명하면 보다 입체적인 분석이 가능하지 않을까. 당시 일본은 천황 중심의 통합된 국가였으나 '일국 일성의 주인一国一城の主'이라는 말처럼 실질적으로는 전국의 무장들이 각 지역을 지배하는 '독립국가'로 운영되고 있었다. 그러한 상황에

세키가하라 전투 병풍도(6곡 한 척).
세키가하라 전투를 묘사한 복제화로 세키가하라초 역사문화인류학 아카이브 컬렉션이 소유하고 있다.

서 지리적 요인이 전국시대를 주도한 주요 무장들의 전략에 크게 영향을 미쳤다는 사실은 누구나 인정하는 바다.

이 책에서는 그러한 지정학적 관점에서 전국시대의 일본을 설명해보려 한다. 그리고 전국시대에 있었던 수많은 영웅의 탄생과 몰락, 역사의 물줄기를 바꾼 주요 전투를 지도를 통해 입체적으로 조명해보려 한다.

그러면 전국시대의 드라마를 연출한 3대 영웅 노부나가·히데요시·이에야스로 이어지는 천하통일의 여정을 함께 떠나보자. 이 책이 여러분을 흥미진진한 전국사의 세계로 안내할 것이다.

차례

1장 · 오닌의 난과 전국시대의 개막

2장 · 군웅이 할거하던 다이묘들의 지정학

3장 · 전국시대 대스타 노부나가의 지정학

4장 · 불세출의 전략가 히데요시의 지정학

5장 · 권모술수의 대가 이에야스의 지정학

오닌의 난과
전국시대의 개막

당시 8대 쇼군이던 아시카가 요시마사가 통치하던 시절, 슈고다이묘들이 대립과 분열 상태에서 내전을 일으키기 시작한다. 그러면서 교토를 비롯한 전국이 극심한 전란의 소용돌이에 휘말려 들어간다. 이후, 무로마치 막부는 멸망의 길을 걷는다.

아시카가 요시마사

오닌의 난을 일으켜서 무로마치 막부를 몰락시킨 장본인. 1장은 무로마치 막부 후기의 권력 해체기를 둘러싼 '수수께끼'를 지정학적으로 풀어보았다.

대기근과 오닌의 난으로
무로마치 막부 몰락

1459년부터 1461까지 3년간 일본 전역에서 수많은 아사자가 난 '조로쿠와 간쇼 대기근'. 피해가 확대된 요인은 아무런 대책을 내놓지 않은 막부, 특히 8대 쇼군 아시카가 요시마사에게 있었다.

빈번히 일어나는 기상이변이
막부의 실책과 겹치며 재해로 확대

오닌應仁의 난˚이 일어나기 8년 전인 1459년, 모내기 철에는 비가 오지 않아 물이 부족한가 싶더니 9월에는 태풍으로 홍수가 나서 가모강鴨川이 범람했다. 그래서 교토京都 시내에 물에 빠져 죽은 자가 셀 수 없이 나왔다. 게다가 이 시기에 태양이 두 개로 보이거나 요성妖星이 달을 가리는 등의 이변까지 일어나서 사람들은 그 어느 때보다 불안에 떨어야 했다.

1460년에도 이변은 계속되어 이른 봄부터 가뭄이 들었다. 모내기 철에 심각한 물 부족에 시달렸고, 물을 확보하기 위해 일본 각지에서 싸움이 벌어졌다. 그런데 6월에 들어서자 상황이 바뀌었다. 장마가 시작되고 큰비가 내리기 시작하더니 논이 침수되어 그대로 썩어버린 벼가 속출했다. 장마로 기온이 떨어진 것도 흉작을 초래한 원인이 되었다.

수확기인 가을에는 창궐한 메뚜기 떼가 겨우 키워낸 벼만이 아니라 주변의 초목까지 모조리 먹어치웠다. 지난해의 흉작으로 비축 식량이 없었던 서민은 굶주림에

오닌의 난의 계기가 된 조로쿠의 대기근

사망자만 8만 명이 넘은, 전례가 없는 대기근이 닥친 교토. 이 대기근이 도화선이 되어 무로마치 막부가 몰락하면서 서서히 전국시대가 도래하게 된다.

오닌의 난이 일어나는 단초가 된 조로쿠의 대기근 (1459~1461년)

최대의 원인

세계적 한랭화 피해

먼 남쪽에서 해저화산이 대폭발!

피해 확대의 원인
**간토 지방
교토쿠의 난 발발**

교토
수해, 가뭄, 기아와 역병으로
국력이 약해짐
사망자만 8만 2,000명!

아사자의 수

교토 / 8만 2,000명
에치젠 가와구치노쇼河口莊 / 9,828명

막부의 대책

기아와 역병으로 사망자가 속출했으나 무로마치 막부의 쇼군 아시카가 요시마사는 궁전 증건에 열중했을 뿐 아무런 구제책도 내놓지 않았다. 참고로 시종의 승려들이 밤죽을 나눠주었으나 굶주린 사람이 너무 많아서 한 달만에 음식이 동났다고 한다.

기근이 정치 불안의 원인

기근이 발생 → 사망자 속출

정치의 불안정 → 무장 봉기가 발생

농업과 의료 등 모든 것이 발달하지 않았던 무로마치 시대였던 만큼 기근이 일어나자 그 피해가 확대될 수밖에 없었다. 천재지변으로 인한 대규모 피해가 정치 불안을 초래한 이유 중 하나였다.

허덕였고, 각지에서는 자기들끼리 서로 죽고 죽이는 참상이 끊임없이 이어졌다.

1461년 2월 1일에는 기아로 인해 연호가 조로쿠長禄•에서 간쇼寬正•로 바뀌었다. 하지만 상황은 호전되지 않아 교토 사람들은 여전히 아사의 공포에서 헤어나지 못했다. 이듬해 2월에는 굶어 죽은 사람의 수가 8만 2,000명에 달해 그 시체로 가모강의 흐름이 막힐 정도였나고 한다. 뒤이어 3월에는 기요미즈사清水寺의 승려가 묻은 시체의 수가 1,200명 정도였다고 하며, 교토 시내에 있는 몇몇 다리 아래에 1,000명 단위로 시체를 묻었다고 전하는 고문서도 남아 있다.

교토 근방에 사는 빈민도 굶주림에 시달리기는 매한가지였다. '일단 교토에 가기만 하면 어떻게든 되겠지'라는 희망을 안고 난민이 된 민중들은 일제히 교토로 향했다. 그래서 교토의 인구가 폭발적으로 늘어나 그렇지 않아도 식량이 부족하던 상황은 더욱 악화되었다. 살 집도 없는 상태에서 조로쿠에서 간쇼로 연호만 바뀐 채 교토의 거리에 버려진 난민들은 그저 기아와 추위에 허덕였을 뿐이다.

요시마사는 도읍의 참상은 모른 체하며
자신의 궁궐 재건에만 힘썼다

교토 안의 참상을 지켜보던 정토종의 일파 시종時宗의 승려들이 손수 끓인 밤죽으로 교토 민중의 구제에 나섰다. 뿐만 아니라 막부의 지원을 받아 난민들의 집을 짓고 무너진 다리를 재건하기도 했다. 이렇게 민간이 나서서 구제 활동을 펼치는 동안 정작 막부에서는 별다른 방책을 내놓지 않았다. 승려들의 구제 활동에도 소액의 지원에 그치는 등 사실상 방치한 상태였다. 그런데 8대 쇼군將軍 아시카가 요시마사足利義政는 자신의 처소인 궁궐을 개축하는 데만 관심을 기울이고 서민의 참상에는 도통 관심을 가지지 않았다. 보다 못한 고하나조노後花園 천황이 한시를 지어 넌지시 타일렀으나 요시마사는 간언을 귀담아듣지 않았다.

교토 근방에서는 기상이변으로 발생한 흉작에 더해 쇼군 일족의 수장 자리를 둘러싼, 슈고다이묘守護大名*인 하타케야마畠山 가문의 집안싸움이 벌어졌다. 에치젠越前, 후쿠이현에서도 슈고守護인 시바斯波 가문과 슈고다이守護代인 가이甲斐 가문 사이에 전투가 벌어졌다. 이렇게 하극상과 신분사회의 붕괴 등 인위적인 요인이 겹치면서 상황은 악화되고 피해는 더욱 확대되었다.

막부의 본거지인 교토에 대한 구제는 본래라면 아시카가 일족 중 간토関東 지역을 지배하는 관직인 가마쿠라구보鎌倉公方*가 담당했어야 했지만, 그 무렵 간토에서는 1455년부터 시작된 교토쿠享德의 난이 한창 벌어지고 있었다. 가마쿠라구보였던 아시카가 시게우지足利成氏[1]와 무로마치 막부 측이었던 야마우치山内 오기가야쓰扇谷의 양대 우에스기上杉 집안 사이의 간토 지역 주도권 다툼은 무려 1483년까지 계속되었다. 이를 수습하느라고 중앙의 구제에 신경을 쓸 여력이 없었던 셈이다.

오닌의 난
쇼군 아시카가 요시마사의 후계자를 둘러싸고 슈고다이묘들이 대립하면서 1467~ 1477년 동안 지속된 내란으로 전국시대 개막의 계기가 되었다.

조로쿠
무로마치 시대의 고하나조노 천황이 사용한 연호(1457~1461년).

간쇼
고하나조노 천황과 고쓰치미카도後土御門 천황이 사용한 연호(1461~1466년).

슈고다이묘
원래 슈고守護라는, 모반인이나 살인자를 검거하는 지방관이었으나 갈수록 권력이 확대되어 영주화되면서 슈고다이묘라 불리게 된다. 슈고는 중앙 정부가, 슈고의 대리인인 슈고다이는 지방 영주가 지명했다.

가마쿠라구보
무로마치 막부 시대에 쇼군을 대행해 간토 지방의 10개국을 다스리던, 가마쿠라부鎌倉府의 관직이다.

교토에서 가까운 구쓰기는
왜 은신처로 인기였을까?

무로마치 막부의 특성으로 쇼군의 군정 장악력이 약해진 것을 꼽을 수 있다. 중앙에서 정쟁이 일어날 때마다 교토에서 쫓겨난 쇼군이 오미국의 구쓰기에 습관처럼 피난 간 이유를 한번 살펴보도록 하자.

13년의 유랑생활을 마치고
쇼군에 복귀한 아시카가 요시타네

집권 기간 중 교토에서 몇 번이나 쫓겨나 '떠돌이 쇼군'으로 불리던 아시카가 요시타네足利義稙[2]. 무로마치室町 막부 10대 쇼군에 취임하고 얼마 안 있어 호소카와 마사모토細川政元[3]가 메이오 정변明応の政変인 쿠데타를 일으키는 바람에 쇼군직에서 물러나 엣추越中, 도야마현으로 망명한다.

그 후, 에치젠으로 이동해 호시탐탐 교토 탈환을 노리지만 실패하고 가와치국河內國, 오사카 동부를 거쳐 오우치大內 가문에 몸을 의탁하고 스오국周防國, 야마구치현 동부로 옮겼다. 1507년에는 마사모토가 암살당하고 그의 세 양자가 서로 싸우는 분열 상태에 놓이게 된다. 이를 쇼군에 복귀할 호기로 여긴 요시타네는 이듬해 4월에 오우치 가문을 비롯해 주고쿠中國 규슈九州의 모든 다이묘의 추대를 받고 해로를 통해 사카이堺, 오사카부에 상륙한다. 마사모토의 양자 중 한 명인 호소카와 다카쿠니細川高国[4]가 합류한 요시타네 군대는 6월에 교토를 점령했다. 11대 쇼군 아시카가 요시즈미足利義澄[5]는 진즉에 교토를 버리고 줄행랑을 쳤고, 교토에 남아 있는

구쓰기는 망명 권력자들의 최고 은신처

'꽃의 수도' 교토에서 불과 40킬로미터 떨어진 곳에 위치한 구쓰기. 오하마와 교토를 잇는 가도의 중간에 있어 물류의 이동이 활발한 교통의 요충지로 당시의 권력자가 임시로 몸을 숨기는 데 최적의 장소였다.

교토에서 그리 멀지 않은 곳에 자리한 구쓰기의 입지

와카사만

무로마치 막부의 쇼군들이
몇 차례나 도피했던 피난처

오하마

이부키산

사바가도
＝

구쓰기

비와호

와카사만과 교토를 잇는
전략상의 요지.

오미

사카모토

고자이쇼산

교토

여러 차례 교토를 탈출했던 '떠돌이 쇼군' 아시카가 요시하루

아시카가 요시하루
무로마치 막부의 12대 쇼군이며,
11대 쇼군 아시카가 요시즈미의 장남이다.

'떠돌이 쇼군'으로 불리던 아시카가 요시타네 못지않게 평생 여러 차례 수도 교토를 버리고 달아난 쇼군으로는 12대 쇼군 아시카가 요시하루를 꼽을 수 있다. 1527년에 오미, 1528년에 구쓰기, 1532년에 오미, 1541년에 오미의 사카모토, 1543년에 다시 오미로 복귀하는 등 여러 번 교토에서 도망친다. 그래도 쇼군직에서 쫓겨나지 않고 자리를 유지할 수 있었던 것은 인접국의 슈고와 백성들에게 쇼군의 공문서를 발행하는 등의 절묘한 외교 전략을 펼쳤기 때문이라고 한다. 전국시대의 무용담도 흥미롭다.

것은 다카쿠니의 라이벌인 호소카와 스미모토細川澄元[6]뿐이었다. 그마저 추방하는 데 성공한 요시타네는 7월에 무사히 쇼군직에 복귀한다. 하지만 그 후 쇼군 복귀에 공을 세운 오우치 가문과 호소카와 가문과 점점 사이가 벌어지고, 1521년에는 호소카와 다카쿠니와 대립각을 세우다 다시 사카이로 도망친다. 그 후 아와지淡路, 효고현에 삼복하면서 재기를 노렸으나 1523년에 세상을 떠난다.

1508년 요시타네군이 교토를 침공했을 때, 당시 쇼군이던 요시즈미가 도망친 곳이 바로 오미국近江國, 시가현의 구쓰기朽木 협곡이다. 요시즈미 본인은 다시 쇼군에 복귀하지 못하고 병사했으나, 그의 자식인 가메오마루亀王丸는 요시타네의 도피 생활로 공석이 된 쇼군에 취임, 12대 쇼군 요시하루義晴[7]가 된다.

교토와 가까운 오미국의 구쓰기 협곡은 정쟁에서 패한 쇼군의 피난처로 유명

요시하루와 그의 아들인 요시테루義輝[8]는 호소카와 가문과 그들을 대신해 등장한 미요시三好 가문 등 교토 근방에서 힘을 가진 세력과 때로는 손을 잡고 때로는 적대하면서 막부 정권의 재건에 힘쓴다. 하지만 번번이 실패하고 교토에서 쫓겨나 도망치는 신세가 된다. 구쓰기, 히에이산比叡山의 사하寺下마을인 사카모토坂本 등 고세이湖西, 비와호 서쪽 지방이 정쟁에 패한 쇼군의 피난처가 된 이유가 있다. 바로 교토와 가까우면서도 권력자의 힘이 미치기 어려웠던 곳이기 때문이다.

오미국만 봐도 남부는 롯카쿠六角 가문, 북동부는 교고쿠京極 가문이 다이묘로 버티고 있어 북서부의 다카시마군高島郡과 아도강安曇川 상류 유역에 위치한 구쓰기 협곡은 다른 세력의 지배력이 미치기 힘든 지역이었다. 또한, 현재 사바가도鯖街道, 고등어길로 유명한 이곳에는 교토와 혼슈 북부 호쿠리쿠北陸를 잇는 교통망이 갖춰져 있어서 각지의 정보 수집이 수월하다는 점, 구쓰기 협곡을 지배하던 구쓰기 가문이

대대로 막부 가신 집안이어서 믿을 수 있다는 점도 간과할 수 없는 요소였다.

요시테루를 사살한 미요시 가문은 요시테루의 사촌인 요시히데義榮[9]를 14대 쇼군에 올렸고, 1568년에는 요시테루의 아우인 요시아키義昭[10]도 15대 쇼군에 봉했다. 하지만 교토에 입성한 오다 노부나가에게 패한 미요시 세력은 아와로 줄행랑을 쳤고, 요시히데는 병으로 세상을 떠난다.

마지막 쇼군 요시아키는 노부나가와 대립을 거듭하다가 1573년에 교토에서 추방된다. 요시아키는 가와치국 와카에성若江城에서 사카이, 기이紀伊, 기이반도 일대를 거쳐 빈고국備後国, 히로시마현 동부로 옮겨 망명 정권을 세우지만, 당시 전국에서 내란과 내전을 일으키던 무사 세력을 지배할 힘이 없었다. 요시아키가 다시 교토에 돌아온 것은 불구대천의 원수인 노부나가가 죽고 6년이 지난 1588년이었다. 그당시 실질적인 지배자는 간바쿠關白[•]의 자리에 오르고 성을 '하시바'에서 '도요토미'로 바꾼, 훗날 천하인天下人이 되는 도요토미 히데요시豊臣秀吉였다.

무로마치 막부 말기에 얄궂게도 전국을 떠돌아다녔던 아시카가 쇼군들. 그런 쇼군의 배후 세력이 된 다이묘들과 주도권 다툼이 벌어지고 함께 손잡을 대항마가 없을 때, 직할 군사가 없는 무력한 쇼군이 도망칠 수 있는 땅이 바로 오미였다. 망명한 쇼군의 목표는 어디까지나 자신의 지배지인 교토로 돌아가는 것이었다.

메이오 정변
호소카와 마사모토가 쇼군 아시카가 요시타네를 몰아내고 사촌 형 아시카가 요시즈미足利義澄를 11대 쇼군으로 옹립한 사건이다.

주고쿠
일본 혼슈의 서부 지역으로 산인山陰지방(돗토리현, 시마네현)과 산요山陽지방(오카야마현, 히로시마현, 야마구치현)으로 나뉘며, 세토내해瀬戸内海를 두고 시코쿠 지방과 마주 보고 있다.

간바쿠
일본의 천황을 대신해 정무를 총괄하는 관직이다. 메이지 유신 이전까지는 조정대신 중에서 사실상 최고위직이었다.

대항해 시대에 전해진
포르투갈의 화승총

다네가섬에 흘러들어온 포르투갈 배가 철포라는 새로운 병기를 들여온 후, 그때까지 방방곡곡에 난립하던 다이묘들이 도태되면서 일본은 천하통일에 한 걸음 다가서게 되었다. 여기서는 철포의 전래와 관련된 에피소드를 알아본다.

전국시대를 마무리하고
통일을 앞당긴 '철포'의 위력

1543년, 무로마치 막부* 말기 오스미국大隅國, 가고시마현 남부 다네가섬種子島, 규슈 남단에 한 척의 배가 흘러들어왔다. 승조원의 대부분은 붉은 머리와 푸른 눈의 포르투갈인으로 말이 전혀 통하지 않았으나, 그 배에 탄 명나라의 유학자 오봉五峯[11]과 필담을 주고받으며 의사소통을 했다고 한다. 당시 오봉은 무역상 및 왜구倭寇*의 두령 노릇을 했다고 전해진다.

영주 다네가시마 도키타카種子島時尭[12]는 자신이 거처하는 아카오기성赤尾木城까지 그 배를 끌고 가서 정박시키라고 명했다. 그 뒤 다시 필담을 나눌 때, 상인을 대표하는 두 사람(Francisco Zeimoto, Antonio Da Mota)을 소개받았다.

두 사람에게 지참한 철제의 기다란 막대의 사용법을 묻자, 그들은 흔쾌히 실연해 보였다. 굉음을 뿜어내는 동시에 화약이 폭발하며 멀리 있는 물건을 맞히는 모습을 보고 도키타카를 비롯해서 함께 있던 일본인이 놀라 입을 다물지 못했다고 한다. 바로 전국시대의 종식을 앞당긴, '철포'가 일본에 전해진 순간이다. 그리고

전국시대에 포르투갈의 배가 다네가섬에 도착

철포라는 강력한 무기의 등장으로 전란이 격화된 전국시대. 외국 배가 다네가섬에 도착한 것은
유명한 이야기다. 철포가 전래된 궤적을 따라가 보았다.

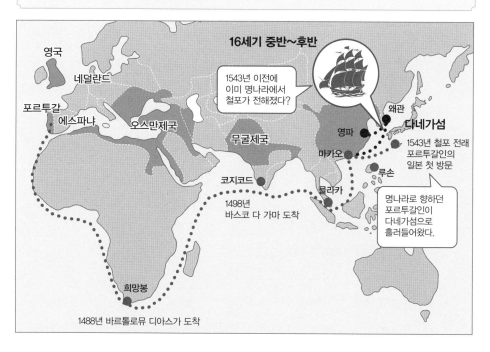

세계에서 본 일본 열도의 지리적 조건

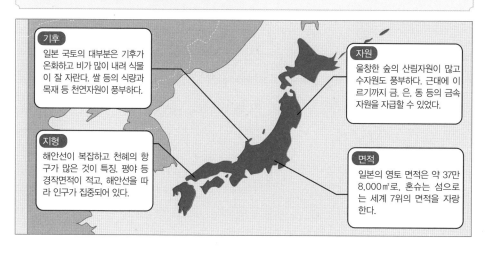

일본이 서양 문명을 접한 최초의 기회이자 첫 번째 문화 충격이기도 했다.

이상이 우리가 흔히 알고 있는 철포가 전래된 대략의 경위다. 참고로 1543년에 전래되었다는 근거는 도키타카의 아들인 다네가시마 히사토키種子島久時가 1606년에 편찬한 역사서《철포기鉄砲記》를 토대로 한다. 그런데 서양에서 발간된 서적에서는 철포의 전래 시기를 1542년과 1544년으로 기록해놓았는데, 어느 사료나 당사자에 의한 기록이 아니라 후대에 기록된 내용이라서 확실한 건 알 수가 없다. 하지만 후대 역사가들이 다방면으로 검증하고 고증한 결과를 종합할 때 현재는 1543년에 들어왔다는 설이 유력하다.

포르투갈인의 화승총 전래 전에
중국에서 철포가 전해졌다?

포르투갈인이 철포를 처음 들여오기 전에 이미 일본에 철포가 전해졌다는 설도 있다. 화약은 원래 중국의 발명품으로 송나라에서 원나라, 명나라를 거치며 중국에서도 이미 화약을 사용하는 무기가 제작되고 있었다. 이른바 중국식·조선식 소총(화약의 폭발력으로 어떤 물체를 날리는 기기)이 덴몬天文● 이전에 일본 국내에 전해졌다는 설이다.

당시의 왜구는 '후기 왜구'라는 명칭으로 불렸는데, 명나라 사람이 주요 구성원이었다. 당시는 그들이 교역을 목적으로 일본 근해에서 활약하고 있었다. 당연히 일본인과도 교류가 있었을 것이다. 그렇다면 일본인이 그런 무기의 존재를 몰랐을 리 없다. 그것이 '덴몬 시대 이전의 철포 전래설'을 뒷받침하는 최대의 근거다. 하지만 안타깝게도 그 이상의 진실은 알려진 바가 없다. 철포가 다네가섬에 전래되기 전에 발간된 전쟁 관련 기록에서 '철포'란 글자가 드문드문 발견되기도 한다.

다만 다네가섬 이전 시기에 철포가 일본에 전래되었다고 해도 폭발적으로 확산된 계기가 된 것은 다네가섬에 전래된 화승총火繩銃임은 부인할 수 없는 사실이다. 당시 일본 규슈의 최남단인 다네가섬에 전해진 철포는 그 후 전국시대를 거치는 동안 전국으로 빠르게 전파된다. 이어서 다음 장에서는 일본 국내에 철포가 확산되는 과정과 제조에 관한 사례를 소개한다.

무로마치 막부

아시카가 가문이 1336년부터 1573년까지 15대에 걸쳐 일본을 통치해서, 이를 아시카가 막부라고도 한다. 고다이고後醍醐 천황과 가마쿠라鎌倉 막부가 대립하는 와중에 아시카가 다카우지足利尊氏가 막부 세력과 천황 세력을 차례로 제압하면서 초대 쇼군의 자리에 올랐다. 3대 쇼군 아시카가 요시미쓰足利義滿가 교토의 무로마치에 궁을 지어 '무로마치 막부'라 는 이름이 붙었다. 1573년 쇼군 요시아키義昭가 오다 노부나가織田信長에 반기를 들어 군사를 일으켰다가 패퇴하고 멸망한다.

왜구

일반적으로 한반도 남부와 중국 남서쪽 연해 지역에서 활동하던 일본인 해적 집단을 가리키지만, 16세기 중엽에는 상당수의 중국인도 포함되어 있었다. 이들은 정체불명의 해적선을 이용해 중국 남부와 류큐, 일본 사이를 왕래하며 밀무역을 했다.

덴몬

무로마치 말기와 전국시대에 재위했던, 고나라後奈良 천황이 사용한 연호(1532~1555년).

전래 2년 만에 대량생산, 화승총이 전쟁에 등장

일본은 철포가 전해지고 고작 2년 만에 화승총 제조에 성공한다. 그 무렵 이미 일본인의 제조 기술은 대단했던 모양이다. 그 후, 대량생산 체제가 확립되고 몇천 정이나 되는 철포가 불을 뿜는 전국시대 전투가 펼쳐진다.

다네가섬에 전해진 철포 제작 기술을 살려
2년 만에 대량생산에 성공

다네가섬에 흘러들어온 포르투갈인에게서 영주 다네가시마 도키타카는 두 정의 화승총을 구입한다. 그리고 직접 사격기술을 습득하는 한편, 가신에게 화약 제조법을 배우게 한다.

사들인 철포 두 정 중 한 정은 먼 길을 마다하지 않고 철포를 구하러 온 기이국紀伊国, 와카야마현 네고로사根来寺의 스기노보 아무개杉坊某[13]라는 사람에게 양보하고 수중에는 한 정만 남게 되었다. 그래서 복제품을 제작하기 위해 전국에서 대장장이를 모집한다. 그중 한 명이 야이타 긴베에八板金兵衛다. 그는 대장장이의 본고장인 미노국美濃国, 기후현 출신으로 도키타카의 요청으로 다네가섬에 와서 살게 되었다.

'야이타의 가계도'에 따르면 긴베에는 제조법, 특히 당시 일본에는 알려지지 않은 나사 기술을 배우기 위해 딸을 포르투갈인에게 시집보내고 그 대가로 겨우 기술을 손에 넣었다고 전해진다(이 이야기는 야이타 가계도와 구전으로만 전해지고 있으

철포의 전래와 일본 국내 보급 경로

포르투갈에서 바다를 건너온 철포. 일본인의 뛰어난 제조기술 덕분에 들어온 지 약 반세기 만에 전국에 보급된다.
여기에서는 일본의 어느 지역에서 철포가 제작되었는지를 그림을 통해 소개한다.

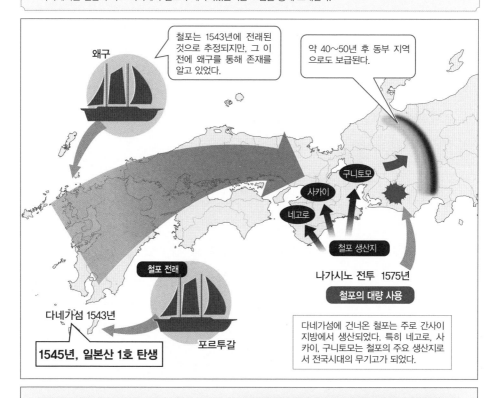

화승총의 금전적 가치는 얼마나 되었을까?

1545년에 다네가섬에 전해진 철포. 당시 포르투갈인에게서 구입한 가격은 한 정당 1,000만 엔이었다고 전해진다. 또한, 철포하면 오다 노부나가가 다케다 가문의 기마대를 무찌른 1575년의 나가시노長篠 전투가 너무나도 유명한데, 그때의 철포의 가격은 얼마쯤 되었을까? 제설이 분분하지만 한 정당 60만 엔쯤 되었다고 전해진다. 철포가 전래되고 30년이 지나 양산 체제가 구축되면서 가격도 상당히 저렴해진 것이다. 참고로 오다 노부나가가 나가시노 전투에 대비해 준비한 철포의 수는 3,000정인데, 철포에만 18억 엔의 군비를 투자한 셈이다.

나가시노 전투(1575년)
오다 노부나가와 도쿠가와 이에야스가 다케다 가쓰요리[14]와 벌인 전투로 오다와 도쿠가와 연합군이 압도적인 승리를 거두었다.

며,《철포기》나 포르투갈 측의 자료에는 해당 기록이 없다).

화승총이 다네가섬에 전해지고 나서 2년 후인 1545년, 고생 끝에 완성된 일본 최초의 화승총은 지금도 니시노오모테시西之表市의 문화재로 다네가섬 개발종합센터의 철포관에 전시되어 있다.

야금기술을 철포 제작에 활용해
16~17세기 군사대국으로 성장

긴베에가 나사의 원리를 알아내는 과정은 험난했다. 하지만 일단 알고 나면 그 원리를 이해하는 것은 그리 어려운 일이 아니었다. 앞에서 말한 대로 화승총을 생산하는 과정에 대장장이들이 참여했는데 도제 제작으로 익힌 야금기술이 있어서 총도 쉽게 제조할 수 있었다고 한다. 총을 청소하려면 막아둔 총미부의 나사를 풀어서 분해해야 하는데 이때만 약간의 요령이 필요했다고 한다. 나머지 부분은 동네 대장간에서도 만들 수 있는 수준이었다.

그러자 한꺼번에 대량생산해서 비용을 줄이려 하게 되었다. 이런 계산은 예나 지금이나 변함없는 모양이다. 총포 제작 기술을 얻기 위해 다네가섬을 찾은 사카이 출신의 다치바나야 마타사부로橘屋又三郎는 고작 1~2년 만에 기술 대부분을 배워 고향 사카이에서 화승총을 생산하기 시작한다. 이후 사카이는 화승총의 주요 생산지로서 이름을 떨치게 된다. 사카이 외에도 오미국의 구니토모무라国友村가 철포 생산지로 유명하다.

화승총 자체가 고가의 무기여서 대량으로 보유하고 운용하기는 쉽지 않았다. 각지의 전투에서도 일찍부터 철포가 사용되었으나 어디까지나 위협용이었다. 어느 다이묘도 철포로 무장한 철포대를 편성해 운용하지 못했다. 화승火繩, 도화선에 불을 붙여야 하는 구조상 화승총은 비에 취약한 게 문제점이었다. 그 때문에 연중

습도가 높고 비가 많은 일본의 지리적 특성상 성안에서 농성 중이라면 모를까 산이나 평야에서 벌어지는 전투에서는 무용지물일 때가 많았다. 전래 이후 순식간에 일본 전국으로 확산되었으면서도 대규모 철포대가 편성되지 않은 이면에는 그러한 사정이 있었다.

구체적인 수치는 남아 있지 않지만 16세기 말부터 17세기에 걸쳐 일본의 철포 보유 수는 세계적으로 봐도 손꼽히는 수준이었다. 철포가 전래되고 반세기 가까이 계속된 전국시대의 동란, 조선 침략을 거쳐 세키가하라, 오사카 전투*에 이르기까지 전투는 끊임없이 이어졌다. 그에 따라 철포의 수요도 항상 있었다. 이로써 당시 일본은 장비로 보나 숙련도로 보나 세계 유수의 군사 대국이 되었다.

전국 통일 이후 나라의 빗장을 걸어 잠그고 태평성대가 계속되면서 일본의 화기 기술은 정체하게 된다. 그러다 막부 말기부터 메이지에 걸쳐 근대화와 부국강병 정책을 추구하면서 일본은 그 차이를 메우기 위해 크게 고생한다. 전쟁이라는 필요악이야말로 기술혁신의 어머니라고 해도 과언이 아니다.

오사카 전투
이에야스 가문이 도요토미 가문을 공격해 멸망시킨 전투인데. 오사카성 공략을 위해 1614년 겨울과 1615년 여름 두 차례나 일어났다. 일반적으로 오사카의 진大坂の陣이라고도 한다.

서구의 기독교 포교는
일본 침략의 도구였는가?

예수회의 창립 멤버이자 선교사였던 프란시스코 사비에르는 일본에 처음으로 기독교를 전파했으며, 현재는 기독교의 수호성인으로서 성인의 반열에 오른 인물이다.

초기 기독교 세례를 받은 다이묘는
선교사를 통한 서구 문물 흡수가 목적

1549년, 사쓰마국薩摩国. 가고시마현 서부에서 선교 허가를 받은 외국인 선교사가 있었다. 프란시스코 사비에르Francisco Xavier[15]는 가고시마에서의 선교를 허가받았으나 절과 신사 세력의 저항으로 뜻을 이루지 못한다. 그러다 교토에 가서 천황이나 쇼군에게 '일본 전국에 통용되는 선교 허가'를 받으려고 한다. 하지만 당시 천황과 쇼군의 권위는 바닥까지 떨어진 지 오래였고, 교토 자체도 황폐해 있었다.

그래서 주고쿠中国. 혼슈 서남단 서부 지역의 유력자인 오우치 가문의 거점이자 작은 교토라 불리던 야마구치山口. 야마구치현에서 포교를 시작한다. 사비에르는 야마구치와 분고豊後. 규슈 오이타현 관할 구역 안에서 선교 활동을 하며 수백 명의 신자를 얻지만, 전란 상태인 일본 국내에서 대규모 선교 활동을 펼치는 것은 시기상조라 판단한다. 그래서 일찍이 일본 문화에 큰 영향을 끼친 중국으로 건너가 선교 활동을 펼치기로 결심한다. 하지만 안타깝게도 얼마 후 병으로 쓰러져 그 꿈을 이루지 못한다.

프란시스코 사비에르가 포교 활동을 했던 경로

기독교를 포교하기 위해 아득히 먼 에스파냐에서 찾아온 프란시스코 사비에르. 교토 중앙정권의 권위가 실추되자 주로 서일본에서 포교 활동을 펼쳤다. 과연 그의 발자취는 어떠했을까?

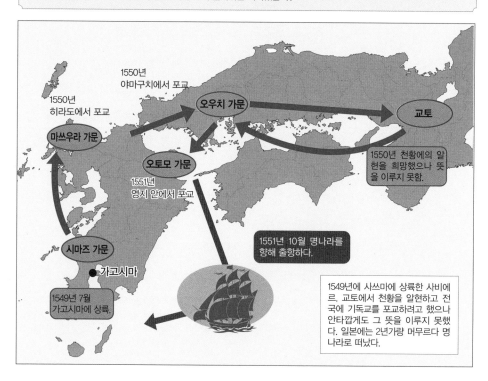

1550년
야마구치에서 포교

1550년
히라도에서 포교

오우치 가문

교토

마쓰우라 가문

오토모 가문

1550년 천황에의 알현을 희망했으나 뜻을 이루지 못함.

1551년
영지 안에서 포교

시마즈 가문

가고시마

1551년 10월 명나라를 향해 출항하다.

1549년 7월
가고시마에 상륙.

1549년에 사쓰마에 상륙한 사비에르. 교토에서 천황을 알현하고 전국에 기독교를 포교하려고 했으나 안타깝게도 그 뜻을 이루지 못했다. 일본에는 2년가량 머무르다 명나라로 떠났다.

일본과 열강의 기독교 포교에 있어서의 속셈

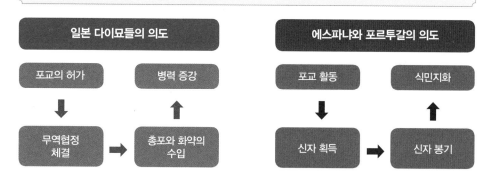

일본 다이묘들의 의도

포교의 허가

병력 증강

무역협정 체결 → 총포와 화약의 수입

에스파냐와 포르투갈의 의도

포교 활동

식민지화

신자 획득 → 신자 봉기

그가 죽은 후에도 많은 선교사가 일본을 찾아온다. 전국시대 일본 연구에 귀중한 자료인 《일본사Historia de Japan》를 쓴 루이스 프로이스Luís Fróis[16], 예수회동인도관구의 순찰사로 많은 다이묘를 알현했던 오르간티노 녜키 솔도Organtino Gnecchi-Soldo, 1582년 일본의 기독교 신도들 중심의 사절단을 이끌고 유럽을 방문해 일본을 알린 예수회의 사제 알레산드로 발리냐노Alessandro Valignano 등이 유명하다.

그들을 접하고 그리스도의 가르침에 눈떠 세례를 받은 다이묘도 탄생했다. 세례명 돈 프란시스코로 유명한 이 주인공은 기타규슈의 패권을 장악했던 오토모 소린大友宗麟[17]이다. 전래 초기 기독교 세례를 받은 대부분의 다이묘는 그리스도의 가르침에 감명을 받았다기보다는 선교사들이 가져온 앞선 서구 문물을 접하는 것이 목적이었다. 하지만 기독교인 다이묘가 전국적으로 증가하면서 젊은 다이묘 중에서도 세례를 받은 사람이 늘어나게 된다.

특히 규슈에서는 다이묘만이 아니라 서민에게까지 기독교가 확산된다. 하지만 그 후에 일어난 기독교 탄압, 에도 시대 초기에 발생한 시마바라의 난島原の亂으로 기독교 신자들은 심각한 타격을 입는다. 이후로 기독교인들은 에도 시대 내내 자신의 정체를 숨기며 근근이 신앙생활을 유지하게 된다.

대항해 시대에 유럽 열강이
일본을 침략하지 못했던 이유

여기서 잊지 말아야 할 것은 16세기가 대항해 시대였다는 점이다. 당시는 기독교와 총화기를 갖춘 에스파냐 등 서구 문명이 중남미를 침략해 식민지로 개척하던 시기였다. 멕시코의 아즈텍문명, 중앙아메리카의 마야문명, 남미의 잉카제국은 에스파냐어로 정복자를 뜻하는 '콩퀴스타도르conquistador'에 의해 멸망했다.

그들은 수법이 아주 교묘해 먼저 상인이 희귀한 산물을 들고 현지를 찾아간다.

이어서 선교사가 들어가서 기독교를 포교하고, 마지막으로 정복자들이 무력으로 현지 문명을 파괴했다.

그렇다면 현실적으로 유럽의 열강이 일본을 쳐들어올 위험성은 없었을까? 그럴 가능성은 제로에 가깝다. 당시 유럽에서 일본까지는 항해 기간만 1년여가 걸렸다. 범선의 정원이 500명이라 치면 배에 병력만 가득 싣고 항해할 수는 없는 노릇 아닌가. 그렇다고 봤을 때, 일본을 정복하려면 보급선까지 포함해 1,000척 가까운 배를 마련하지 않으면 안 된다는 계산이 나온다. 가령 그런 대규모 작전을 강행한다고 해도 에스파냐든 포르투갈이든 본국이 텅 비어서 유럽 다른 나라의 표적이 될 것이었다.

더구나 당시 일본은 전국시대로 1세기 내내 내전 상태여서 병사의 전투력은 높은 수준을 유지하고 있었다. 세계 최강을 자랑하던 원나라 군대가 1274년과 1281년 두 차례나 일본을 공격했지만 실패했다. 그런데 고작 인구 700만 명의 에스파냐가 치열한 통일 전쟁을 치르고 있는 인구 3,000만 명의 일본을 정복한다? 그것은 아마 불가능했을 것이다.

그렇다면 왜 기독교를 금지한 것일까? 이는 외국 세력에 위협을 느껴서라기보다 위정자의 입장에서 서양 문물을 봉쇄하는 게 나라를 통치하는 데 더 유리했기 때문이다.

《일본사》
우리나라에서는 이 책의 일부를 번역한, 《임진왜란과 도요토미 히데요시》라는 이름으로 출판되었다 절판되었다.

시마바라의 난
1637년에 일본 규슈 북서부의 시마바라에서 혹독한 세금 부과와 기독교인들에 대한 탄압으로 인해 농민을 중심으로 일어난 난이다.

교토를 불바다로 만든
아시가루는 게릴라집단

기마무사가 일대일 대결을 벌이는 것도 전국시대가 되면서 지나간 옛이야기가 되고 말았다. 개인 혹은 소규모로 행동하는 하급 무사 '아시가루'의 정도를 벗어난 행동력과 파괴력, 그리고 왕성한 생명력은 전국시대 일반 서민이 추구했던 힘의 상징이었다.

투구도 없이 무기를 지닌 채
속옷 하나만 걸친 반라의 사내들

'아시가루足輕'라는 이름의 어원은 '발 빠르게 달려가는 자'다. 아시가루라는 명칭은 이미 가마쿠라鎌倉 막부* 시대에 쓰인 전쟁 관련 기록이나 이야기에서 볼 수 있는데, 그들이 실제 진가를 발휘한 것은 오닌의 난부터다.

무질서한 데다 충성심이라곤 눈곱만치도 없는 아시가루는 아무 데서나 폭행과 방화, 약탈을 일삼아서 교토의 서민에게 기피 대상이었다고 한다. 또한, 형세가 불리해지면 바로 꽁무니를 빼거나 부끄러움을 모르는 면도 명예를 중시하던 과거의 무사에게서는 찾아볼 수 없는 점이었다.

하지만 생존본능에 충실한 면이야말로 아시가루의 진면목이라 할 수 있다. 상대의 강점은 피하고 약점을 집중적으로 공격하는 아시가루의 행태는 여태까지 격식을 중시했던 무사들로서는 상상할 수도 없는, 유연하고도 융통성 넘치는 전투방식이었다. 이러한 점들 때문에 아시가루들이 전국시대에 벌어진 전투에서 주역으로 맹활약할 수 있었다.

오닌의 난 당시 교토는 불바다가 되었다!

오닌의 난이 일어나자 아시가루가 저지른 만행으로 교토의 절과 신사는 불바다가 되었다.
이로써 무로마치 막부의 권위 실추와 함께 전란의 소용돌이가 휘몰아쳤다.

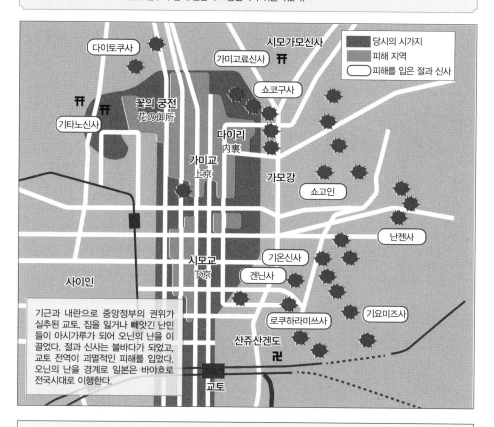

기근과 내란으로 중앙정부의 권위가 실추된 교토. 집을 잃거나 빼앗긴 난민들이 아시가루가 되어 오닌의 난을 이끌었다. 절과 신사는 불바다가 되었고, 교토 전역이 괴멸적인 피해를 입었다. 오닌의 난을 경계로 일본은 바야흐로 전국시대로 이행한다.

전국시대 다이묘들의 용병으로 활약했던 아시가루 집단

아시가루를 현대의 전투부대에 비추어 보면 보병과 같은 역할을 하는 하급부대로 볼 수도 있겠다. 하지만 무로마치와 같은 전국시대에는 전차와 전투기 같은 첨단병기가 없었다. 즉, 기동력이 전부이던 시대라서 아시가루는 상당히 중요한 전력이었을 것으로 추정된다. 용병 게릴라부대 역할을 했던 아시가루는 원래 농민이거나 마을에서 쫓겨난 낭인 출신으로 예의범절이나 권위를 중시하지 않고 가는 곳마다 불을 지르고 행패를 부리던 무리들로 큰돈을 들이지 않고 고용할 수 있었다. 이는 다이묘들의 군사 전략상 그들이 매우 중요한 역할을 했다는 것을 의미한다. 오닌의 난 당시 아시가루가 불바다로 변한 교토에서 약탈과 노략질을 하는 모습을 그린 그림도 남아 있다.

겉모습 또한 일반 무사의 군장과는 동떨어진 것이었다. 사람들이 이르기를 "손에는 장창과 강궁, 머리에는 금색의 투구나 대나무껍질로 만든 삿갓, 붉은 머리 등 화려한 장식물을 뒤집어쓰고 겨울에도 거리낌 없이 피부를 드러내고 다녔다"라고 했다.

운젠 다이쿄쿠雲泉太極[18]가 집필한 《벽산일록碧山日録》*에는 '동군에 징에 병사가 300여 명이 있는데, 이들을 아시가루라고 부른다. 투구도 쓰지 않고 창도 들지 않고 오로지 검 한 자루만 들고 적군으로 돌진한다'라고 쓰여 있다. 이러한 군장의 묘사에서 통일성이 없음을 엿볼 수 있다. 그리고 투구는 쓰지 않고, 무기는 몸에 지니고 있으며, 하반신은 속옷 한 장만 걸치거나, 아예 아무것도 입지 않은 반라의 사내가 그려진 그림도 있다.

전국시대에 들어서면 아시가루의 중요성이 더욱 커진다. 에도성을 지은 명장 오타 도칸太田道灌[19]은 아시가루를 직속군으로 편성해 활용했다. 그리고 '아시가루 군법'을 들여와 주군인 오기가야쓰 우에스기扇谷上杉[20] 가문이 간토 지방에서 주도권을 장악하는 데 크게 공헌했다.

중세에는 무뢰배 취급을 받다가
전국시대에 하급 무사로 신분 상승

전국시대를 맞아 대규모 병력을 동원한 전투가 본격화됨에 따라 훈련을 받은, 장창·활·철포를 다루는 아시가루 부대가 조직되어 주요 전투 부대로 활약하게 된다. 그에 따라 아시가루의 사회적 지위도 향상되어 전국시대 후기에는 아시가루 대장의 녹봉이 약 200석에서 500석으로 오르는 등 중급 무사로 인정받는 존재가 된다. 에도 중기에 화재 예방, 도둑 체포, 도박 단속 등을 맡아 보던 히쓰케토조쿠 아라타메火付盗賊改라는 부서의 장관이었던 하세가와 헤이조長谷川平蔵[21] 집안의 녹봉이 400석이었던 것을 생각하면 지위가 얼마나 높아졌는지 알 수 있을 것이다.

단, 그것은 아시가루 대장 등 간부에게만 해당되는 이야기로 병졸 자체의 신분은 여전히 낮았다. 그래도 정규 하급 무사로서 최소한의 신분 보장을 받을 수 있었고, 공훈을 세우면 무사계급인 사무라이侍뿐만 아니라 성주와 다이묘도 될 수 있었다. 적어도 전국시대에는 그런 '꿈'을 꿀 수 있는 직업이었다.

아시가루로 구성된 보병을 중심으로 치르는 대규모 전투가 대세를 이루자, 그에 따라 아시가루의 군장도 달라졌다. 투구 대신 보통은 가죽이나 종이에 옻칠을 해서 단단하게 만들어 머리에 썼었는데, 나중에는 철판을 잘라내서 삿갓 모양으로 만든 진가사陣笠. 전투모로 대체된 것이다. 그 외에도 철제 갑옷과 손등과 팔뚝을 보호하는 호구護具를 걸치고, 말린 밥 등 전투식량과 수통을 몸에 지닌 채 전장을 누볐다. 전국시대의 아시가루는 당시 세계 수준으로 봐도 중무장한 편이었는데, 철제 갑옷은 4킬로그램 전후로 상당한 중무장에 속했다고 한다.

중세에는 병사로서 대접받지 못하고 무뢰배로 인식되던 아시가루가 전국시대와 에도 시대에 무사계급으로 편입되면서 나라의 녹을 받는 하급관리의 역할을 하게 된 것이다. 대접도 훌륭하고 하고 싶은 대로 마음껏 행동하던 중세 아시가루의 눈에는, 통제가 많았던 에도기의 아시가루라는 직업이 별로 마음에 들지 않았을 수도 있겠다.

가마쿠라 막부
일본 최초의 무인 정권으로 미나모토노 요리토모源賴朝가 가마쿠라(가나가와현)에 설치한 막부(1185~1333년)다.

《벽산일록》
무로마치 시대에 교토 남부 도후쿠사東福寺의 승려였던 운젠 다이쿄쿠의 일기다. 조로쿠 3년(1459)에서 오닌 2년(1468)까지의 내용이 담겨 있다.

오닌의 난 덕분에 번영한
'북쪽 교토' 이치죠다니

이치죠다니는 오닌의 난을 피해 도망친 지배층이 모이면서 작은 교토로 번영했던 옛 도시다. 한때 번성했던 호쿠리쿠의 산성 도시는 아사쿠라 가문의 멸망과 함께 지상에서 사라졌다.

시바 가문의 슈고 자리를 찬탈한
아사쿠라 가문의 군사도시로 유명

현 후쿠이시에서 동남쪽으로 약 10킬로미터를 가면 나오는 고즈넉한 산간도시 '이치죠다니一乗谷'. 구즈류강九頭竜川의 지류인 아스와강足羽川과 또 다른 지류인 이치죠다니강을 따라 굽이굽이 깊은 골짜기에 자리 잡고 있다. 아사쿠라朝倉 가문의 관저를 중심으로 형성된 아래쪽의 성하마을과 그 주변을 산성으로 둘러싼 일대를 가리킨다. 후쿠이 평야가 끝나는 곳에서 산지로 들어가면 바로 나오는 장소이자 호쿠리쿠도北陸道와 미노가도美濃街道 등이 지나는 교통의 요충지에 있었다.

사방 가운데 동·서·남의 삼면이 산으로 둘러싸인 채, 북으로는 아스와강이 흐르는 천연의 요새인 이치죠다니성은 에치젠을 통일할 당시에는 아사쿠라 가문을 지키는 요새 역할을 했다. 평정한 후에는 에치젠의 중심지로서 아사쿠라 가문의 성장과 비례하듯이 발전했다. 남북으로 성문을 만들고 길이 약 1.7킬로미터에 이르는 지역 안에, 관저인 아사쿠라관朝倉館을 비롯해 사무라이 거처와 사원, 그리고 상인의 상가와 서민의 주거지가 계획적으로 정비된 도로의 양면에 늘어서서

전성기에 인구가 만 명을 넘었던 이치죠다니의 영화

오닌의 난이 일어나기 전에는 교토에서 멀리 떨어진 이치죠다니가 번영하리라고는 누구도 예상하지 못했다.
번성했던 교토가 반란과 전쟁으로 황폐해지자 지배층들이 장소를 옮겨서 부흥시켰지만 다시 파괴된다.

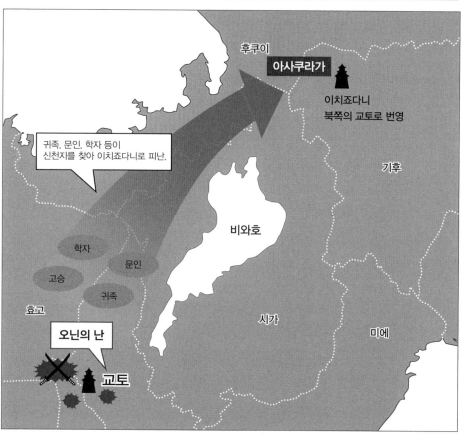

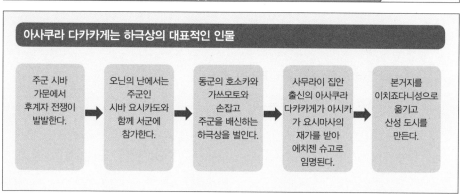

일본의 유명한 성하마을을 이루었다. 주변의 산봉우리에 성채와 감시대를 지어 마을 전체가 가히 산성 도시라 할 만했는데, 이 점이 고호조後北条* 가문의 본거지인 오다와라성小田原城과 닮은꼴이라고 할 수 있으리라.

에치젠을 지배하던 아사쿠라 가문의 시조는 남북조 시대에 아시카가 일족인 시바斯波 가문을 섬겼던 아사쿠라 히로카게朝倉広景[22]였다. 이후로 +준하게 에치젠 국내에서 세력을 키우다 무로마치 시대에 들어서면 가이甲斐 가문, 오다織田 가문과 함께 슈고다이로 임명된다. 본거지를 이치죠다니로 옮긴 것은 4대째인 사다카게貞景 시대였다고 한다. 그리고 5대 당주當主 노리카게教景[23]는 에치젠 슈고였던 시바 가문의 유력한 직속 무사이면서도 막부의 명을 받아 자주 간토 지역으로 출병했다. 그 뒤를 그의 적자였던 6대 이에카게家景가 이어받았으나 일찍 세상을 떠나고, 그를 대신해 적손인 7대 다카카게孝景[24]가 시바 가문을 보좌했다. 그런데 이 다카카게는 아사쿠라 가문을 중흥시키는 데 큰 역할을 한 동시에 시바 가문의 에치젠 슈고 자리를 찬탈한, 하극상을 일으킨 인물로 유명하다.

다카카게는 서군의 일원으로 오닌의 난에 참가했다. 그러다 1471년에 제8대 쇼군인 요시마사義政[25]와 간레이管領*이자 동군의 총대장이던 호소카와 가쓰모토細川勝元[26]에게서 에치젠 슈고의 지위와 권한을 인정한다는 확약을 받고 동군으로 돌아섰다. 이 다카카게의 배신으로 동서 양군의 힘의 균형은 동군으로 크게 기울며 오닌의 난은 수습 국면에 들어서게 된다. 이로써 다카카게는 에치젠의 새로운 슈고가 되지만, 실제로 에치젠 일대의 통일은 자식 대가 되어서야 이루어졌다.

오닌의 난으로 황폐해진 교토를 떠난
조정의 지배층들이 이치죠다니로 이주

아사쿠라 가문은 옛 주군이던 시바 가문의 슈고직 반환 요구에 대항하기 위해

3대 쇼군 아시카가 요시미쓰足利義滿[27]의 차남 요시쓰구義嗣의 후손인 구라타니鞍谷 가문을 명목상의 슈고로 추대한다. 나름대로 슈고의 정통성을 확보한 아사쿠라 가문의 이러한 조치가 사람들에게 지지를 받은 것 같다. 그래서인지 수많은 조정 귀족과 고승, 문인, 학자 등이 오닌의 난으로 황폐해진 교토를 피해 이치죠다니로 이주한다. 덕분에 군사도시 이치죠다니는 비약적으로 발전했다. 화려한 교토문화를 계승하고 꽃피워 '북쪽의 교토'라고 불리기도 했다.

그리고 1499년에는 전 쇼군이었던 아시카가 요시타네가, 1567년에는 그의 아우이자 이듬해에 무로마치 막부의 15대 쇼군이 되는 아시카가 요시아키足利義昭[28]가 아사쿠라 가문에 몸을 의탁한다.

1573년, 오다 노부나가가 이끄는 3만 대군에게 대패한 아사쿠라 가문 최후의 당주 요시카게義景[29]는 이치죠다니를 버리고 오노大野 후쿠이현으로 도주한다. 이튿날, 요시카게를 놓친 노부나가군은 이곳에 불을 지른다. 그로써 한때 찬란한 문화를 꽃피웠던 이치죠다니도 잿더미로 변하고 말았다. 그리고 에치젠의 새로운 영주가 된 시바타 가쓰이에柴田勝家[30]가 기타노쇼성北ノ庄城, 후쿠이성에 본거지를 두면서 이치죠다니는 역사의 무대에서 자취를 감춘다.

오랜 세월 토사 아래 묻혀 있던 이치죠다니가 다시 각광을 받은 것은 아사쿠라 가문이 멸망하고 400여 년이 지난 1967년이었다. 이곳에서 밥그릇과 장기 말, 문방구, 명나라와 조선에서 건너온 도자기까지 출토되면서 이치죠다니 유적이 다시금 주목을 받게 되었다. 이렇게 발굴된 유적들은 그 옛날 이곳에서 찬란하게 꽃피웠던 문화를 지금도 말없이 전해주고 있다.

고호조
가마쿠라 시대의 실권자 호조 가문과 구분하기 위해 전국시대의 고호조 가문이라 부른다.

간레이
무로마치 시대에 쇼군을 보좌하던 2인자로 막부의 정무를 총괄하던 직책이다.

신분사회인 전국시대에는 하극상이 난무했다!

신분사회냐 아니냐가 전국시대에 살던 사람들과 현대인과의 결정적 차이다. 신분계급이 낮은 자가 높은 자를 죽이는 '하극상'이 횡행하는 등 전국시대의 혼란은 현대의 가치관으로는 이해하기 힘든 면이 있었다.

전국시대 무사의 신분제도는 영지와 군사력으로 우열이 결정돼

현대사회에서는 법 아래에 모두가 평등하며 신분제도를 용납하지 않는다. 하지만 이는 어디까지나 현대와 같이 문명이 발달한 사회에서 통용되는 가치관으로, 전국시대에는 그 양상이 전혀 달랐다. 전국시대를 제대로 이해하기 위해 당시의 신분제도에 관해 자세하게 알아보자.

원래 일본에서 신분의 차이가 생긴 것은 벼농사를 비롯한 농경생활이 시작된 야요이 시대弥生時代, 기원전 4세기~기원후 3세기로 추정된다. 농경생활이 시작된 시대라고 하면 왠지 목가적이고 평화로운 삶을 상상하기 쉬우나 실제로는 그렇지 않았던 모양이다. 당시 사람들은 집단적으로 농사짓는 마을村 단위로 살았는데, 토지의 질과 넓이 그리고 그에 따른 수확량의 차이에 따라 유복한 마을과 가난한 마을로 극명하게 나뉘었다. 그러한 격차로 갈등과 분쟁의 불씨가 생겼고, 그러한 분쟁 해결의 역할을 하는 수장이 탄생하게 되었다. 그리고 시대의 변천과 함께 부락의 수장이 호족이 되고 왕이 되면서 신분제도가 생겨났다. 그 후 천황과 귀족·서민이라는 신분사회가 완성되는데, 그 시작이 바로 야요이 시대였던 것이다.

시간이 더 흘러 가마쿠라 시대가 되면 귀족을 섬기는 사무라이 무사가 출현하고 무가武家 신분이 형성된다. 당시 사회의 신분 구성을 보면 천황을 정점으로 황족, 귀족, 신관과 승려가 상위계급을 이루고, 그 아래에 무사계급인 사무라이와 민중인 평민이 위치했다. 그러다 전국시대에 들어서면 평민이 전장에 나갈 기회

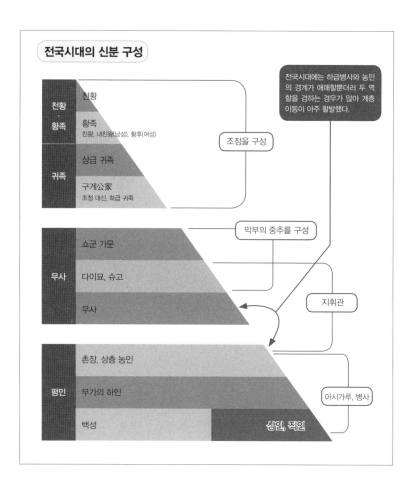

전국시대의 신분 구성

- 천황·황족
  - 천황
  - 황족
    - 친왕, 내친왕(남성), 황후(여성)
- 귀족
  - 상급 귀족
  - 구게公家
    - 조정 대신, 하급 귀족

조정을 구성

전국시대에는 하급병사와 농민의 경계가 애매할뿐더러 두 역할을 겸하는 경우가 많아 계층 이동이 아주 활발했다.

- 무사
  - 쇼군 가문
  - 다이묘, 슈고
  - 무사

막부의 중추를 구성

지휘관

- 평민
  - 촌장, 상층 농민
  - 무가의 하인
  - 백성

상인, 직인

아시가루, 병사

가 늘면서 평민에서 무사로 승격되는 사람이 불어났다. 게다가 전국시대에는 주군인 영주의 힘이 약하면 나라 자체가 망할 수 있었다. 그 때문에 영주의 힘이 약하다 싶으면 가신이나 민중이 그들을 몰아내는 '하극상'이 빈번하게 일어났다.

아무리 영주라 해도 무사 신분제도의 중심축은 어디까지나 군사력이었다. 군사력으로 승패가 좌우되는 실력사회였던 셈이다. 그래서 부하의 하극상으로 인해 역사의 무대에서 쓸쓸히 퇴장하는 영주가 있는가 하면, 도요토미 히데요시처럼 농민 출신임에도 천하통일을 이뤄낸 인물도 있었다.

1장 주요 인명 주석

1 **아시카가 시게우지**足利成氏 – 제5대 가마쿠라구보(1449~1455년)로 막부와 대립하면서 간토 지역에서 전국시대의 막을 여는 역할을 했다.

2 **아시카가 요시타네**足利義稙 – 무로마치 막부 제10대 쇼군이다. 1493년 쿠데타로 쇼군직에서 물러났으나 14년 후인 1507년에 다시 복위했다가, 4년 만에 다시 추방당해 '떠돌이 쇼군'이라는 별명을 얻었다.

3 **호소카와 마사모토**細川政元 – 무로마치 시대 아시카가 가문의 일족인 호소카와 가문의 당주다. 1493년 메이오 정변을 일으켜 요시타네를 폐위시키고, 제11대 쇼군 요시즈미를 옹립해 막부의 막후 실력자로 군림했다.

4 **호소카와 다카쿠니**細川高国 – 무로마치 시대 후기의 무장이다. 자식이 없었던 호소카와 마사모토의 양자로 들어가지만 뒤이어 양자가 된 스미유키澄之, 스미모토澄元 세력을 물리친 다음, 쇼군이었던 아시카가 요시타네를 복위시키고 간레이의 자리에 오른다.

5 **아시카가 요시즈미**足利義澄 – 무로마치 막부의 제11대 쇼군이다. 어린 시절 출가해 세이코清晃라는 법명을 얻었으나, 제10대 쇼군 요시타네가 호소카와 마사모토의 쿠데타로 쫓겨나면서 환속과 함께 쇼군으로 추대되고 요시즈미로 개명했다.

6 **호소카와 스미모토**細川澄元 – 무로마치 막부 후기의 무장으로 간레이였던 호소카와 마사모토의 양자가 되었으나, 같은 양자였던 다카쿠니에게 후계자 다툼에서 패한 후 복귀를 노리다가 병사한다.

7 **아시카가 요시하루**足利義晴 – 무로마치 막부 제 12대 쇼군으로 요시즈미의 장남이다. 1521년 요시타네가 다시 추방되면서 쇼군의 자리에 올랐지만 배후 실력자인 호소카와 하루모토細川晴元와 20여 년에 걸쳐 대립과 화해를 반복했다.

8 **아시카가 요시테루**足利義輝 – 무로마치 막부의 13대 쇼군으로 12대 쇼군 요시하루의 장남이다. 14대 쇼군 요시히데는 사촌동생, 15대 쇼군 요시아키는 친동생이다. 미요시三好·마쓰나가松永 가문의 압박을 받다가 결국 마쓰나가 히사히데松永久秀 등에 의해 살해되었다.

9 **아시카가 요시히데**足利義榮 – 무로마치 막부의 제14대 쇼군이다. 요시즈미의 차남 아시카가 요시쓰나足利義維의 아들로 요시테루의 동생인 요시아키를 제15대 쇼군으로 옹립한 오다 노부나가에 의해 쫓겨난 얼마 후 병사했다.

10 **아시카가 요시아키**足利義昭 – 무로마치 막부의 제15대이자 마지막 쇼군이다. 반노부나가 세력을 규합에 나섰다가 패한 후, 1588년 도요토미 히데요시에게 항복함으로써 250년간 존속되었던 무로마치 막부도 멸망한다.

11 **오봉**五峯 – 본명은 왕직王直, 중국 범죄자와 일본 상인들을 모아 해적단을 조직해 밀무역을 했다. 중국에서 비단, 도자기 등의 물품을 구해 일본으로부터 은을 받고 팔아 큰 부를 쌓았다고 한다.

12 **다네가시마 도키타카**種子島時尭 – 다네가섬의 14대 영주이자 전국시대의 무장. 일본에 처음으로 총을 들여 오고 제조법을 익혀 전국시대의 흐름을 바꾸는 데 결정적인 역할을 했다.

13 **스기노보 아무개**杉坊某 – 《철포기》에는 '네고로사의 스기노보 아무개 공이란 자가 천 리 길을 마다하지 않 고 찾아와서 철포를 원했다'라고 쓰여 있다고 한다. 그의 정체는 네고로사 승병의 우두머리로 전국시대의 무 장인 스다 가즈나가津田算長다. 스기노보 가즈나가로도 불린다.

14 **다케다 가쓰요리**武田勝頼 – 다케다 신겐의 넷째 아들이다. 서자 출신임에도 후계자에 올라 주변국과의 전 쟁에서 뛰어난 활약을 보였다. 한때 도쿠가와 이에야스와 오다 노부나가를 궁지에 몰아넣기도 했지만, 결국 이들 연합군에 대패한 후 수세에 몰렸다가 노부나가의 손에 목숨을 잃는다.

15 **프란시스코 사비에르**Francisco Xavier – 에스파냐 출신의 가톨릭 선교사이자 로마 가톨릭교회 소속인 예수회 의 공동 창설자. 1542년에 인도의 고아를 거쳐 말레이반도에서 포교했고, 1549년에는 일본 가고시마에 상 륙해 일본에 최초로 기독교를 전파했다. 중국에서 포교하다 병사했다.

16 **루이스 프로이스**Luís Fróis – 포르투갈의 로마가톨릭 예수회 사제이자 선교사다. 1563년 일본에 도착한 이후 오다 노부나가와 도요토미 히데요시를 만나는 등 왕성한 포교 활동을 펼쳤다.

17 **오토모 소린**大友宗麟 – 기타규슈를 제패한 다이묘로 오토모 가문의 전성기를 구가했으나, 후반에는 시마즈 가문에 밀려 도요토미 히데요시에게 의지할 정도로 쇠퇴했다.

18 **운젠 다이쿄쿠**雲泉太極 – 무로마치 시대의 교토 남부 도후쿠사東福寺의 승려다. 임제종臨済宗의 선승으 로 운젠은 법명이다.

19 **오타 도칸**太田道灌 – 무로마치 시대 후기에 간토関東 지방에서 활약하던 무장으로 시와 학문에 뛰어난 군 사 전략가였다.

20 **오기가야쓰 우에스기**扇谷上杉 – 우에스기 가문의 분가로 가마쿠라鎌倉 오기가야쓰扇ヶ谷에 모여 살았다 고 한다. 호조 가문에 의해 멸망한다.

21 **하세가와 헤이조**長谷川平蔵 – 에도 시대에 쇼군에 직속되었던 무사로 범죄인의 체포와 재판에서 실력을 발 휘했다고 한다.

22 **아사쿠라 히로카게**朝倉広景 – 일본 왕조가 둘로 나뉘어 싸우던 14세기 남북조 시대의 무장으로 에치젠 아 사쿠라 가문을 연 시조다.

23 **아사쿠라 노리카게**朝倉教景 – 무로마치 시대 중기의 무장으로 당시 에치젠의 슈고였던 시바 가문의 가신으로 활약했다. 제6대 쇼군인 아시카가 요시노리足利義教의 명을 받아 반란군을 토벌하는 공을 세우고 요시노리의 '교教'를 받아 '노리카게教景'로 개명했다고 한다.

24 **아사쿠라 다카카게**朝倉孝景 – 무로마치 시대 중기의 무장으로 아사쿠라 가문의 7대 당주다. 원래 이름은 도시카게敏景였으나, 할아버지와 아버지를 따라 노리카게教景로 이름을 바꿨다가 다시 다카카게孝景로 변경한다. 그런데 10대 증손주와 이름이 같아서 후대에는 이를 구별하기 위해 보통은 아사쿠라 도시카게로 표기한다.

25 **아시카가 요시마사**足利義政 – 무로마치 시대 중기부터 전국시대 초기에 걸쳐 재임한 제8대 쇼군(1449~1473년)으로 제6대 쇼군 요시노리의 아들이다. 막부의 재정난과 민란으로 정국이 불안정하자 현실을 외면하고 정무를 소홀히 했다. 오닌의 난 발발 등 전국시대 개막의 빌미를 제공했지만 예술 등 문화 분야에 많은 공적을 남겼다.

26 **호소카와 가쓰모토**細川勝元 – 무로마치 시대 중기의 무장으로 간레이 직책을 23년 동안 세 차례나 역임할 정도로 무로마치 막부의 실력자이자 슈고다이묘였다. 오닌의 난에서는 동군의 총대장을 맡아 활약했다.

27 **아시카가 요시미쓰**足利義満 – 14세기 일본 무로마치 시대를 개창한 시조 아시카가 다카우지足利尊氏의 손자로 아시카가 막부의 안정에 기여하고 통치 기간에 완전한 문민정치를 확립했다.

28 **아시카가 요시아키**足利義昭 – 무로마치 막부의 마지막 15대 쇼군이다. 제12대 쇼군 아시카가 요시하루足利義晴의 차남으로 태어나 출가했다. 그러나 형인 제13대 쇼군 요시테루의 갑작스러운 죽음으로 환속해 오다 노부나가의 옹립으로 쇼군에 취임한다. 노부나가와 대립하다 교토에서 추방당한다.

29 **아사쿠라 요시카게**義景 – 아사쿠라 가문의 11대 당주로 무장으로서는 드물게 유학과 문학에 조예가 깊었다. 쇼군 아시카가 요시아키와 노부나가가 교토 입성을 명령했으나 불응했다. 그러다 에치젠을 침공한 노부나가군에 패해 도주하다 자살하면서 아사쿠라 가문도 멸망했다.

30 **시바타 가쓰이에**柴田勝家 – 오다 노부나가의 가신 중 최고의 명장으로 이름을 날렸다. 혼노사의 정변 이후 하시바 히데요시와 주도권 쟁탈전을 벌였으나, 시즈가타케 전투에서 패배하고 노부나가의 동생이자 아내인 오이치와 함께 자결한다.

군웅이 할거하던 다이묘들의 지정학

일본 각지에서 격전이 펼쳐지며 수많은 영웅과 드라마가 탄생했던 전국 시대 초기의 지정학적 '수수께끼'를 풀어본다.

호조 소운

호조 소운은 일찍이 전국시대의 다이묘에 이름을 올린 인물 이다. 2장에서는 시대의 선구자인 호조 가문과 관련한 지정 학적 배경부터 살펴본다.

이즈와 간토를 지배한
호조 가문의 지정학

호조는 난공불락으로 꼽히던 전국시대 최대의 오다와라성을 거점으로 동으로 북으로, 그리고 간토 일대까지 용맹하게 진격해 다이묘의 자리에 올랐다. 이렇게 적극 공세에 나설 수 있었던 최대의 이유는 본거지 오다와라를 든든히 방어해주던 자연의 지형 때문이었다.

100년 동안 간토 일대를 지배한
호조 가문의 거성 오다와라성

16세기 약 100년 동안 간토 지방 일대의 광범위한 지역을 지배한 호조 가문의 호조 소운北条早雲[1]. 전국시대 최대의 거성으로 꼽히는 오다와라성에 자리 잡고 광대하게 영토를 확장하면서 5대에 걸쳐 번영을 누리게 한 간토 다이묘의 창시자다.

호조 가문은 전국시대 역사의 중심부에 깊이 관여하지 않아서 큰 비중을 차지하지 않는다는 느낌을 가질지도 모른다. 그래도 약 1세기에 걸쳐 간토 일대를 통치한 점. 우에스기 가문과 다케다 가문 같은 거대 다이묘의 몇 번에 걸친 공격에 당당하게 맞선 점. 이러한 점들로 미루어 전국시대의 주요 무장이라는 점에는 이견이 없다.

당시 난공불락의 거성이었던 오다와라성을 지탱할 수 있었던 배경은, 산과 바다로 둘러싸인 이즈반도伊豆半島, 시즈오카현*의 관문이라는 지정학적 이점이 크게 영향을 미쳤다고 볼 수 있다. 호조 소운은 출생과 관련해 여러 가지 설이 있는데, 전국시대의 혼란기에 다이묘 가문을 탄생시킨 선구자로 일컬어진다. 가마쿠라鎌倉

호조 가문이 이즈에서 시작한 정복의 역사

이즈반도에 침공한 것을 계기로, 약 100년에 걸쳐 간토를 지배했던 호조 가문. 결국에는
도요토미 히데요시에 의해 멸망하지만 전국시대를 대표하는 다이묘 가문이다.

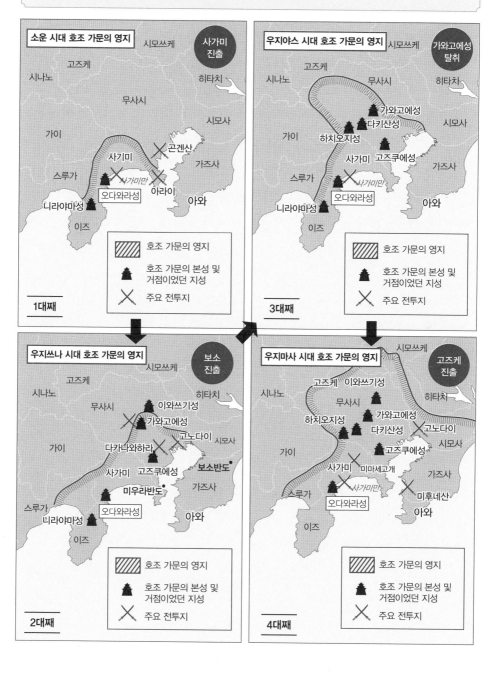

막부의 호조 가문과 구분하기 위해 고호조後北条 가문으로 부르기도 한다. 당초 막부 조정의 관료 출신이었던 소운은 이마가와 가문의 가신으로 승승장구하면서 세력을 키우다 이즈반도로 진격을 개시한다.

그러곤 1494년, 오다와라성 성주였던 오모리 우지요리大森氏頼[2]가 병사하자 뒤를 이은 차남 후지요리藤頼[3]에게서 성을 빼앗는 데 성공한다. 그리고 오다와라성을 거점으로 삼아 가나가와 주변으로 세력을 확장한다. 소운이 세상을 떠난 후, 호조 가문의 2대 당주인 우지쓰나氏綱[4]는 간토 지역으로 진출한다. 그리고 3대 우지야스氏康[5]가 통치하던 시대에는 간토 일대를 완전히 장악하며 세력을 더욱 확장한다.

전국의 명장으로서 이름을 날린 다케다 신겐과 우에스기 겐신에 비해 우지야스는 강력한 무장이라는 인상을 강하게 남기지는 못했는데 실제로는 전혀 다르다. 평생 서른여섯 번 치른 전투에서 한 번도 적에게 등을 보인 적이 없으며, 전투에서 생긴 상처는 전부 맞서 싸우다 입은 상처라고 할 정도로 용맹한 무장이었다.

'이즈수군'이라는 해군을 거느리고
이즈반도 주변의 해로를 좌지우지

여기서 우지야스의 역사적 무용담을 하나 소개한다.

1545년, 간토 지방을 다스리는 간레이 자리를 놓고 대립하던 야마우치 우에스기山内上杉와 오기가야쓰 우에스기 집안이 호조 가문의 위협에 맞서 결성한 연합군 8만의 대군을 이끌고 호조 가문의 영지로 진격했다. 이 같은 침공에 맞서 우지야스는 먼저 이마가와 가문과 협상해 서쪽의 불안을 해결한 다음, 8,000명의 정예부대를 이끌고 야습을 감행해 10배 규모의 적군을 보란 듯이 무찔렀다.

이 전투는 '가와고에성川越城 전투'라고 불리며, 무장으로서 호조 가문의 명성을 크게 떨치는 계기가 되었다. 동시에 이 전투로 호조 가문은 간토 일대의 지배권을 확립했다. 이즈반도의 동쪽 관문인 오다와라성에 거점을 두고서 북쪽과 동쪽으로 과감하게 공격해 들어갈 수 있었던 배경에는 오다와라성을 중심으로 한 지형 전략과 방어선에 비밀이 있었다.

호조 가문은 오다와라성을 중심으로 주변 산들과 하천의 성곽을 정비하고, 동시에 가도 연변에 사원을 배치해 요새로 활용했다. 나아가 영내 각 지역의 중요 거점에는 지성枝城과 병력을 배치해 철벽 방어선을 구축했다. 특히 서쪽 공격에 대비해서는 이즈반도와 하코네箱根고개 곳곳에 성곽을 지어 완벽한 방어막을 치고 최정예 부대를 배치했다. 대군이 몰려와도 좁은 길에서 요격해 무찌른다는, 지정학적 강점을 살린 방어전술을 구사한 것이다.

또한, 오다와라성의 동쪽으로 흐르는 사카와강酒匂川 남쪽 연안 일대를 바다가 지켜주는 천혜의 지형이 호조 일족에게는 간토関東로 진격해도 후방을 걱정할 필요가 없는 든든한 뒷배나 다름없었다. 나아가 소운 시대부터 '이즈수군'이라 불리는 해군 병력을 거느리고, 이즈반도 주변의 해로를 좌지우지한 것도 영향을 미쳤다.

4대인 우지마사氏政[6] 시대에는 240만 석을 수확할 수 있는 간토 8주의 드넓은 영토를 지배할 수 있었다. 이는 오다와라성을 거점으로 한 지정학적 위치가 반석이 되었기 때문이다.

이즈반도
시즈오카현 동부 지역으로 동쪽의 사가미만과 서쪽의 스루가만 사이로 이즈반도가 뻗어 있다. 북쪽으로는 후지산이 자리 잡고 있는, 호조 가문의 본거지로 유명하다.

보소반도
치바현의 대부분을 차지하는 보소반도는 도쿄만의 동쪽을 에워싸고 있어 도쿄의 방파제 역할을 한다.

미우라반도
가나가와현의 남동부에 있는 미우라반도는 동쪽의 도쿄만과 서쪽의 사가미만을 나눈다. 가마쿠라 막부의 본거지였던 사가미국 가마쿠라가 위치했을 만큼 고대부터 전략 요충지였다. 현재는 도쿄만의 관문인 요코스카항에 해상자위대 기지와 미 해군 제7함대 기지가 있다.

농성전 펼친 우지마사는
히데요시 포위전에 항복

전국시대 최강으로 평가받은 무적의 오다와라성. 압도적인 입지와 스케일로 최후의 방어선을 구축했던, 호조 가문의 정신적 지주였던 오다와라성은 결국에는 호조 가문의 기대를 저버린다.

본성과 성하마을을 둘러싼 대규모 성벽은
9킬로미터로 축성해 외적을 방어

호조 가문은 오다와라 주변의 지리적 조건을 최대한 활용해 방어선을 단단히 구축했으나 오다와라성 자체도 난공불락의 강력한 방어능력을 갖추고 있었다. 특히 압권이었던 것은 성과 성하마을 주위를 둘러싼 외곽의 성벽이다. 지도의 청색선을 보면 오다와라성은 사방 장장 9킬로미터에 이르는 장대한 규모의 성벽을 지어 외적의 공격에 대비했다.

거기에는 야하타산八幡山이라는, 최후의 보루가 되는 곳도 포함되어 있는데, 원래는 이쪽이 오다와라성이었다는 설도 있다. 야하타산에 세운 성이 오다와라성보다 높은 위치에 있기 때문이다. 실제로 히데요시가 오다와라를 정벌할 당시에는 바로 이곳이 농성하던 우지마사의 본거지였을 정도로 지리적으로도 요새의 역할을 했다.

하코네 가이린산外輪山의 언덕을 깎아서 성을 지은 것도 강점이었다. 군사력과 방어력이 뛰어난 성이 되려면 사방이 한눈에 내려다보이는 독립된 봉우리에 자리

전국시대 최대 규모를 자랑했던 오다와라성

호조 가문과 함께 약 100년의 역사 속에서 최강의 성이라는 명성을 얻었던 오다와라성. 사방 9킬로미터에 이르는 성벽을 축성해 다케다 신겐과 우에스기 겐신 등의 수많은 명장을 물리쳤다.

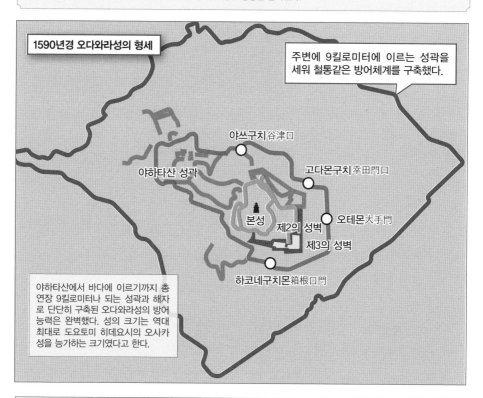

1590년경 오다와라성의 형세

주변에 9킬로미터에 이르는 성곽을 세워 철통같은 방어체계를 구축했다.

야쓰구치谷津口

고다몬구치後田門口

야하타산 성곽

오테몬大手門

본성

제2의 성벽

제3의 성벽

하코네구치몬箱根口門

야하타산에서 바다에 이르기까지 총 연장 9킬로미터나 되는 성곽과 해자로 단단히 구축된 오다와라성의 방어 능력은 완벽했다. 성의 크기는 역대 최대로 도요토미 히데요시의 오사카성을 능가하는 크기였다고 한다.

오다와라성과 지성의 네트워크

서쪽의 방어선

아시카가성

오다와라성

지가사키

가마쿠라

요코스카

네부가와성

야마나카성

서쪽에서의 공격에 대비해 오다와라성의 주변에 지성을 배치.

니라야마성

사가미만

오다와라성
1960년에 총공사비 8,000만 엔을 들여 재건한 망루와 전망대. 2016년에 새로 단장하고 공개한 내부에는 오다와라성의 역사가 주제별로 펼쳐져 있다.

잡고 있어야 하기 때문이다. 오다와라성은 높은 입지의 장점을 살리면서도 산등성이에 해자를 깊게 파고 9킬로미터나 되는 규모로 성벽을 축성해 성하마을까지 성내에 포함시켰다. 이는 다시 말해, 성으로 통하는 모든 교통의 파이프라인을 장악했다는 뜻이다. 전국시대에 이런 성채를 구축한 다이묘는 호조 가문 말고는 없었다.

더욱이 눈여겨봐야 하는 것은 성벽을 둘러싸고 있는 물 없는 해자다. 이 또한 치밀하게 계산된 설계였다. 가령 야하타산의 북서부의 산등성이에 조성된, 물이 없는 해자는 폭 20~30미터에 구덩이와 성벽 보루의 고도차가 무려 15여 미터이고, 60도 각도의 급경사를 이루었다. 게다가 경사면은 간토 지역의 화산회토층이 걸러낸 아주 미끄러운 흙으로 이루어졌다고 한다.

오다와라성을 완전히 포위한 히데요시가 총공격을 멈추고 호조 가문이 항복하기를 기다린 것은 그런 이유에서였다.

히데요시를 맞아 싸운 호조의 마지막 전쟁은
본성에 대한 자신감이 패배의 원인

서쪽에서의 공격에 대비해 이즈반도와 하코네고개에 각각 성곽을 지어 철저히 대비하고 최정예 부대를 배치해 적의 진격을 막은 것은 앞에서도 언급했다. 그런데 호조 가문은 각각 역할이 다른 성을 영지 내에 배치한 것으로도 유명하다. '본성'과 '지성', 그리고 '경계성'과 '연계성' 등이 바로 그것이다.

본성은 이름 그대로 다이묘가 본거지로 삼아 행정의 중추 역할을 담당하게 한 성이다. 다음으로 규모가 큰 지성은 영지 내의 중요한 거점이 되는 성으로 다이묘 일족과 중신이 나눠 거주했다. 그리고 인접국과 면하는 지역에 있는 경계성은 군사 측면에서 방어 거점이자 출병 거점의 기능을 겸했다. 이러한 성은 다시 서로 다른 기능을 가진 소규모 연계성과 연결된다. 성과 성은 봉화를 올려 통신을 연결했는데, 적군이 진격해오면 전광석화의 속도로 본성에 전달되었다.

이렇게 난공불락의 오다와라성을 최후의 무기로 삼아 도요토미 히데요시 군대에 맞서 농성을 벌인 호조 우지마사와 우지나오氏直[7] 부자. 그들이 결사 항전 끝에 괴멸당한 오다와라 전투는 유명한 이야기다. 하지만 본성에 대한 과도한 자신감이 아이러니하게도 호조 가문을 멸망으로 내몰았다고 할 수 있다. 백전노장 히데요시와 호조의 전쟁은, 본성에 대한 흔들림 없는 호조의 자신감이 패배의 원인이었다.

전투를 치를 때 적은 병력으로 대군과 싸우는 경우, 일단 성을 포위당하지 않는 것이 무엇보다 중요하다. 그리고 성채들은 서로 연계해 공성전에 대비하며, 때로는 성 바깥으로 나가 기습공격을 감행하면서 성내를 지켜야 한다.

우지마사는 원군으로 와주기를 기대했던 도쿠가와 이에야스德川家康와 다테 마사무네伊達政宗에게 배신당하고 전략에 차질이 생겨, 할 수 있는 게 아무것도 없었다. 농성 중인 성내에서 결론이 없는 논의만 되풀이했던 탓에 예상된 말로이기는 했지만 말이다. 어쨌거나 어떻게 하면 조금이라도 유리한 화평조건으로 전투를 마무리할 수 있을까, 생각했을 것이다. 철벽 수비만으로는 천재 전략가 히데요시가 이끄는 대군에 맞설 방법이 없었기 때문이다. 농성을 단념하고 항복한 우지마사는 히데요시의 명령으로 할복했다.

전국시대 다이묘들이
해적과 손잡고 수군 양성

전국시대에는 말에 탄 병사들이 싸우는 지상전만 있는 게 아니었다. 바다에 면한 영토를 다스리던 전국 다이묘는 천하의 패자가 되기 위해 독자 세력을 형성하던 해적과 손잡고 군대를 조직했다. 바다에서 펼쳐진 전투는 실로 거칠고 거침이 없었다.

육지의 다이묘와는 별개로
해적은 독자적으로 해상권을 장악

전국시대 전투에 자주 등장하는 수군들은 사실 해적이나 다름없었다. 사방이 바다로 둘러싸인 일본에서는 예로부터 지정학적으로도 해로를 중시해왔다. 그래서 다이묘 권력도 근해에서 활동하는 해적의 존재를 인정했고, 기실은 그들이 두려워 함부로 대하지 못했다. 바다를 통제하는 것은 바다에 면한 영토를 다스리는 전국의 다이묘에게 육상에서의 전투만큼이나 중요했기 때문이다.

다이묘들은 수군을 조직하기 위해 각지의 연안에서 독자적인 세력을 형성한 해적들을 가신으로 책봉했다. 전국시대 이전부터 해적들은 자신들의 세력권에 있는 해역을 가로막고 통과하는 선박으로부터 통행료를 갈취했다. 통행료 내기를 거부하는 배는 습격해 적재 물품을 강탈했다. 요컨대 이들은 육지의 막부나 다이묘와는 별개로 독자적으로 해상권을 장악했던 것이다.

전국시대 수군의 전투방식은 옛날에 비해 별반 달라지지 않았다. 화살로 적을 쏘면서 전투를 시작한 후, 적선과 거리가 좁혀지면 배를 끌어당겨서 디딤널을 놓

태평양 무적함대를 편성했던 이즈수군

전국시대라면 육상에서의 전투를 떠올리게 되는데, 사방이 바다로 둘러싸인 일본의 전국 다이묘들은 해상에서도 전투를 벌였다. 여기서는 수군이 등장한 대표적인 전투를 소개하겠다.

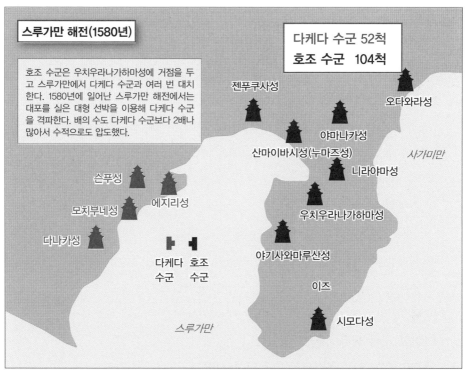

스루가만 해전(1580년)

호조 수군은 우치우라나가하마성에 거점을 두고 스루가만에서 다케다 수군과 여러 번 대치한다. 1580년에 일어난 스루가만 해전에서는 대포를 실은 대형 선박을 이용해 다케다 수군을 격파한다. 배의 수도 다케다 수군보다 2배나 많아서 수적으로도 압도했다.

다케다 수군 52척
호조 수군 104척

젠푸쿠사성
오다와라성
야마나카성
산마이바시성(누마즈성)
니라야마성
사가미만
슨푸성
에지리성
모치부네성
우치우라나가하마성
다나카성
다케다 수군 / 호조 수군
야기사와마루산성
이즈
시모다성
스루가만

제1차 기즈가와구치 전투

오사카만
기즈강
노타성채
난바성채
오사카 혼간사
로노기시성채
다사키성채
미쓰사성채
기즈성채
모리·고바야카와·무라카미 수군
오다 수군

모리 수군, 고바야카와 수군, 무라카미 수군의 배는 총 700~800척. 오다 수군은 300척 남짓으로 괴멸적인 피해를 입었다.

수군 선박의 종류

소조선
고바야부네
좁은 데서도 방향을 바꿀 수 있는 소형선. 방어력은 좀 떨어지지만 빼어난 기동성을 살려서 적을 교란시키는 데 활용했다.

관선
세키부네
아타케부네의 호위용으로 쓰이던 중형 배. 40~80개의 노를 갖추고 있어 기동성도 높았다. 현대의 순양함에 해당한다.

안택선
아타케부네
공격력·방어력·내구력이 우수한 대형선. 선체의 구멍으로 화살과 철포 외에 대포도 쏘았다고 한다.

고 상대편 배로 건너가 백병전으로 적을 무찌르는 방식이 여전히 주류였다. 좀 더 앞선 전술을 구사하는 경우, 적선에 불을 지르는 화공전법을 쓸 때도 있었다. 세토내해를 중심으로 활동하는 무라카미村上 수군과 모리毛利 수군의 경우 화약을 넣은 폭발물을 사용해 적선을 제압했다.

태평양 방면에서 유력한 수군으로는 이스수군이 있다. 호조 가문의 초대 당주인 소운이 이즈로 진격했을 때, 그 지방의 영주를 수하로 거두고 조직한 수군이었다.

이즈수군은 스루가만駿河灣°을 건너 다케다武田 수군과 여러 차례 전투를 벌였다. 다케다 수군은 이마가와 가문이 몰락했을 때, 다케다 신겐이 스루가국駿河国, 시즈오카현을 장악해 조직한 수군으로 호조와 아와安房, 치바현 남부의 사토미里見 세력에 대항해 싸웠다.

1580년 스루가만 결전에서 이즈수군은 대포를 실은 대형 선박을 위주로 강력한 함대를 편성하고 다케다 수군과 치열한 전투를 벌였다.

다이묘 소속 정규 수군도 있었으나, 해적의 대부분은 용병으로 고용되어 전투

일본 혼슈와 시코쿠 사이의 세토내해瀬戸内海는 옛날부터 해로가 발달한 곳으로 여러 해적이 밀집해 활동했던 해역으로 유명하다. 특히 모리 모토나리毛利元就[8]는 수군의 편성에 주력해 고바야카와小早川 수군과 무라카미 수군 양군을 합쳐 병력을 증강했다.

1576년 제1차 기즈가와구치木津川口 전투에서는 700~800척에 이르는 모리 수군이 300척 정도인 오다 측의 구키九鬼 수군을 요격해 패퇴시켰다. 모리 수군이 앞서 소개한, 화약을 넣은 폭발물을 배에 던져 차례로 폭파시키는 전법으로 오다 수군에 큰 피해를 입혔다. 그 후, 패전의 복수를 맹세한 오다 수군은 철판으로 덧대고 완전무장한 거대한 선박을 제조해 모리 수군에 대항하기로 한다.

1578년, 다시 발발한 제2차 기즈가와구치 전투에서 오다 수군은 모리 수군을 무찌르고 복수에 성공한다. 이렇게 전국 다이묘에게 영입된 수군이 전투 시마다 각지의 해역에서 맹활약했다. 전국시대에 접어들어 사람의 이동과 물자의 수송이 확대되자 해로가 교통의 대동맥으로 부상했다.

원래 수군의 뿌리는 어업과 제염을 생업으로 하는 어민으로 자신의 생존권을 지키기 위해 무장한 것이 시초다. 어민 중에 해적들이 활약하는 선박에 올라타서 항해를 돕는 이도 많았다. 세토내해를 누비는 선박들 사이에는 그런 해적을 태운 배를 다른 해적이 습격해서는 안 된다는 규율까지 있었다.

당시 해적들은 다이묘 간에 전투가 시작되면 해상 루트로 군량과 무기를 실어 나르거나 적의 수군과 해상전투를 펼치기도 했다. 다이묘에 소속된 정규 수군도 있었으나, 해적의 대부분은 용병으로 고용되어 전투하는 비정규군 집단이었다.

육로와 해로 양쪽에서 전투를 펼치는 전국시대의 전투방식은 세계적으로도 드문 경우로 지정학적으로는 훗날 일본의 해양 기술 발전에 크게 영향을 미쳤다는 평가를 받는다.

스루가만
이마가와 가문의 영지인 스루가국의 근해로 이즈반도와 시즈오카현의 최남단 오마에자키御前崎의 사이에 있는 만이다.

전국시대 다이묘들은
왜 산성을 지었을까?

축성의 대국 일본에는 다채로운 성이 존재했다. 그중에서도 특징적인 것이 전국시대에 크게 유행했던 산성이다. 산을 깎고 경사진 지형을 최대한 활용해 대자연과 공존하듯이 산성을 지었는데, 그렇게 지은 데는 사실 합리적인 이유가 있었다.

산성은 방어하기는 수월하고
적이 공격하기에는 어려운 천연요새

일본 열도에는 현재도 3~4만 명을 수용했던 대규모 성터가 남아 있다. 그 성들은 대개 14세기에서 17세기 사이에 지어진 것이다. 고작 300년 사이에 이토록 많은 수의 성이 세워진 곳은 세계사적으로 봐도 일본이 유일하다. 일본의 중세는 바야흐로 전국의 다이묘들이 경쟁적으로 나선 대축성기였다.

그중에서도 전국시대에 지어진 성은 그 스타일이 아주 특징적이라고 할 수 있다. 여하간 성의 90퍼센트가 산 자체를 성으로 간주하고 구축한 이른바 산성이다. 산성의 기원은 적의 공격을 피해 산세가 가파르고 험준한 천연의 요새에 들어가 농성한 데서 출발한다. 즉, 산간 지역에 인공적인 방어시설을 짓기 이전부터 산성이란 산에 칩거하는 행위 자체를 의미했던 것이다.

한편 일본 각지에서 전투가 일상처럼 일어나게 되면서 산성의 규모와 축성 방법도 진화하게 된다. 산을 대규모로 깎아서 길을 내고 능선을 따라 방어시설을 짓게 된 것이다. 그래서 전국시대에는 다양한 형태의 산성이 탄생하는데, 크게 두

난공불락의 방어력을 과시했던 산성들

높고 험준한 산에 성을 지어 철벽수비를 자랑했던 전국시대의 '산성'. 현재까지 남아 있는 수많은 성터에서 전국시대의 긴박했던 전쟁의 흔적을 느낄 수 있다.

일본의 대표적 산성

나나오성 (노토)
1428년 축성
성주 하케타야마 요시쓰구
표고 300m

가스가산성 (에치고)
1336년 축성
성주 우에스기 겐신
표고 180m

갓산도다 성 (이즈모)
1185년 축성
성주 아마고 쓰네히사
표고 197m

오다니성 (오미)
1516년 축성
성주 아자이 나가마사
표고 495m

간논사성 (오미)
1335년 축성
성주 롯카쿠 요시카타
표고 421m

적이 공격하기 어렵게 고도가 높은 장소에 위치하는 것이 산성의 특징이다. 이러한 산성은 아득히 먼 아스카 시대부터 존재했다.

산성에서 평산성으로, 다시 평야 지대의 평성으로!

성의 스타일은 거주하기 불편한 산성에서 성 주위에 해자를 파고 석벽을 쌓은 평산성을 거쳐, 평야 지대에 세운 평성으로 시대의 변천과 함께 발전한다. 평성은 고저의 차이나 가파르고 험준한 지형을 이용할 수 없는 만큼 방어에 취약하다는 평을 받아왔으나 실상은 그렇지 않다.

강과 연못, 습지와 논 등 주변의 자연물을 석벽처럼 이용해 적의 침공을 막을 수 있었고, 너른 부지를 활용해 많은 병사를 수용할 수 있는 군사적 이점도 있었다. 나아가 적의 병력을 분산시키기 위해 작은 출입구를 사방에 설치해서 적극적으로 반격할 수도 있었다. 참고로 평산성은 보통 교통의 요지에 지어졌는데, 그 결과 성 주변에 자연히 성하도시가 형성되어 물류의 거점으로서 경제 활동이 활발해진다는 이점도 있었다.

가스가산성
과거 에치고의 가스가산 정상에 지어진 거대한 산성. 우에스기 겐신의 성으로 유명하다.

가지 스타일로 구분된다. 하나는 영주가 사는 저택과 전투 시에 농성에 들어갈 농성용 성이 한 세트가 되는 산기슭의 성이다. 다른 하나는 산 전체를 성곽화하고 산꼭대기에 영주의 저택이 있는 성이다.

일본에는 난공불락으로 이름을 떨친 5대 산성이 있는데 에치고越後, 니가타현의 가스가산성春日山城, 노토能登, 이시카와현의 나나오성七尾城, 이스모出雲, 시마네현의 갓산토다성月産富田城, 오미近江, 시가현의 오다니성小谷城, 오미 남부의 간논사성觀音寺城 등이 여기에 해당한다. 어느 성이나 산의 지형을 살려서 대규모로 지어진 성이다.

산성은 방어하기가 수월할 뿐 아니라 적이 공격하기가 어려운 천연요새에 입지한 경우가 많다. 그래서 산 정상에 전망대를 세우면 주변을 내려다보며 적의 침략을 쉽게 감시할 수 있다는 이점이 있다.

다이묘 사이에 산성이 유행한 것은
국토의 4분의 3이 산지이기 때문

모든 다이묘 사이에 산성이 유행한 최대의 이유는 국토의 4분의 3이 산지인 일본의 지리적 특징 때문이다. 게다가 높고 험준한 산의 경사면을 이용해 짓기 때문에 평지에서 성의 기초부터 쌓아가며 지을 때보다 건축 비용이 훨씬 적게 든다는 장점도 있었다. 산성은 국토가 산으로 뒤덮인 일본 고유의 축성문화라고 할 수 있을 것이다.

게다가 산성에는 여러 가지 방어시설을 설치하는 것도 가능했다. 산비탈을 깎아 가파른 벼랑을 만들거나, 능선을 타고 적이 올라오는 것을 막기 위해 능선을 깎아내기도 했다. 또한, 산의 경사면을 따라 수직으로 길게 해자를 파서 적병이 성벽을 타고 올라오는 것을 막았다.

전국시대의 산성 축성은 비용, 건설 기간, 안전성, 전투력, 내구성 등 모든 면에서 합리적이었다. 뿐만 아니라 지정학적 측면에서도 용맹한 무장들이 영지를 지키고 세력을 확대하기 위해서 필연적인 선택이었다고 할 수 있을 것이다.

원래 성을 짓는 목적은 적의 공격을 막기 위해서였다. 하지만 전국시대의 산성은 단순히 방어에 그치지 않고 전투의 거점으로 진화해갔다. 그래서 산성을 함락시키려면 특별한 지략과 전술이 필요했다. 성을 공격하는 쪽에서 희생을 각오하고 무모하게 돌진하는 역공力攻작전, 소수의 군대로 대군을 함락시키는 불의의 기습작전, 성의 수원을 차단하거나 성을 침수시키는 수공작전, 식량 보급로를 끊는 군량 차단 공격 등 다양한 전술을 구사했다.

전국시대의 산성 모델로는 가마쿠라 시대 말기에 구스노키 마사시게楠木正成[9]가 표고 1,125미터의 고지대에 지은 지하야성干早城과 아카사카성赤坂城이 있다. 이 두 성은 성에 주둔하는 1,000여 명의 병사로 수십만이나 되는 막부의 대군을 애먹여서 사람들에게 철벽의 요새로 알려졌다. 그러다가 전국시대 중기가 되면 무장들이 자신의 권력을 과시하기 위해 평지에 지은 성을 민중을 다스리기 위한 권위의 상징으로 활용하기 시작한다.

잇코잇키의 광풍이
전국시대를 덮쳤다!

백전노장인 전국 다이묘들조차 골머리를 앓은 것이 종교 문제였다. 15세기 후반부터 폭발적으로 신도가 늘어난 일향종은 권력에 대항해 차례로 봉기한다. 슈고다이묘마저 넘어뜨릴 정도로 힘이 세진 민중은 급기야 영지를 지배하기에 이른다.

일향종 신자들이 일제히 봉기해
권력의 폭정에 맞서 저항운동

'정치', '전쟁' 그리고 '종교'는 인간의 삶과 불가분의 관계에 있다. 유사 이래 어느 시대나 인류는 이 세 가지의 지배를 받았다고 해도 과언이 아니다.

정치가 지식의 지배라면 전쟁은 폭력의 지배이고, 종교는 마음의 지배다. 전국시대에도 사람들은 현대사회 못지않게 이것들의 지배를 받고 농락당했다. 특히 서민들에게 종교가 확산되면서 각지에서 항쟁이 벌어졌다.

전국시대에 정토진종의 혼간사本願寺 일파인 일향종一向宗, 잇코슈의 신자들이 일제히 봉기해 권력의 폭정에 맞선 저항운동이 바로 잇코잇키一向一揆다. 15세기 후기부터 16세기 전반에 걸쳐 전국시대 수십 년간 계속된 잇코잇키는 다이묘에 맞서 싸우거나 때로는 결탁하는 등 전란의 주도권을 좌지우지할 정도의 세력으로 성장했다.

원래 일향종은 정토종을 창시한 호넨法然의 제자인 신란親鸞을 시조로 직계 자손이 대대로 법통을 계승하며 유지되어왔다. 신도가 폭발적으로 증가한 것은 제8대

기나이와 호쿠리쿠의 일대를 장악한 잇코잇키

각지에서 항쟁과 반란을 일으키며 전국 다이묘들을 괴롭혔던 잇코잇키. 특히 호쿠리쿠에서 막대한 영향력을 발휘해 초기 발생에서부터 수습까지 대략 90년이라는 긴 세월이 걸렸다.

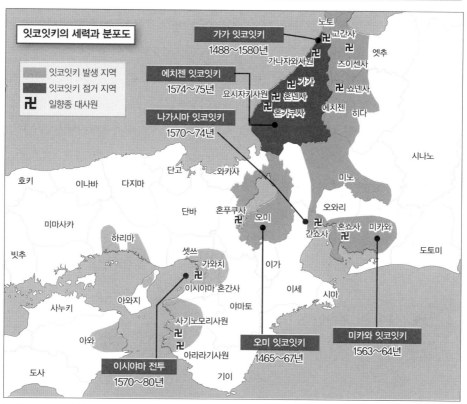

잇코잇키의 세력과 분포도

- 잇코잇키 발생 지역
- 잇코잇키 점거 지역
- 卍 일향종 대사원

가가 잇코잇키
1488~1580년

에치젠 잇코잇키
1574~75년

나가시마 잇코잇키
1570~74년

노토 / 고간사 / 엣추
가나자와사원
즈이센사
가가 / 쇼넨사
요시자키사원 卍 혼넨사
에치젠 / 히다
혼가쿠사

시나노

단고 / 와카사
미노
오와리
오미
단바
혼푸쿠사 卍
오미 卍 간쇼사 / 혼쇼사 / 미카와
이가 / 도토미
이세 / 시마

호키 / 이나바 / 다지마
미마사카
하리마
셋쓰 가와치 卍
이시야마 혼간사
아와지 / 야마토
사누키 / 사기노모리사원 卍
아와 / 아라라기사원 卍
도사 / 기이

이시야마 전투
1570~80년

오미 잇코잇키
1465~67년

미카와 잇코잇키
1563~64년

잇코잇키 연표

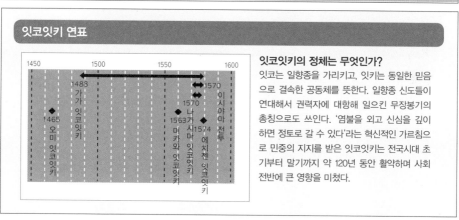

| 1450 | 1500 | 1550 | 1600 |

1483 가가 잇코잇키

1570

1570 이시야마 전투

1465 오미 잇코잇키

1563 가 1574
미 에
카 치
와 젠
잇 잇
코 코
잇 잇
키 키

나가시마 잇코잇키

잇코잇키의 정체는 무엇인가?

잇코는 일향종을 가리키고, 잇키는 동일한 믿음으로 결속한 공동체를 뜻한다. 일향종 신도들이 연대해서 권력자에 대항해 일으킨 무장봉기의 총칭으로도 쓰인다. '염불을 외고 신심을 깊이 하면 정토로 갈 수 있다'라는 혁신적인 가르침으로 민중의 지지를 받은 잇코잇키는 전국시대 초기부터 말기까지 약 120년 동안 활약하며 사회 전반에 큰 영향을 미쳤다.

법주法主인 렌뇨蓮如 시대부터 적극적인 포교 활동을 펼치며 교세를 확장한 덕분이었다.

헤이안 시대에 불교와 선종이 귀족들의 종교였다면, 일향종은 중생이야말로 부처가 구제할 대상이라고 외쳤다. 즉, 서민 포교에 역점을 두고 쉬운 말로 대중에게 가르침을 전하는 종교였다. 다른 불교 종파들이 승려가 되어야 신자를 구제하고 가르침을 베풀 수 있었다면, 일향종은 일반 신도도 다른 사람들이나 신도를 구제할 수 있었다.

신도 개인의 포교 활동을 인정했다는 점, 신도가 기도로 타인의 행복을 빌 수 있다는 점, 그리고 신도들끼리 커뮤니티를 형성할 수 있다는 점이 크게 호응을 얻어 일향종은 전국시대에 폭발적으로 확산되었다. 종교로 맺어진 유대는 쉽게 끊어지지 않기에 지방의 신도들은 전국의 다이묘에게 세금을 봉납하는 등의 지배받기를 거부하고 권력자에 맞서 항쟁을 벌이게 된다.

신도와 농민이 지배한 가가국은
'백성이 가진 나라'로 불렸다

전국시대 다이묘에게 잇코잇키는 역병과도 같은 존재였다. 잇코잇키가 발생해 신도가 지배하게 된 지역에서는 '고講'라고 하는 일향종의 조직을 통해 신도들이 결속했다. 이들은 세금을 내지 않았고 다이묘의 전횡과 폭정에도 강하게 반발했다.

전국시대 다이묘가 권력 기반을 유지하고 영향력을 가지려면 잇코잇키가 지배하는 지역에서도 조세를 거두어들여야만 했다. 하지만 종교를 기반으로 하는 잇코잇키의 결속력은 아주 단단해 자칫 잘못 대처했다가는 권력을 빼앗기는 봉기로 번질 우려가 있었다.

실제로 1488년에는 가가국加賀国, 이시카와현의 슈고 도가시 마사치카富樫政親[10]가 잇코잇키의 공격을 받고 스스로 목숨을 끊는 엄청난 사건이 벌어졌다. 일향종 신도의 자치권을 인정하지 않던 마사치카의 본거지인 다카오성高尾城이 잇코잇키의 대군에 포위당하자 스스로 목숨을 끊는 수밖에 없었던 것이다.

그 후 약 90년간, 가가국은 신도와 농민이 규합해 슈고를 쓰러뜨린 자치국으로서 '백성이 가진 나라'로 불렸다. 그렇지만 농민이 가가국을 완전히 지배한 것은 아니다. 승려와 지방의 토착 무사인 상급계급 신도들이 모여 합의한 내용이 조직 운영의 기반이 되었다. 어찌 되었건 호쿠리쿠 지방 전역을 비롯해 기나이畿内, 교토 인근과 도카이東海*등 일향종 신도가 많이 모이던 지역의 다이묘들은 모두 그들의 강한 결속력에 골머리를 앓았다.

단, 렌뇨를 비롯한 역대 법주는 세속의 권력과 종교는 서로 존중해야 한다는 '왕법위본王法爲本'의 사상을 토대로 신도에게 세속법을 지키라고 설파했다. 즉, 전국시대에 휘몰아친 잇코잇키의 광풍은 일향종 교단의 총의가 아니었음을 엿볼 수 있는 것이다.

현대사회에서도 정교일치를 내세우는 이슬람교를 필두로 종교 대립으로 인한 투쟁과 분쟁이 끊이지 않는다. 전국시대에도 당시의 혁신적인 종교 포교로 발생하는 정치적 위험을 다이묘가 배려했더라면 역사는 크게 달라졌을지도 모른다.

도카이

도카이 지방은 혼슈 중부의 남쪽 지역으로 주로 나고야시의 배후인 기후현, 아이치현, 미에현을 일컫는다.

전국시대 유명 무장들이
무운을 빌었던 신사들

난세를 살아가며 천하를 얻기 위해 전투로 밤낮을 지새우던 전국시대 무장들. 목숨을 주고받는 것이 일상이라서 다들 죽음도 두려워하지 않는 걸출한 영웅들이라고만 생각한다. 그런데 그들도 전투를 앞두면 신사를 찾아 두 손 모아 승리를 기원했다고 한다.

백전노장도 전쟁에 나서기 전에
신에 기대어 자군의 승리를 기원

일본의 역사 중에서도 특히 전국시대에는 용맹한 무용담을 남긴 무장이 적지 않았다. 대표적으로 도요토미 히데요시, 오다 노부나가, 도쿠가와 이에야스, 모리 모토나리, 다테 마사무네, 우에스기 겐신, 다케다 신겐, 아케치 미쓰히데明智光秀[11] 등의 이름을 꼽을 수 있을 것이다. 얼핏 보기에 모두가 강인한 정신력의 소유자들로 보이지만, 어떤 용감한 무장도 죽음 앞에서는 한갓 나약한 인간에 지나지 않는다는 사실 또한 변함없다.

전국의 난세에는 목숨을 주고받는 것이 일상이었다. 그래서 산전수전 다 겪은 백전노장이라도 큰 전투를 앞두면 신에 기대어 자군의 승리를 기원했다고 한다. 전국시대의 무장도 힘들 때 신에게 의지한다는 점에서는 우리와 별반 다르지 않았던 것이다.

특히 무장들의 믿음은 군신軍神으로 꼽히는 신불神佛에 집중되었다. 전투에서 살아남은 전국시대 무장들은 전투에 승리를 가져다주는 군신을 신적인 존재로 우러

전국시대 무장들은 어떤 신사를 다녔나?

전국시대의 신사도 전란에 휘말려 앞이 보이지 않는 암담한 상태였다. 그런데도 전국시대의 수많은 다이묘들이 출전을 앞두고 전승을 기원한 신이란 어떤 존재인가?

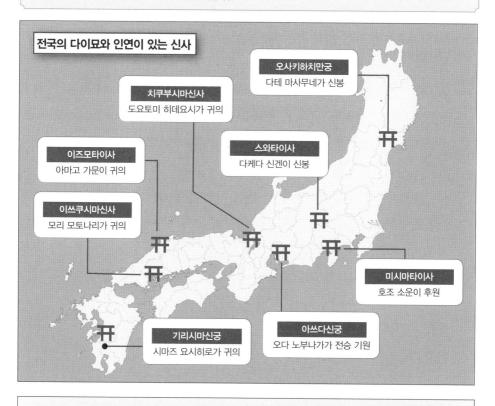

전국의 다이묘와 인연이 있는 신사

오사키하치만궁
다테 마사무네가 신봉

치쿠부시마신사
도요토미 히데요시가 귀의

이즈모타이샤
아마고 가문이 귀의

스와타이샤
다케다 신겐이 신봉

이쓰쿠시마신사
모리 모토나리가 귀의

미시마타이샤
호조 소운이 후원

기리시마신궁
시마즈 요시히로가 귀의

아쓰다신궁
오다 노부나가가 전승 기원

이에야스는 사후에 신이 되었다?

1616년에 73세로 생을 마감한 도쿠가와 이에야스. 이에야스는 생전에 "죽으면 구노산九能山에 묻고 조조사增上寺에서 장례를 치러라. 위패는 미카와국 다이주사大樹社에 안치하고, 1주기가 지나면 시모쓰케下野의 닛코산日光山에 당을 세워 권청하라"라는 취지의 유언을 남겼다고 한다. 참고로 권청勸請이란 신불의 분신·분령을 다른 곳으로 옮겨 기원하는 것이다. 즉, 이에야스는 세상을 떠난 후에 스스로 신이 되기를 바란 것이다. 이에야스는 유언대로 1주기에 도쇼다이곤겐東照大權現으로 신격화된다. 또한, 도쿠가와 이에야스만이 아니라 오다 노부나가가 다케이사오신사建勲神社, 도요토미 히데요시가 도요쿠니신사豊國神社, 우에스기 겐신이 우에스기신사의 제신祭神이 되었다.

닛코도쇼궁日光東照宮
도치기현 닛코시에 소재하는 신사. 일본 전국에 있는 도쇼궁의 총본산이다.

러보았다.

가령 오다 노부나가의 경우, 신앙심이 깊어 기후현 가카미가하라시各務原市의 데지카라오신사手力雄神社를 자주 찾은 것은 유명한 이야기다. 1567년 이나바산성稻葉山城을 공략하는 전투에서는 공격에 나서기 전에 자군을 이끌고 전쟁 승리를 기원했고, 멋지게 승리를 거두었을 때는 상대한 영지를 데시가라오신사에 봉납했다. 오케하자마桶狹間 전투˙에서는 아쓰다신궁熱田神宮에 병사를 불러서 역시나 전쟁의 승리를 기원했다고 한다. 신출귀몰하는 전술로 전쟁에서 연전연승하던 노부나가도 승리의 신에게 언제나 자신의 편에 서달라고 기도했던 것이다.

또한, 다케다 신겐은 나가노현長野縣에 있는 이쿠시마타루시마신사生島足島神社에서 전쟁에서의 승리를 기원했다고 한다. 특히 라이벌이었던 우에스기 겐신과의 전투를 앞두고는 온 마음을 다해 기원했는데, 그때의 기원문이 지금도 신사에 남아 있다.

현재 신사에서 행하는 기원의식도
전국시대부터 내려온 전통

군신으로는 미나모토源의 씨족 신인 하치만대보살八幡大菩薩, 일명 하치만 신을 필두로 옛날부터 일본에 전해진, 나가노현 스와호 인근의 스와타이사諏訪大社에 모셔진 다케미나카타노카미建御名方神라는 신들이 무장들에게 인기였다고 한다. 한편, 산악종교와 밀교 등과 깊이 관련된 텐구天狗 신앙˙도 무장들의 지지를 받았던 것으로 보인다.

도호쿠의 전국시대 다이묘인 다테 마사무네는 텐구에 대한 신앙심이 깊었다. 그래서 1615년 오사카로 출진하는 다테를 위해 집안 가신이 교토 아타고산愛宕山의 하쿠운사白雲寺에서 전승을 기원하기도 했다. 얼마 후 소원이 이루어지자 답례로 말 그림이 그려진 액자를 봉납했다.

혼노사本能社의 반란으로 주군 오다 노부나가를 죽인 아케치 미쓰히데는 변절하기 수일 전에 교토 아타고산에 참배하고 연가회連歌会•에 갔다. 그때 시를 읊는 도중에 모반의 결의를 드러냈다고 한다. 무장들은 좋아하는 신불 외에 자신의 거점 근처에 있는 신사에도 마음을 의지해 겐신처럼 여러 신불에 소원을 비는 일도 드물지 않았다.

천하를 노리는 다이묘들이 신불에 기대어 전쟁의 승리를 비는 풍습은 정치적·군사적으로 국가에 미치는 영향이 작지 않았다. 정치가와 스포츠 선수뿐만 아니라 일반인들도 신사에 가서 소원을 비는 것은 현대에 남아 있는 오래된 전통이라 할 만하다.

오케하자마 전투

1560년 6월 12일, 대군을 이끌고 오와리국을 침공한 이마가와 요시모토를 오다 노부나가가 소수의 병력을 이끌고 야간 기습공격으로 대승을 거둔 전투. 이후 이마가와 가문은 몰락하게 된다.

텐구 신앙

텐구는 일본의 전통적인 요괴의 일종으로 일반적인 모습은 수도승의 모습인데, 얼굴은 붉고, 코가 크다. 또한, 날개가 있기 때문에 하늘을 마음대로 날 수도 있다. 텐구로 세상에 태어나 생을 다한 후 다시 사람의 몸을 얻기를 염원하는 신앙으로 해석한다.

연가회

연가란 보통 두 사람 이상이 모여 와카和歌의 상구와 하구를 번갈아 읊어나가는 일본 시가의 한 형태를 말한다.

시마즈 가문의 침략으로
류큐 왕국은 막부에 편입

15세기에서 17세기까지 일본 전 국토로 전란이 번지는 사이 류큐 왕국은 무역으로 막대한 부를 쌓는다. 하지만 한 번 번성했던 것은 반드시 쇠퇴하는 것이 세상의 이치다. 류큐 왕국이 영화를 누린 기간은 그렇게 길지 않았다.

명나라와의 조공무역을 주축으로 삼아
조선과 일본을 잇는 중계교역이 활발

오키나와, 다시 말해 류큐琉球의 역사는 일본의 다른 지역과 별개로 독자적인 변천 과정을 겪었다. 더욱이 일본의 역사가 요동칠 때도 독립적인 상황에서 다른 외부 세력에 크게 영향을 받았다.

그러면 천하인의 자리를 두고 군웅이 할거하던 본토의 전국시대 때, 류큐는 어떤 역사적 변화를 이루어왔을까? 여기서 살펴보려 한다.

먼저 본토가 전국시대에 돌입하던 15세기 중반, 류큐의 전국시대는 막을 내린다. 그때까지 오키나와 본섬의 3대 세력이 경합을 벌이며 싸웠으나, 남부에서 군사를 일으키며 대두한 쇼 하시尚巴志가 3대 세력 중 가장 강했던 중산中山 왕국을 멸망시키고 류큐 왕국으로 통일한다.

하지만 쇼尚 가문은 7대째에 멸망했다. 그러다 1470년, 이전의 쇼 가문과는 혈통이 다른 쇼 엔尚円이 류큐를 재통일한다. 이른바 제2의 쇼 가문 왕조다. 이후 류큐 왕국은 16세기 초에 오마미奄美, 미야코宮古, 야에야마八重山 제도로 지배력을

해상교통의 요지인 류큐는 중계무역으로 번성

일본 본토에서 멀리 떨어져 지정학적 리스크를 안고 있는 류큐는 중계무역으로 왕국의 최전성기를 누린 후,
일본 영토로 편입되는 파란만장한 변화를 맞이한다.

류큐 왕국과 각국의 무역 관계(15~17세기)

조선

항주

명나라

동전 · 생사 등

일본

도검 · 공예품 등

복주

류큐

후추 · 상아 등

동남아시아

이 당시 공식적으로 명나라의 조공국
이었던 류큐 왕국은 중계무역으로 막
대한 이익을 올렸다. 일본은 명나라 화
폐와 생사와 같은 귀중품을 입수하기
위해 류큐를 통한 삼각무역을 했다.

시마즈 가문이 류큐를 침략(1609년)

조선

명나라

1609년
시마즈군
3,000명

묵살

지원 요청

류큐

류큐 왕국은 명나라에
구원을 요청했으나 묵살
당하는 바람에 항복하는
수밖에 없었다.

슈리성

류큐 왕조의 최대 성인 슈리성. 1945년
오키나와 전투로 완전히 소실되었다가,
1992년에 류큐 대학이 있던 자리에 복원
되었다.

확대하면서 1879년까지 존속한다.

제2의 쇼 가문이 통일한 이후, 류큐는 명나라와의 조공무역을 주축으로 북으로는 일본 본토와 조선, 남으로는 샴, 믈라카, 루손 등과 활발하게 중계 교역하며 최전성기를 맞이한다.

일본의 일부로 편입된 이후로도 외국의 여러 나라와 해로로 가깝게 연결된 지리적 이점을 살려서 경제적 활로를 찾아낸 것이다. 달리 말하면 그만큼 다른 여러 나라 및 지역의 간섭과 침략을 받기 쉬운 지정학적 리스크에 늘 노출되어 있었다고 할 수 있다.

사실 이 시대에도 류큐 왕인 쇼 가문은 명나라의 조공국 자격으로 무역을 허락받았던 것이다.

1609년, 류큐는 시마즈군의 침략으로
왕궁이 있던 슈리성을 점거당하고 항복

류큐에서는 제2의 쇼 가문이 통일할 때까지 전란이 계속 이어졌다. 10세기 무렵에 '구스쿠'라는 독자적인 성곽이 발달했는데, 오키나와어로 구스쿠란 견고한 돌 방벽이 둘러싼 성城을 말한다. 류큐 왕국의 형성은 이 구스쿠와 함께 시작되었다고 해도 과언이 아니다. 대표적인 구스쿠로는 슈리성·나카구스쿠성中城城·나키진성今帰仁城 등이 있다. 구스쿠란 이름은 '지배자가 머무는 성', '선조의 영을 모신 묘소', '고대의 집락지'에서 유래되었다는 세 가지 설이 현재의 오키나와에 전해내려온다.

일본 본토에서 석벽이 본격적으로 만들어지기 시작한 것은 16세기 후반의 일이다. 외국의 여러 나라와 문화 교류가 왕성했던 만큼, 류큐 왕국의 건축과 군사 기술은 전국시대 전쟁으로 어지러웠던 본토보다 훨씬 앞섰다고 할 수 있었다.

단, 류큐 왕국의 평화로운 시대는 그리 오래가지 않았다. 제2의 쇼 가문이 경제적 풍요와 평화에 안주한 나머지, 류큐의 지정학적 위험을 잊고 군사력 강화를 게을리했기 때문이다.

당시 명나라의 조공국으로 평화를 유지하던 류큐에 침략의 불을 댕긴 것은 규슈 사쓰마번薩摩藩을 지배하던 시마즈島津 가문이었다. 침략의 계기는 전국시대 막부가 류큐를 자신들의 영토로 간주하고, 시마즈 가문에 "류큐를 주겠노라"라고 한 약속에서 비롯되었다는 설이 유력하다. 그래서 사쓰마번은 류큐 침략이 정당하다고 주장했다. 하지만 실제는 류큐를 지배해 대명무역에서 벌어들이는 돈으로 영지의 재정 위기를 타개하는 것이 목적이었다는 게 정설이다. 어쨌거나 1609년, 류큐는 왕궁이 있던 슈리성을 점거당하고 시마즈군에 항복한다. 왕국 체제와 명나라와의 관계를 유지하면서도 일본 막부의 일원으로 편입된 이후, 오키나와는 외부 세력의 영향을 강하게 받으면서 자립성을 잃게 된다.

다이묘들이 자기 영지에
'작은 교토'를 만든 이유는?

전국시대라고 하면 전투만 한 것처럼 생각되지만, 사실은 에도 시대의 기반이 된 도시가 건설되기 시작했고, 지방 경제도 활황이었던 시대였다. 그런 와중에 천하인 노부나가는 지역마다 거성을 축조한다. 성을 지은 노부나가의 진의는 과연 무엇일까?

거성 주변에 성하도시를 형성하면
상공업자가 모여들어 경제가 활성화돼

전국시대의 특징 중 하나는 일본 각지에 도시가 출현한, 말하자면 지방의 시대였다. 자치단체제도가 그러한 경향을 가속화시키고 지방에 활기를 불어넣었다.

각지에 '작은 교토'라 불리는 도시가 생긴 직접적인 원인은 오닌의 난으로 교토가 황폐화되었기 때문이다. 일부 조정 귀족들은 전란을 피해 꽃의 도시 교토를 버리고 지방으로 피신했다. 그리고 그들이 이주한 땅에 교토문화를 전파하면서 전국 각지에 작은 교토가 탄생하게 된 것이다.

전국시대의 대표적인 작은 교토로는 야마구치山口, 야마구치시를 들 수 있다. 야마구치의 거리는 위아래가 바둑판 모양으로 구획되었고, 거기에 일부 귀족과 선승, 학자 등이 교토에서 이주해왔다. 그 후, 교토문화가 확산되고 경제가 발달하면서 야마구치는 슈고다이묘의 본거지로서 전성기를 맞이했다.

전국시대 다이묘들은 자신이 머무는 성 주변에 성하도시를 형성해 상공업자가 모여 살게 함으로써 경제를 활성화시키려 했다. 그런 한편, 전국시대에는 성하도

난세에 교토문화를 꽃피운 지방 도시

전국 다이묘들이 독립국가를 형성한 난세의 시대에 각지에서 교토문화가 화려하게 꽃피웠다는 점에서 전국시대는 무로마치 시대보다 한 단계 높은 수준의 사회로 발전했다고 할 수 있다.

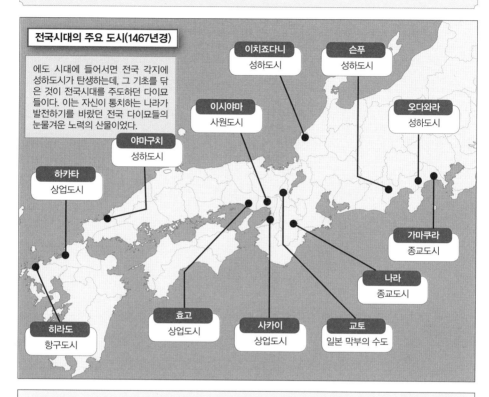

전국시대의 주요 도시(1467년경)

에도 시대에 들어서면 전국 각지에 성하도시가 탄생하는데, 그 기초를 닦은 것이 전국시대를 주도하던 다이묘들이다. 이는 자신이 통치하는 나라가 발전하기를 바랐던 전국 다이묘들의 눈물겨운 노력의 산물이었다.

이치죠다니 성하도시

슨푸 성하도시

이시야마 사원도시

오다와라 성하도시

야마구치 성하도시

하카타 상업도시

가마쿠라 종교도시

나라 종교도시

히라도 항구도시

효고 상업도시

사카이 상업도시

교토 일본 막부의 수도

전국 다이묘의 주요 수입원

세수	연공	영민이 생산한 쌀 등 농업 생산물로부터 징수하는 세금
	역전	영민의 소득에 맞춰 징수하는 세금
	유덕전	유복한 영민들에게서 징수하는 세금
	장역	고리대금업자에게서 징수하는 세금
	시장전	시장의 거래와 판매권을 주고 징수하는 세금
	시전	군사비 충당을 위해 임시로 징수하는 상납금
상업·무역	대외무역	포르투갈과 명나라 및 조선과의 무역으로 얻은 이익
	대부	영민에게 농산물과 금전을 빌려주고 이자를 징수
	광산 경영	금광·은광에서 채취된 광물자원에서 얻은 수입

시가 아닌 지역에서도 특색 있는 도시가 만들어지고 번성했다. 가령 상업도시로 알려진 사카이堺. 오사카부 서부는 호상豪商들의 합의제에 의해 운영된 자치도시로 유명했는데, 철포의 생산지이기도 해 최첨단 기술을 자랑하는 공업도시라는 평도 받았다.

특수한 성격을 지닌 도시로는 사원도시 이시야마石山. 오사카시를 꼽을 수 있다. 일향종의 이시야마혼간사石山本願寺* 건축이 중심이 되어 건설된 종교도시다. 여기에 오사카성이 세워진 것을 보면 알 수 있듯이 군사적으로도 요충지에 입지해 노부나가와 잇코잇키가 대결할 때는 전투력이 강하기로 소문난 오다군마저 애를 먹었다.

이렇게 전국시대에는 다양한 형태의 도시가 탄생해 나름대로 번성기를 누렸다. 그렇게 생각하면 천하인 노부나가는 도시 건설에도 전투만큼이나 빼어난 역량을 발휘한 셈이다.

노부나가는 거대한 성의 축성을 통해
경제력과 군사력, 정치력을 극대화

노부나가는 전투에만 강한 게 아니라 경제에도 밝았다. 직접 지은 성의 개수와 규모가 이를 증명한다. 거성을 중심으로 도시를 건설하면 민중이 안심하고 세금을 내게 된다. 많은 전국시대 다이묘가 그러한 사실을 알고 있었는데 그 효과를 최대한 이용한 것은 노부나가다. 그는 특히 지배자의 권위를 높이는 이미지 조작에도 공을 들였다.

사회와 경제가 안정되지 않았던 전국시대에는 세금을 거두기가 쉽지 않았다. 아무리 영지를 받았다 한들, 그곳에 사는 사람들의 마음을 얻지 못하면 모두가 세금을 내지 않으려 하거나 아예 내지 않고 얼렁뚱땅 넘어갔다. 애초에 전국시대 때는 농민이 경작하는 전답의 주인이 누구인지도 애매했다. 당시에는 다이묘들 사이에서 영지를 뺐고 빼앗기는 일이 허다했기 때문이다.

그 점을 중시한 노부나가는 영토를 확대하자마자 자신이 지배자임을 과시하기 위해 거대한 성을 짓는 데 힘을 쏟았다. 그래서 기요스성清洲城 이후, 노부나가가 거처하는 성은 전부 새로 얻은 영토의 중심부에 지어졌다.

새로운 영토에 성을 짓고 존재를 과시하면 거기에 거주하는 백성도 영주가 바뀐 사실을 받아들일 수밖에 없다. 성의 규모가 클수록 영주의 권위와 존재감도 커진다. 더욱이 성이 멋지고 웅대할수록 "이번 영주는 강해 보인다"라며 안심하게 되고, 약탈과 침략당할 위험이 없다는 것이 주위에 알려지면 도시로 상인들이 몰려든다. 이렇게 성을 지음으로써 얻을 수 있는 경제효과를 노부나가는 누구보다 잘 알고 있었고, 이를 효과적으로 활용하기 위해 도시 건설을 계획했다.

노부나가는 경제력과 군사력, 정치력의 상관관계를 누구보다 잘 아는 인물이었다. 그래서 전국의 세상에서 자신이 다스리는 영지의 지정학적 특성을 잘 이해하고 활용할 수 있었다. 천하의 통일과 부국강병을 외친 천하인이자 명장이었던 노부나가는 전국시대의 지정학을 꿰뚫은 혜안의 소유자였다.

이시야마혼간사
현 오사카 지역인 셋쓰국摂津国 이시야마 지역에 있었던 정토진종의 본산이다. 1496년에 렌뇨가 개창한 이후 후손들이 종교 무장세력 '잇코슈'의 요새로 정비했다. 이후 오다 노부나가와 10년에 걸친 이시야마 전투를 끝내고 철수한 후에 화재로 소실된다. 1583년에 도요토미 히데요시가 이시야마혼간사 터에다 오사카성을 축성한다.

천하인이 될 수 없었던
다케다 신겐의 지정학

주변국을 차례로 정복하며 꾸준히 전국 다이묘로서의 명성을 쌓아온 다케다 신겐. 마침내 교토 입성을 눈앞에 두었지만 마지막 한 걸음을 내딛지 못한 채 주저앉고 만다. 그 이유를 지정학적으로 풀어보았다.

운명의 숙적인 우에스기 겐신과의
길고긴 전투를 시작하며 세력 확장

1541년 다케다 신겐은 부친 노부토라信虎[12]를 스루가에서 추방하고 다케다 가문의 가독家督을 상속한다. 그 무렵 다케다 가문이 가이국甲斐国, 야마나시현을 평정하고 손에 넣었는데, 부친 노부토라가 닦아놓은 기반이 없었더라면 신겐이 전국구로 도약하기는 어려웠을 것이다.

신겐은 이듬해인 1542년부터 인접국인 시나노국信濃国, 나가노현을 침공해 우에하라성上原城 성주 스와 요리시게諏訪頼重[13]를 자살로 내몰고 다케다 가문의 영지와 합병한다.

그 와중에 시나노 제일의 무장으로 꼽히던 가쓰라오葛尾 성주 무라카미 요시키요村上義清[14]와 오랫동안 전쟁을 벌이게 된다. 1548년에는 '우에다하라上田原 전투'에서 무라카미군에 대패하고 고후甲府, 야마나시현 고후시로 퇴각한다. 그 후에도 무라카미군에 번번이 당하다가 1553년에야 겨우 무라카미 요시키요를 시나노에서 몰아내는 데 성공한다.

전국시대 맹장들이 포진한 지정학적 악조건

인접국과의 전투에 몰두할 수밖에 없었던 가이·시나노의 다케다 신겐. 그 주변에는 최대의 라이벌인
에치고의 우에스기 겐신을 비롯해 스루가의 중진 이마가와 요시모토 등 전부 강적들뿐이었다.

다케다 가문의 최대 세력도(1572년경)

가스가산성

우에스기가

1553년~1564년
가와나카지마 전투

1548년
우에다하라 전투

우에하라성
스와가

다케다가

다케다 관저

1575년
나가시노 전투

이마가와가

슨푸 이마가와 관저

1568년 침공

1572년
미카타가하라 전투

가이국에서 출발한 가이의 호랑
이 다케다 신겐. 1541년 이후, 전
쟁을 거듭해 약 30년 후인 1572
년에는 기타시나노와 스루가마
저 수중에 넣었으나 천하를 얻
지는 못했다.

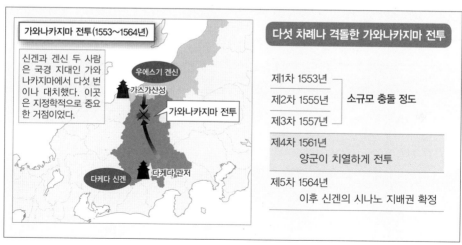

가와나카지마 전투(1553~1564년)

신겐과 겐신 두 사람
은 국경 지대인 가와
나카지마에서 다섯 번
이나 대치했다. 이곳
은 지정학적으로 중요
한 거점이었다.

우에스기 겐신

가스가산성

가와나카지마 전투

다케다 신겐

다케다 관저

다섯 차례나 격돌한 가와나카지마 전투

제1차 1553년

제2차 1555년 　　소규모 충돌 정도

제3차 1557년

제4차 1561년
　　양군이 치열하게 전투

제5차 1564년
　　이후 신겐의 시나노 지배권 확정

그렇게 해서 자신의 세력을 확대해가던 신겐은 시나노 침략을 계기로 운명의 숙적인 우에스기 겐신上杉謙信[15]과의 길고긴 전투에 돌입하게 된다. 그 전투가 장장 10년이 넘게 계속된 '가와나카지마川中島 전투'다. 시나노에서 추방당한 무라카미 요시키요가 우에스기 겐신에게 의탁한 것이 발단이다. 이때 우에스기 겐신은 무라카미 요시키요의 옛 땅인 시나노를 함께 탈환하기로 결심한다.

단, 우에스기 겐신으로서도 다케다 신겐의 침략을 막지 않으면 자신을 향한 북진을 허락하는 꼴이 되어 한 번쯤 제동을 걸 필요가 있었다.

가이의 신겐과 에치고의 겐신이 격돌한
가와나카지마 전투는 10년 넘게 지속돼

두 영웅이 맞붙게 된 가와나카지마는 지쿠마강千曲川과 사이강犀川 사이에 있는 선상지로 결코 넓다고 할 수 없는 지형이었다. 왜 이런 곳을 차지하기 위해 싸웠느냐고 하면, 이곳이 다케다·우에스기 양 진영의 국경 지대를 가르는 요충지였기 때문이다.

가와나카지마보다 북쪽이면 겐신의 본거지인 에치고越後. 니가타현, 남쪽이면 신겐의 본거지인 고후에 이르는 터라, 결국에는 가와나카지마가 양 진영의 최전선이 될 수밖에 없었다. 아마도 서로의 영토를 방어하기 위해서 가와나카지마에서 일진일퇴의 치열한 공방전을 벌였을 것이다.

가와나카지마 전투는 제5차까지 계속되었으나, 제3차까지는 소규모 전투가 펼쳐졌을 뿐 양 진영 모두 적극적인 공세에 나서지는 않았다.

그러다 1561년, 양 진영이 맞붙은 전투 가운데 가장 치열했다고 전해지는 제4차 가와나카지마 전투가 시작된다. 이 전투가 발발한 직접적인 원인은, 겐신이 간토에 출병해 호조 가문의 본거지인 오다와라성을 포위했기 때문이다. 신겐은 동맹 관계에 있던 호조 가문의 요청을 받아 간토에 원군을 보내는 동시에 기타시나 노로 침공을 개시했다.

이 전투로 신겐의 친동생 노부시게信繁와 아시가루 대장인 야마모토 간스케山本勘助[16]가 전사한다. 초반에는 다케다 진영이 열세였으나 종반에 이를 만회하며 전세를 뒤집었다. 하지만 결과적으로 피해가 커지는 걸 막기 위해 겐신이 철수하는 모양새로 마무리되었다. 3년 후인 1564년에는 제5차 가와나카지마 전투가 발발하는데, 이때는 서로 대치만 하다가 끝난다.

그 후 가와나카지마에서 두 세력이 직접 맞붙는 일 없이, 그 주변이 다케다 세력권에 흡수된다. 두 영웅은 서로를 불구대천의 원수로 여겼으나 오랜 기간 맞서 싸우면서 호적수로서 존경하는 마음을 품게 되었다고 전해진다.

단, 천하를 노리는 호걸의 입장에서 보면 지정학적으로 인접국에 겐신과 같은 강적이 없었다면 그렇게 국력을 소모하는 일은 없었을 것이다. 만약에 승자인 신겐이 겐신을 쉽게 항복시킬 수 있는 압도적인 전력을 보유하고 있고, 또 겐신이 한 수 아래로 치부할 만한 인물이었다면 세력을 사방으로 더 확장시킬 수 있지 않았을까? 아니, 천하를 얻을 수도 있지 않았을까? '가이의 호랑이'로 불리며 주변 사람들을 벌벌 떨게 했던 신겐이었지만 천하인이 되기에는 지정학적 환경이 너무나 불리했다.

화폐와 도량형을 통일한
다케다 신겐의 경제정책

가이의 호랑이라 불리던 신겐은 노부나가와 이에야스가 가장 두려워했던 무장으로 유명하다. 그래서인지 호걸이라는 인상이 강한데, 전형적인 무장의 이미지와 다르게 유례없는 정치 수완을 발휘해 나라도 효율적으로 운영했다. 그 사정을 알아보자.

화폐로 사용하는 금의 크기와 무게를
통일해 유통시킨 화폐제도의 개척자

다케다 신겐의 본거지였던 가이국은 영지 내에 풍부한 광산을 보유하고 있어 금을 대량으로 생산했다. 그 점에서는 다른 전국시대 다이묘보다 경제적으로 유리한 위치에 있었다고 볼 수 있다.

일본은 나라 시대부터 금 산출국으로 유명해 마르코 폴로Marco Polo의 《동방견문록東方見聞錄》에는 '황금의 나라 지팡구'로 기록되어 있을 정도다. 그만큼 전국 여기저기에서 금이 많이 났는데, 금광의 수로 미루어 가이국은 다른 지역보다 채굴량이 많았을 것으로 추산하고 있다.

또한, 신겐은 금을 채굴하는 동시에 일정한 크기와 무게를 지닌 화폐로 만드는 제도도 정비했다. 그때까지 금을 화폐처럼 이용한 예는 전국적으로 드물게 볼 수 있기는 했으나, 대부분 크기와 무게가 제각각이었다. 신겐의 통치술이 탁월했던 이유는 화폐로 사용하는 금의 크기와 무게를 단일화해 매수를 세기만 해도 거래를 할 수 있게 만들었기 때문이다. '고슈킨甲州金'•'이라는 이름의 이 화폐는 신겐의 영

전국시대 다이묘와 밀접하게 관련되었던 기술자들

금과 은의 채굴이나 무기의 제조 등으로 전국시대의 무대 뒤에서 활약했던 기술자들. 전란이 심해지면서 이들 기술자에 대한 수요도 많아지고 기술도 비약적으로 발전했다.

전국시대의 주요 군수 기술자

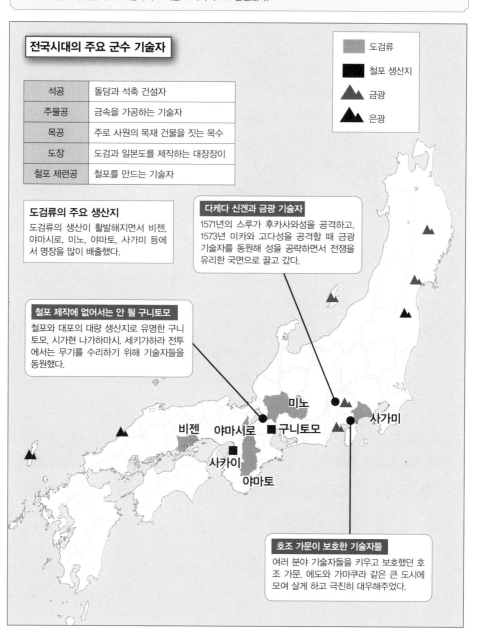

석공	돌담과 석축 건설자
주물공	금속을 가공하는 기술자
목공	주로 사원의 목재 건물을 짓는 목수
도장	도검과 일본도를 제작하는 대장장이
철포 제련공	철포를 만드는 기술자

범례:
- 도검류
- 철포 생산지
- 금광
- 은광

도검류의 주요 생산지
도검류의 생산이 활발해지면서 비젠, 야마시로, 미노, 야마토, 사가미 등에서 명장을 많이 배출했다.

다케다 신겐과 금광 기술자
1571년의 스루가 후카사와성을 공격하고, 1573년 미카와 고다성을 공격할 때 금광 기술자를 동원해 성을 공략하면서 전쟁을 유리한 국면으로 끌고 갔다.

철포 제작에 없어서는 안 될 구니토모
철포와 대포의 대량 생산지로 유명한 구니토모, 시가현 나가하마시. 세키가하라 전투에서는 무기를 수리하기 위해 기술자들을 동원했다.

호조 가문이 보호한 기술자들
여러 분야 기술자들을 키우고 보호했던 호조 가문. 에도와 가마쿠라 같은 큰 도시에 모여 살게 하고 극진히 대우해주었다.

지도 라벨: 미노, 비젠, 야마시로, 구니토모, 사가미, 사카이, 야마토

지 안에서만 유통되었으나 어찌 되었든 화폐제도의 개척자가 된 것은 분명했다.

신겐의 아버지인 노부토라 시절에는 고슈에서 채굴한 금을 화폐처럼 물품의 거래에 썼다는 설도 있으나, 이 제도가 신겐 시대에 거래수단의 표준으로 발전한 것은 분명하다. 신겐은 산으로 둘러싸여 있는 가이국에서 금이 얼마나 가치가 있는 시 누구보다 잘 알고 있있다. 또한, 새로운 영토를 손에 넣을 때마다 주민들에게서 정보를 구해 광산과 광맥도 직접 발굴했다고 한다.

금광 기술자들이 전투에 참가해
갱도를 파거나 성벽을 파괴하는 역할

하지만 탁월했던 것은 화폐제도만이 아니다. 국가의 경영시스템도 훌륭했다. 신겐은 직접 금광을 관리하지 않고 채굴 기술자에게 채굴부터 관리까지 맡겼다. 이들은 전투에도 참가해 전국시대의 주요한 전력으로 활약했다.

신겐의 세력이 가장 번성하던 1571년, 호조 가문의 스루가 후카사와성深沢城을 공격하고 1573년, 미카와국三河国. 아이치현 동부 고다성河田城을 공격할 때 많은 금광 기술자들이 전투에 참가했다. 그리고 성을 공략할 때 자신들의 광산 관련 기술을 유감없이 발휘해 성벽을 무너뜨리거나 갱도를 파서 적을 무찌르는 데 일조했다.

전국시대에는 금광 기술자만이 아니라 대장장이와 주물공처럼 금속을 가공하는 기술자들도 맹활약했다. 전란이 한창이다 보니 무기의 수요가 높았던 것이 주된 이유였다. 일본을 뒤덮은 전란의 시대, 신겐만이 아니라 전국 다이묘들에게 이들 기술자들의 존재는 전쟁의 승패를 가를 만큼 중요했다. 그래서 다이묘들은 이들을 특별히 챙기고 보호했다.

영지 내에서 거래하는 화폐제도를 만들고 전투력을 겸비한 광산 기술자를 육성하는 등 탁월한 통치 기술을 발휘했던 신겐. 그 외에도 곡물을 계량하는 되의 규격을 정하는 등 영지 내의 통일규격을 완성했다. 이어 특정 인물에게 그 되를 만들 수 있는 자격을 주어 독점적으로 제조하고 판매하게 허가하는 등 통일성을 유지하도록 배려했다.

이렇게 국가 경영의 기본인 화폐와 도량형度量衡 제도를 통일한 신겐은 경제 기반을 확보해 천하를 경영할 만한 자질을 보여주었다. 덤으로 국력이 높아진 배경에는 그러한 정책을 뒷받침하는 관리와 기술자들의 존재가 있었음을 명백히 알 수 있다.

그럼에도 불구하고 나라의 경제는 여전히 불안정했다고 한다. 가장 큰 이유는 가이국과 시나노국이 바다로 통하는 길이 없는 내륙이었기 때문이다. 그것이 신겐에게 운명처럼 주어진 지정학적 약점이었다.

고슈킨
현 야마나시현 고슈 지역에서 생산된 질 좋은 금으로 큰북 모양의 둥근 인장을 찍어 보증했다. 4진법에 의한 고슈킨 화폐제도는 신겐이 멸망한 후, 도쿠가와 막부에서도 사용되었다.

강병과 부국을 지향한
다케다 신겐의 치수사업

신겐은 재정 분야에서만 경제정책을 펼친 게 아니라 공공사업에도 힘을 쏟았다. 전국시대 최강의 무장인 만큼 전투에만 몰두한 것처럼 보일 수도 있다. 하지만 국가경영에 힘쓰는 정치가로서의 역량도 뛰어났다. 그러한 신겐의 위업이란 무엇인가?

홍수 피해 방지와 농산물 증산을 위해
강의 수로를 정비한 '신겐제방' 건설

현대사회에서도 공공사업은 침체된 경기를 회복시키는 기폭제로서 유용하다. 사람들에게 일자리를 줄 뿐 아니라 인프라 정비로 물류 등 기간산업의 발전에도 기여하는 만큼, 경제정책에서는 빼놓을 수 없는 사업이다.

전국시대라는, 한 치 앞도 내다볼 수 없는 전란의 시기에 신겐은 공공사업에 주목해 고후분지甲府盆地를 흐르는 크고 작은 하천의 치수공사에 주력했다고 알려진다. 고후분지 중에서도 가마나시강釜無川과 미다이강御勅使川 두 하천은 오래전부터 큰비로 인해 자주 범람했다. 한번 강이 범람하면 농작물에 큰 피해를 입혀 경제적 손실이 이만저만이 아니었다.

또한, 이 일대는 조몬 시대부터 사람이 살았던 것이 확인되었는데, 신겐은 대규모 치수공사를 해 수해를 막고 고후분지에 많은 사람이 살 수 있도록 해주었다. 당시 하천은 수로로 활용되는 것이 보통이어서 물류 등 인프라 정비를 하려고 치수를 했다고도 볼 수 있다.

'신겐제방'은 일본 최초의 치수사업

강이 범람하면 농작물을 수확하지 못하고 사람도 살 곳을 잃게 된다. 그래서 다케다 신겐은 대규모 치수사업을 벌여 강병과 부국 등 국가 발전에 이바지한다.

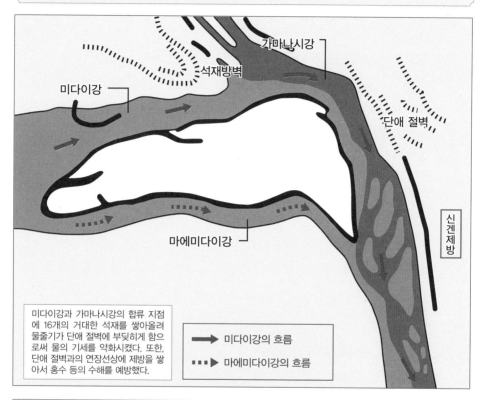

미다이강과 가마나시강의 합류 지점에 16개의 거대한 석재를 쌓아올려 물줄기가 단애 절벽에 부딪히게 함으로써 물의 기세를 약화시켰다. 또한, 단애 절벽과의 연장선상에 제방을 쌓아서 홍수 등의 수해를 예방했다.

➡ 미다이강의 흐름

▶▶▶ 마에미다이강의 흐름

신겐이 인프라 정비와 동시에 진행한 것이 금광의 발굴이다. 가이국을 중심으로 갱도 입구와 제련소의 터가 약 서른 군데 확인되었는데, 이는 당시 국가의 중요한 자금원이었다.

내륙 지방에 영지를 가졌던 다케다 신겐의 재정 사정

바다가 없고 육로마저도 평탄한 길이 거의 없던 산의 나라 가이국. 다른 나라보다 물자의 유통이 적어서 나라 재정이 넉넉하지는 않았다고 한다. 전국시대에 최고의 경제정책은 뭐니 뭐니 해도 영지의 확대를 위한 침략 전쟁이었다. 신겐 시대에는 영지가 넓어지면서 힘들기는 하지만 경제가 그럭저럭 돌아갔다고 한다. 나라를 유지하기 위해서라도 신겐은 계속해서 전쟁을 벌여 승전고를 울리는 수밖에 없었다.

참고로 신겐이 치수공사에 착공한 것은 아버지인 노부토라를 추방한 직후의 일이었다. 공사가 개시된 시기는 정확하지는 않지만 1555~1558년 사이로 추정하는데, 1560년경에는 거의 완성된 것으로 보인다. 이 치수공사로 강의 수로를 정비한 것을 '신겐제방信玄堤'이라고 하며, 이를 통해 신겐은 홍수 피해를 최소한으로 막고 농산물 증산에 성공하면서 경제 발전의 기반을 다지게 된다.

옛날이나 지금이나 수로의 변경은 자연을 거스르는 일이라서 대규모 공사가 필요하다. 특히나 신겐제방의 일부가 지금도 원형 그대로 남아 있는데, 바로 합수부 부근의 급경사면으로 된 단애 절벽이다. 이는 가마나시강의 물줄기에 침식되어 생긴 단애 절벽을 말하는데, 미다이강과 가마나시강이 합류하는 지점에 거대한 돌을 배치해 물의 유속을 줄이고, 옆으로는 제방을 쌓아서 물의 흐름을 관리할 수 있게 만들었다.

대규모 공사로 건설된 제방이다 보니 정부 차원의 보호 관리가 필요했다. 이에 신겐은 부역을 일체 면제해주겠다는 특권을 내걸고 거주자들을 모집했다.

강군을 위한 군용도로를 건설하는 등
토목공사에도 각별한 관심을 가지고 몰두

치수사업에서 금광 채굴까지, 신겐이 수많은 공공사업을 적극적으로 추진한 이유는 어디까지나 국가 경제를 발전시키기 위해서였다. 치수사업을 시작했을 무렵에는 시나노국 침공을 개시한 상태라 전쟁비용을 조달하는 것이 무엇보다 시급한 상황이었다 또한, 신겐의 아버지인 노부토라는 세력을 확장하는 데만 급급해 나머지 국내의 경제 상태를 악화시켰고 결과적으로 반란을 초래했다. 따라서 나라를 부강하게 만드는 경제정책에도 각별한 신경을 써야만 했다.

더욱이 노부토라를 가이국에서 추방한 것이 신겐이었던 만큼 민생을 외면한 아버지의 전철을 밟지 않기 위해 강병과 함께 부국에도 전력을 쏟았을 것이라 미루어 짐작할 수 있다.

어쨌든 신겐이 전란 당시 펼쳤던 치수사업은 현대에도 계승되어 도시개발이나 토목사업의 기반으로 활용되기도 한다. 또한, 신겐은 군용도로 건설에도 몰두했다. 문헌상의 기록이 많이 남아 있지는 않지만 강군을 위한 토목공사에도 적지 않은 공을 들였을 것이다. 신겐은 자신 주위의 다루기 힘든 맹장과 자연이라는 지정학적 난관을 극복해야만 했다.

국가 건설을 위해 역동적인 사업을 펼친 신겐이지만 재원 확보를 위해 새로운 통행세를 받거나, 다양한 벌금형을 신설하는 등 통치자금을 조달하려고 가신과 민중을 쥐어짠 점도 간과할 수는 없다.

앞에서 소개한 대규모 사업만이 아니라 소소한 경제정책까지 펼친 것을 보면 경제를 활성화하는 데 필요한 자금 부족 등 여러 가지 어려움을 겪었을 것으로 보인다.

어떻게 다케다 기마대는
전국시대 최강이 되었나?

고향의 군용마軍用馬로 지정학에 걸맞은 난세의 전술을 개발한 가이의 맹장 다케다 신겐. 압도적인 전력으로 오다와 도쿠가와의 연합군을 무찔렀으나 뜻을 이루기도 전에 쓰러져버린다. 그래도 최강을 자랑하던 기마군단의 전적은 화려하다.

신겐이 기마대 양성에 주력한 것은
가이국이 유명한 명마 산지였기 때문이다

현재 야마나시현山梨県인 가이와 나가노현長野県인 시나노를 거점으로 전국시대 최강이라 불리는 기마군단을 통솔했던 맹장 다케다 신겐. 원래 다케다는 미나모토노 요리토모源賴朝[17]의 일족을 시조로 둔 명문가 출신이다. 하지만 전국시대 초기 가이국은 다수의 세력이 난립하며 주도권을 다투는, 정세가 불안정한 곳이었다. 그런 가이를 압도적인 무력으로 제압하며 정리한 이가 신겐의 아버지 다케다 노부토라였다.

하지만 그는 전쟁을 위한 군비 증강에 몰두하느라 백성으로부터 무거운 세금을 징수하는 등 민생을 도탄에 빠뜨렸다. 그래서 다케다 가문의 가신들이 쿠데타를 일으켜 노부토라를 스루가로 추방했다. 이렇게 해서 그의 아들 신겐이 가문을 잇는 가독이 되었다. 신겐은 아버지와 다르게 내정을 중시해 자신을 위한 성을 짓지 않고 움막에서 사는 등 위민 정치로 민심을 사기 위해 노력했다.

군대에 관련해서도 새로운 군법을 제정하고 기마대가 중심이 된 강력한 부대를

최강의 군용마로 유명했던 '가이의 흑마'

다케다 신겐의 군대가 강했던 비결은 뭐니 뭐니 해도 다케다의 기마군단에 있었다.
가이와 시나노에는 목장이 무수히 많은데, 신겐은 이곳을 통해 군용마의 육성에 힘을 쏟았다.

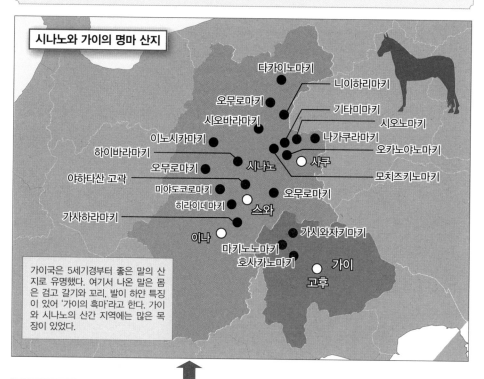

시나노와 가이의 명마 산지

다카이노마키
니이하리마키
오무로마키
기타미마키
시오바라마키
시오노마키
이노시카마키
나가쿠라마키
하이바라마키
오카노야노마키
오무로마키
시나노
사쿠
야하타산 고곽
모치즈키노마키
미야도코로마키
오무로마키
히라이데마키
스와
가사하라마키
가시와자키마키
이나
마키노노마키
호사카노마키
가이
고후

가이국은 5세기경부터 좋은 말의 산지로 유명했다. 여기서 나온 말은 몸은 검고 갈기와 꼬리, 발이 하얀 특징이 있어 '가이의 흑마'라고 한다. 가이와 시나노의 산간 지역에는 많은 목장이 있었다.

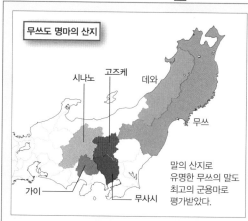

무쓰도 명마의 산지

시나노
고즈케
데와
무쓰
가이
무사시

말의 산지로 유명한 무쓰의 말도 최고의 군용마로 평가받았다.

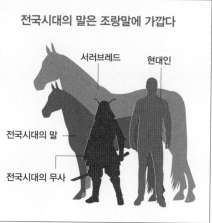

전국시대의 말은 조랑말에 가깝다

서러브레드
현대인
전국시대의 말
전국시대의 무사

조직했다. 이것이 역사에서 높이 평가하는 전국 최강의 다케다 기마군단이다.

신겐이 기마대 양성에 주력한 배경은 가이국이 유명한 명마 산지였던 것과 깊은 관련이 있다. 기복이 심한 산야에서 자라서 튼튼한 다리와 건강한 체력을 갖춘 가이의 말은 군용마로 제격이었다. 이를 잘 알고 있었던 신겐은 기마군단을 중용했다고 한다. 이렇게 기마대를 활용해 선생 준비할 수 있었던 것도 산지가 많아서였다.

즉, 겐신이 지정학적 우위성에 주목해 기마군단에 집중한 것은 그것이 타군에 비해 자군의 강점이라고 봤기 때문이다. 그렇다고 당시의 기마대가 전국시대 드라마에 등장하는 서러브레드종Thoroughbred•이냐고 하면 그건 아니다. 가이의 말은 키가 120센티미터밖에 안 되는 땅딸막한 체구로 분류상으로는 조랑말에 가깝다. 그래도 시속 40킬로미터로 달릴 수 있고, 무거운 짐도 실을 수 있어서 기동력은 보병 전력을 압도했다.

기마대를 앞세운 나가시노 전투에서
노부나가의 마방책과 철포 공격에 괴멸

전국시대 최강의 기마군단을 앞세워 차례로 이웃 나라의 침략에 성공한 신겐은 시나노 일국을 거의 손에 넣는다. 또한, 남방에 진군해 바다에 면하고 있는 스루가까지 수중에 넣는다. 그 후, 신겐은 교토로 진출하려는 야망을 무럭무럭 키운다.

1572년, 신겐은 쇼군 아시카가 요시테루의 명을 받아서 마침내 대군을 이끌고 교토로 진군한다. 가는 길목에는 오다 가문과 도쿠가와 가문의 영토와 군대가 기다리고 있었으나 다케다군은 도중에 성채와 성을 차례차례 함락시킨다. 그리고 미카타가하라三方ヶ原에서 도쿠가와 군대를 용맹하게 무찌르고 마침내 오다의 영지에까지 다다르게 된다.

하지만 진군하는 도중에 지병이 악화되어 신겐은 출병에 어려움을 겪는다. 설상가상으로 전투 도중에 철포의 유탄을 맞아 병세가 더욱 악화된다. 그러다 이듬해인 1573년, 출병 중의 진중에서 병사한다. 지역 산지의 말을 군용마로 양성해 전란의 전술을 혁신적으로 쇄신한 가이의 맹장도 병마는 당해내지 못하고 허무하게 세상을 떠나고 말았다.

그 후, 다케다 가문은 4남 가쓰요리가 가독을 계승하고 군의 재정비에 나섰다. 아버지와 숱한 전투에 참가해 전공을 세운 가쓰요리도 뛰어난 무장이었다. 그는 공격해온 도쿠가와군을 격퇴하고, 오히려 영토를 빼앗는 활약상을 보였다.

그렇게 해서 1575년, 오다 노부나가를 상대하는 유명한 나가시노 전투가 시작되었다. 노부나가는 전술상 우위인 땅에 방벽을 쌓고 진지를 마련한 마방책馬防柵*과 철포로 맞서는 획기적인 전술로 다케다의 기마대의 공격에 대비했다. 하지만 가쓰요리는 중신의 진언을 무시하고 기마대를 앞세워 정면에서 철포대로 진격했다. 그 결과 오다군의 맹공을 받고 괴멸한다. 숱한 전투를 승리로 이끈 기마군단의 강인함을 맹신한 것이 패착이었다.

이 대패로 인해 신겐이 구축한 최강 기마군단은 전력에 큰 손상을 입었다. 이후 전국시대의 명문가 다케다 가문은 1582년에 오다, 도쿠가와, 호조의 공격을 받고 이 세상에서 사라진다.

서러브레드
17세기 영국에서 경주 능력이 우수한 말을 개량 발굴하기 위해 영국 재래 암말에 아랍 수말을 교배시켜 만든 품종으로 현재 경주마의 거의 대부분을 차지하고 있다.

마방책
적이나 기마대의 공격을 막기 위해 통나무를 겹으로 엮어 만든 방어벽이다. 때로는 통나무 틈새로 철포와 화살 공격을 하는 데 사용하기도 했다.

'고소슨' 삼국동맹을 맺은
3대 다이묘의 지정학

다케다 신겐, 호조 우지야스, 이마가와 요시모토가 결성한 '고소슨 삼국동맹'. 경쟁 관계에 있는 세 사람이 왜 15년에 이르는 동맹관계를 맺은 것일까? 그 배경에는 전국시대만의 지정학적 이유가 얽혀 있다.

서로 적대관계에 있던 세 사람이
왜 정략결혼으로 동맹관계를 맺었는가?

1552년 11월, 스루가국駿河国 이마가와 요시모토今川義元[18]의 딸이 가이국甲斐国 다케다 신겐의 적자인 요시노부에게 시집가면서 이마가와 가문과 다케다 가문 사이에 동맹관계가 맺어진다. 그리고 1554년 7월, 다케다 신겐의 딸이 사가미국相模国 호조 우지야스의 적자인 우지마사와 혼인하며 다케다 가문과 호조 가문 사이에 동맹관계가 형성된다. 같은 해 12월에는 호조 우지야스의 딸이 이마가와 요시모토의 적자인 우지자네에게 시집가면서 호조 가문과 이마가와 가문 사이에도 동맹관계가 맺어졌다.

이것이 일반적으로 말하는 '고소슨甲相駿 삼국동맹'이다. 그렇다면 적대관계에 있던 세 사람이 왜 정략결혼을 매개로 이런 동맹관계를 맺었는지 알아보자.

당시 신겐은 시나노를 둘러싸고 에치고의 우에스기 겐신과 전쟁 상태에 있었다. 우지야스도 간토 북부에서 겐신과 치열하게 전투를 벌이고 있었다. 신겐과 우지야스는 겐신이라는 공통의 적과 싸우고 있었으므로 두 사람이 손을 잡는 것은

3대 다이묘의 의도가 일치한 고소슌 삼국동맹

전란이 한창이던 1552~1554년에 걸쳐 다케다 신겐, 호조 우지야스, 이마가와 요시모토의 3대 전국 다이묘들은 서로에게 딸을 시집보내고 동맹을 체결한다. 이들은 삼국동맹을 맺은 이후 이웃나라로 영토 확장에 나섰다.

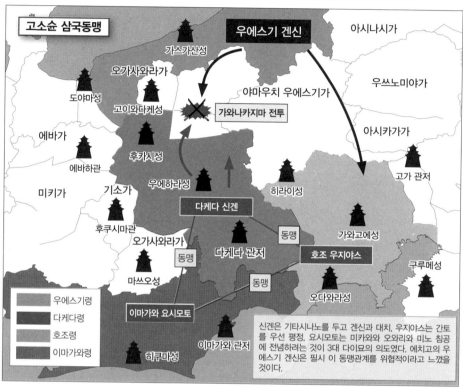

신겐은 기타시나노를 두고 겐신과 대치. 우지야스는 간토를 우선 평정. 요시모토는 미카와와 오와리와 미노 침공에 전념하려는 것이 3대 다이묘의 의도였다. 에치고의 우에스기 겐신은 필시 이 동맹관계를 위협적이라고 느꼈을 것이다.

정략결혼으로 다이묘 동맹관계를 강화

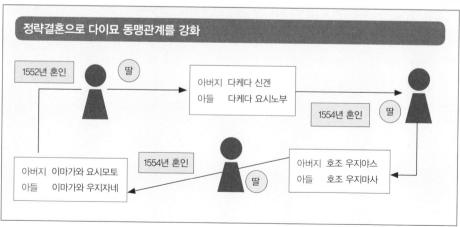

필연이었다고 할 수 있다.

이마가와 요시모토의 영지는 에치고에서 멀어 겐신이 공격해올 가능성이 매우 낮았다. 겐신이 요시모토를 공격하려면 신겐이나 우지야스의 영지를 지나가야 했기 때문이다. 그러면 왜 요시모토는 신겐, 우지야스와 동맹을 맺었던 것일까? 아마도 간토의 전란에 참여하기보다는 미카와三河˙와 오와리尾張˙, 미노美濃˙와 같은 서쪽 지역으로 영토를 확대하고 싶었을 것이다. 간토의 전란에 뛰어들 생각이었다면 외려 신겐이 아니라 에치고의 겐신을 동맹 상대로 선택하는 게 유리하다.

하지만 요시모토가 교토 진출을 목표로 할 경우, 자국보다 동쪽에 위치한 신겐과 우지야스와 동맹을 맺어두어야 안심이다. 그래야 서쪽으로 원정을 가느라 영지를 비워도 공격받을 걱정이 없기 때문이다. 그뿐이랴, 전황이 불리할 때 원군을 요청할 수도 있다. 그런 배경에서 경쟁 관계에 있던 삼자가 혼인관계를 통해 서로 손을 맞잡은 것이다.

정략결혼으로 얽힌 전국의 다이묘들, 히데요시는 다이묘 간 정략결혼 금지

사실 동맹을 체결한 후에 요시모토는 미카와를 침공하고, 신겐은 시나노를 통일하기 위해 우에스기 겐신과의 전투에 전념했다. 그리고 우지야스도 요시모토에게 기습당할 걱정 없이 기타무사시와 고즈케국上野国, 군마현 등 간토 방면의 영토 확장에 더욱 매진했다. 그야말로 삼자의 의도대로 된 것이다. 하지만 그로부터 15년 후 이 동맹은 와해된다.

1560년에 일어난 오케하자마 전투에서 요시모토가 노부나가의 손에 토벌된 후, 1568년에 신겐이 이마가와 영토인 스루가를 침공한다. 우지야스는 신겐의 행위에 격노해 우지마사의 아내였던 신겐의 딸을 친정으로 돌려보내고 신겐과의 절연을 선언한다.

참고로 이 삼국동맹만이 아니라 전국시대 다이묘들이 동맹을 체결할 때는 으레 정략결혼이 뒤따랐다. 지금은 상상할 수도 없는 일이지만 당시에는 혼인을 맺을 때 당사자의 의사는 전혀 고려되지 않았다.

사실 신겐이 이마가와 영토를 침공한 1568년경에 신겐의 딸은 오다 노부나가의 적자인 노부타다와 혼인한 상태였다. 그리고 1569년에 신겐의 딸과 부부관계였던 호조 우지마사는 우에스기 겐신과 동맹을 맺게 된다. 이때도 우지마사는 자신의 아들을 겐신의 양자로 보냈다. 가문의 이해관계에 따라 친척이 되었다가 인연이 끊어지는 것이 반복된 혼란스러운 시기였음은 틀림없다.

여담이지만 훗날 도요토미 히데요시 시대와 도쿠가와 막부 시대가 되면 다이묘 간의 결혼을 금지하는 공고가 내려온다. 정략결혼으로 단단해진 다이묘들의 결속력이 정쟁의 불씨가 되었기 때문이다.

이렇게 전국시대 다이묘들은 정치적 군사적으로 이해가 일치하면 전략적으로 동맹을 맺었다가 문제가 생기면 바로 동맹관계를 깨버렸다. 어제의 적이 오늘의 친구가 되고, 어제의 친구가 오늘의 적이 되었던 것이다. 전국시대의 세상은 인륜마저 파괴할 정도로 너무나 냉혹했다.

미카와
일본의 옛 지명으로 현재 아이치현 동부를 가리킨다. 오와리국, 미노국, 시나노국, 도토미국과 경계를 접하며 주요 도시로는 오카자키시, 도요타시 등이 있었다.

오와리
일본 도카이도 서부 지역으로 현재 아이치현 서부에 해당한다.

미노
일본 도산도에 속해 있으며 현재 기후현 남부에 해당한다.

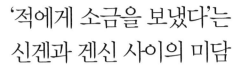

'적에게 소금을 보냈다'는
신겐과 겐신 사이의 미담

적이 곤란한 처지에 놓였을 때, 그 원인이 싸움의 본질과 아무 관계가 없다면 서
로 돕는다는 뜻의 '적에게 소금을 보낸다'라는 속담이 있다. 이는 신겐과 겐신의
미담으로 오래전부터 전해내려왔는데 그 진상은 무엇일까?

신겐이 동맹인 이마가와를 공격하자
이마가와와 호조가 소금 수출을 금지

가와나카지마에서 여러 번 대결을 펼쳤던 다케다 신겐과 우에스기 겐신. 둘은
숙적관계이지만 신겐이 곤란할 때 겐신이 소금을 보내준 미담은 누구나 알고 있
을 것이다.

실은 이 사건의 배경에는 스루가의 이마가와 가문과 사가미의 호조 가문이 깊이
관련되어 있다. 당시 신겐은 이마가와와 호조 측과 삼국동맹을 맺은 상태에서 동
맹을 깨고 이마가와를 공격했다. 신겐의 행동에 분개한 이마가와와 호조 측은 신
겐의 영지로 소금이 들어가지 못하게 막았고, 그것이 이 사건의 발단이라고 한다.

말하자면 이마가와와 호조 측에서 다케다에게 경제제재를 내렸다고 볼 수 있는
데, 내륙 산지에 위치한 신겐의 영지는 소금을 확보하기가 어려운 장소였다. 전기
와 냉장고가 없었던 당시 소금은 음식물을 보존하고 생명을 유지하는 데 없어서
는 안 되는 필수품이었다.

그런데 이 소식을 들은 겐신이 이마가와의 전략이 비겁하다고 느끼고 호적수인

상인의 마음으로 신겐에게 소금을 보낸 겐신

삼국동맹을 깨고 이마가와 영토를 침공한 다케다 신겐. 그 보복으로 소금 수출을 금지하는 조치가 내려지자
가이국은 소금 부족에 시달린다. 그때 손을 내밀어준 것이 라이벌이었던 에치고의 우에스기 겐신이었다.

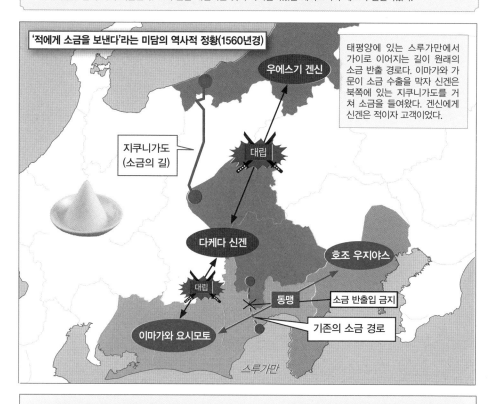

'적에게 소금을 보낸다'라는 미담의 역사적 정황(1560년경)

우에스기 겐신

지쿠니가도
(소금의 길)

대립

다케다 신겐

호조 우지야스

대립

동맹

소금 반출입 금지

이마가와 요시모토

기존의 소금 경로

스루가만

태평양에 있는 스루가만에서 가이로 이어지는 길이 원래의 소금 반출 경로다. 이마가와 가문이 소금 수출을 막자 신겐은 북쪽에 있는 지쿠니가도를 거쳐 소금을 들여왔다. 겐신에게 신겐은 적이자 고객이었다.

군사 목적으로 정비한 가도가 나라 경제도 발전시키다

스와

가마나시강

상부 가도

야마나시현

호쿠토시

하부 가도

네부가와성

중부 가도

와카미코성

오다강

전국시대 초기만 해도 다른 나라의 침략이 두려워 좁고 구불구불한 산길이 많은 곳에 나라를 세웠다. 하지만 중기가 되면 자국의 군대가 이동하기 편리하게 넓게 뻗은 직선도로로 정비된다. 특히 다케다 신겐은 우에스기 겐신과의 전투에 대비해 말 두 필이 나란히 달릴 수 있는 가도를 만들었다. 참고로 신겐이 만든 길이 세 곳이 있다고 하는데, 그중 상부 가도는 지금도 남아 있다. 이 길은 사람들의 왕래와 물자의 수송에 중요한 역할을 담당했으나, 가이와 시나노는 나무가 무성한 산지여서 중장비도 없는 시대에 가도 정비는 만만치 않은 일이었다.

신겐을 돕기 위해 대량의 소금을 가이와 시나노로 보냈다고 한다.

이런 전국시대의 미담(?)이 전설처럼 떠돌지만 어디까지나 풍문일 뿐이다. 사료에는 그에 관한 기술이 나오지 않는다. 이 이야기는 에도 시대 중기의 유학자인 유아사 조산湯浅常山이 편찬한 《상산기담常山紀談》이라는, 영웅호걸의 이야기를 엮은 책에 처음 등장하는데 시은이의 장작으로 보인다.

소금이 없으면 고통받는 것은
시나노와 가이의 영지 백성들이다!

이렇게 마음이 훈훈해지는 겐신의 배려는 후세 사람이 지어낸 일화에 불과하지만, 이마가와와 호조 측에서 소금의 반출입을 통제한 것은 사실이다. 아마도 이 일로 신겐의 영지는 소금 부족에 시달렸을 것이다.

하지만 이마가와와 호조 측의 이러한 조치는 외려 겐신에게는 신겐과 경제적으로 교류할 수 있는 좋은 기회였다. 겐신의 세력권 안에서 신겐의 영지로 소금을 실어 나를 수 있는 경로가 지쿠니가도千国街道 등 여럿 있었기 때문이다. 그리고 겐신은 이 경로를 통해 자신의 영지에서 가이와 시나노로 대량의 소금을 보냈다.

겐신으로서는 신겐을 괴롭힐 수도 있었지만 소금이 없으면 고통받는 것은 시나노와 가이의 영지 백성들이었다. 겐신은 어쩌면 백성들을 고통에 빠뜨릴 수는 없다, 이참에 백성들의 신뢰를 얻자고 생각했는지도 모를 일이다. 당시에 신겐도 고마웠는지 겐신에게 답례품으로 칼을 보냈는데, 그 칼은 현재 도쿄국립박물관에 소장되어 있다.

겐신의 의도가 어떻든 겐신이 나라를 발전시키기 위한 경제적 통상을 중시한 인물이었음은 확실해 보인다. 겐신은 교토에 두 번 갔는데 두 번 다 영지 특산품이었던 푸른 모시青苧를 판매할 수 있을지 알아보러 갔던 것 같다. 이렇게 경제에도 열심이었던 만큼, 신겐의 영내에 소금을 보낸 것은 어디까지나 비즈니스가 목적이었을 것이다.

어찌 되었건 수요가 있는 곳에 공급이 이루어지면 받는 측에서는 가격이 약간 비싸도 고마운 마음이 생기게 마련이다. '적에게 소금을 보낸다'라는 일화는 지어낸 풍문이었을지도 모르지만, 겐신이 보낸 소금이 시나노와 가이 사람들을 구원했던 건 사실이었다.

'강의 지정학'을 이용해
노부나가를 물리친 겐신

1577년에 벌어진 테도리강 전투는 용장 우에스기 겐신이 전국시대의 마왕 오다 노부나가가 이끄는 오다군을 무찌른 전설의 일전이다. 오다군이 참패한 이유는 우에스기군이 '강'을 잘 활용했기 때문이라고 한다.

1576년 다케다 신겐이 세상을 떠나자
우에스기 겐신이 엣추와 노토를 침공

나가시노 전투(1575년)에서 다케다 가쓰요리를 격파한 오다 노부나가는 호쿠리쿠北陸의 잇코잇키 대응에 주력하기 위해 진로를 북쪽으로 향한다. 그 무렵 본거지였던 오미近江, 시가현에서 비와호 동쪽의 아즈치성安土城으로 이동한 배경에는 이러한 의도가 있었다고 한다.

1576년에 호쿠리쿠에서 다케다 신겐이 세상을 떠나자, 우에스기 겐신이 세력을 확장하기 위해 일향종과 손잡고 엣추와 노토를 침공해 들어간다. 겐신군이 쳐들어오자 노토 영주인 하케타야마畠山 측은 나나오성七尾城에 들어가 농성을 벌인다. 겐신이 적극적으로 공성에 나서지만 나나오성의 수비가 워낙 견고해 성을 함락하지 못한 채 해를 넘긴다. 때를 같이해 간토로부터 원군 요청이 오자 겐신은 가스가성으로 일단 철수한다.

참고로 나나오성의 성주는 하타케야마 하루오마루畠山春王丸[19]였으나 나이가 어려서 가신인 쵸 스구쓰라長続連[20]가 실권을 장악하고 있었다. 쵸 스구쓰라는 우에

겐신이 노부나가에게 승리한 전설의 전투

우에스기 겐신이 오다군과 격돌한 테도리강 전투. 5만의 병력을 이끈 오다군에 비해 겐신의 병사는 3만 5,000명이었다. 그럼에도 불구하고 강의 지리적 특성을 활용한 우에스기군이 통쾌한 승리를 거두었다.

1577년 테도리강 전투의 경로

노토

나나오성

1577년 9월 15일 성 함락

도야마만

스에모리성

9월 17일 성 함락

우에스기 겐신군
3만 5,000명

테도리강

맛토성

9월 23일 밤 오다군 철군

와다야마성

미유키성

오다 노부나가군 5만 명
대장 시바타 가쓰이에

가가국

에치고에서 질풍과 같은 기세로 남하한 겐신. 그리고 하케타야마 가문을 구원하기 위해 나나오성을 향해 북상한 오다군. 테도리강에서 양군이 대치하는 한편, 겐신군에게 쫓기는 오다의 주력군이 퇴각하다 불어난 강물에 수장되었다.

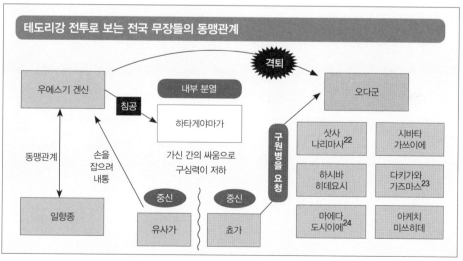

테도리강 전투로 보는 전국 무장들의 동맹관계

격퇴

우에스기 겐신

침공

내부 분열

하타게야마가

오다군

삿사
나리마사[22]

시바타
가쓰이에

구원병을 요청

동맹관계

손을
잡으려
내통

가신 간의 싸움으로
구심력이 저하

하시바
히데요시

다키가와
가즈마스[23]

중신

중신

일향종

유사가

초가

마에다
도시이에[24]

아케치
미쓰히데

스기군에 대항하기 위해 영지 내의 주민과 농민까지 나나오성 안으로 불러들인다. 하지만 오수 처리가 제대로 되지 않아 성안은 여기저기에 분뇨가 방치되고 비위생적인 상태였다. 결국 역병이 창궐하면서 성주였던 하루오마루는 병으로 세상을 떠난다.

이에 가신 쵸 스구쓰라는 친분이 있는 오다 노부나가에게 아들을 보내 구원을 요청한다. 그러자 오다 노부나가는 가신 중에서도 용맹이 뛰어났던 시바타 가쓰이에柴田勝家를 대장에 임명하고 5만 명의 병사를 나나오성에 보낸다.

내분으로 우왕좌왕 도망치는 오다군을
테도리강 전투에서 괴멸시킨 우에스기군

하지만 1577년 9월 15일에 쵸 일족에게 불만을 품은 하케타야마 가문의 다른 가신 유사 스구미쓰遊佐続光[21]가 모반을 일으키고 우에스기군을 성안에 들인다. 이 일로 쵸 일족은 죽음을 맞이하고 나나오성은 우에스기군에 허무하게 함락된다.

우에스기군은 기세를 몰아 스에모리성末森城과 맛토성松任城을 연이어 공략하면서 남하를 계속해 오다군 진영의 10킬로미터 앞까지 추격한다.

한편, 오다군 진영에서는 시바타 가쓰이에와 사이가 나빴던 하시바 히데요시가 의견 충돌을 일으키고는 멋대로 진지로 돌아가버린다. 이에 군의 통제가 불가능해진 가쓰이에는 나나오성이 함락되었다는 소식을 접한 후 전황의 불리함을 깨닫고 9월 23일에 퇴각을 시작한다. 한편, 우에스기군은 맛토성에서 오다군이 퇴군한다는 정보를 입수하자마자 기마대를 이끌고 야습을 감행한다. 적의 갑작스러운 기습공격에 혼란에 빠진 오다군의 선봉대가 괴멸 상태에 빠진다. 설상가상으로 퇴각하던 오다군은 비로 인해 테도리강手取川의 물이 불어나 퇴로가 막힌다. 그런 상황에서 우에스기군에게 추가로 치명적인 피해를 입은 것이다.

테도리강은 일본에서도 물살이 세기로 유명한 하천이다. 당시 전투로 목숨을 잃은 병사가 1,000여 명이었는데, 물에 빠져 죽은 병사가 훨씬 많았다고 전해진다. 전황으로 봐서는 이대로 가면 교토에 제일 먼저 입성하는 장군은 겐신이 될 터였다. 하지만 이 테도리강 전투가 벌어진 이듬해 우에스기 겐신은 향년 49세로 갑작스럽게 세상을 떠난다.

이 전투가 겐신에게는 생애 마지막 전투가 되고 말았다. 승리의 요인은 역시나 겐신이 오다군보다 그 지역의 지리적 특성을 잘 파악하고 활용한 덕분이었다.

일본은 워낙에 산과 하천이 많은데 전투가 벌어진 9월은 공교롭게도 태풍 시즌이었다. 테도리강을 결전의 무대로 삼아, 비가 세차게 내리는 악천후 속에서 기동력 있는 기마대로 공격한 것이 주효했다고 볼 수 있다. 병력의 숫자만 보면 오다군이 압도적으로 우세했으나 지정학을 활용한 전략을 구사한 겐신이 오다군에 보란 듯이 통쾌한 승리를 거둔 것이다.

참고로 이때 교토에서는 '우에스기와 만나면 오다도 꼼짝 못해', '뛰는 겐신과 도망가는 노부나가'라는 내용의 노래가 유행했다고 한다. 하지만 오다 노부나가가 이 전투에 참가했다는 확실한 증거는 없다. 어찌 되었든 지정학에 어두웠던 오다군과 달리 겐신이 테도리강의 특성을 잘 활용해 전투를 승리로 이끈 것은 분명하다.

도사국 조소카베 가문이
통일한 시코쿠의 지정학

원래는 시코구 도사국의 주인에 불과했던 조소카베 모토치카. 그는 영토를 잇달아 넓히고 시코쿠 통일을 거의 마무리한 전국시대의 다이묘였다. 그는 어떻게 전국시대 주요 다이묘로 대두할 수 있었을까? 지정학적 견지에서 고찰해보았다.

노부나가는 조소카베 모토치카를
'새 없는 섬의 박쥐'라고 혹평했다

천하인 오다 노부나가는 시코구四国를 통일한 도사국土佐国. 고치현의 조소카베 모토치카長宗我部元親를 가리켜 '새 없는 섬의 박쥐'라고 평했다. 이 말은 '시코쿠에는 모토치카 외에 달리 뛰어난 전국 다이묘가 없다. 그래서 자유롭게 날아다닐 수 있다. 만약 모토치카가 도고쿠東国. 간토와 도카이에서 태어났더라면 다케다, 우에스기, 이마가와, 호조 등 이름난 새들에 둘러싸여 꼼짝도 하지 못했을 것이다'라는 의미인 듯하다.

즉, 모토치카의 주변 지역에는 전국시대에 용맹을 떨친 강력한 다이묘가 없어서 쉽게 주역으로 대두할 수 있었다고 노부나가는 생각했다. 하지만 정말로 그럴까?

아버지 구니치카国親가 병으로 세상을 떠나자 모토치카가 가독을 계승한 것이 1560년이고, 도사국를 통일한 것이 1575년이다. 그러니까 도사를 통일하는 데 약 15년에 이르는 긴 세월이 걸린 것이다. 참고로 도사를 통일하기까지의 경과를 돌

시코쿠의 중앙에 위치해 패자가 된 조소카베 가문

최종적으로 시코쿠를 통일한 도사국의 조소카베 가문. 시코쿠의 중앙에 위치한 이 나라에는 어떤 지정학의 장점이 있을까? 먼저 1560년경의 시코쿠의 세력도를 살펴보자.

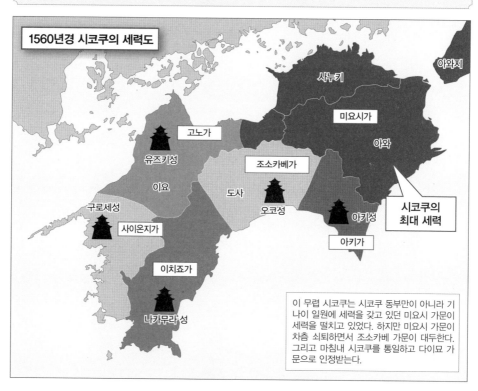

1560년경 시코쿠의 세력도

아와지

사누키

미요시가

아와

고노가

유즈키성

조소카베가

이요

도사

오코성

시코쿠의 최대 세력

아키성

아키가

구로세성

사이온지가

이치죠가

나카무라성

이 무렵 시코쿠는 시코쿠 동부만이 아니라 기나이 일원에 세력을 갖고 있던 미요시 가문이 세력을 떨치고 있었다. 하지만 미요시 가문이 차츰 쇠퇴하면서 조소카베 가문이 대두한다. 그리고 마침내 시코쿠를 통일하고 다이묘 가문으로 인정받는다.

도사국에서는 어느 나라나 최단 경로로 행군이 가능

소고성

사누키

쇼즈이성

유즈키성

하쿠치성

아와

도사

이요

히와사성

오코성

간노우라성

조소카베가

무로토성

나카무라성

도사를 중심으로 사방으로 뻗어 있는 시코쿠의 주요 도로. 시코쿠를 통일하기에는 조소카베가 있는 오코성이 가장 유리하다.

일령구족 ─領具足이란?

언제든 전투에 참전할 수 있으나
장기 전투는 힘든 반농반병

일령구족이란 평시에는 밭을 가는 농민으로 살다가 유사시에는 한 벌의 무기을 들고 지체 없이 소집에 응하는 사람들을 가리킨다. 이 제도를 고안한 것이 조소카베 모토치카다. 그가 시코쿠를 통일할 수 있었던 것은 반농반병인 일령구족의 활약 덕분이다. 참고로 일령구족이라 불리는 농민들은 소집되면 바로 출격할 수 있게 창과 갑옷을 늘 경작지 근처에 두었다고 한다. 평소에 농사를 지어 신체가 튼튼하고 집단행동에 잘 따랐던 반면, 농번기에는 동원하기 어려웠다.

아보면, 도사 중부를 평정한 것이 1568년, 이듬해인 1569년에는 도사 동부를, 그리고 1575년에는 도사 서부를 각각 통일한다.

도사는 동서로 길어서 동부와 서부를 왕래하는 데 시간이 걸린다고 짐작할 수도 있다. 하지만 시코쿠를 걸어서 한 바퀴 도는 데 약 40일이 걸린다고 하니, 15년의 세월이 걸린 것은 적내했던 시코쿠의 다이묘들이 만만치 않은 깅적이었기 때문이리라.

또한, 모토치카가 도사를 통일한 후, 이요伊豫, 에히메현과 사누키讚岐, 가가와현으로 진군할 때 온통 산지여서 두 지역을 공략하는 것이 정말 힘들었을 것이다. 실제로 사누키와 아와阿波, 도쿠시마현을 다스리던 미요시 가문은 한동안 저항했고, 이요의 고노河野 가문도 아키국安芸国, 히로시마현의 모리 가문과 손잡고 모토치카를 힘들게 했다고 한다. 그런 모토치카의 힘겨운 통일 과정을 돌아보면 노부나가가 말한 것처럼 '새 없는 섬의 박쥐'가 아니라 수많은 역경을 이겨낸 불굴의 맹장이라는 평가가 어울릴 것이다.

시코쿠 중앙의 도사는 공격에 유리하지만
혼슈의 공격에는 전방위로 노출된 시코쿠

1575년에 도사를 통일하자 모토치카는 자신을 '새 없는 섬의 박쥐'라고 평가했던 오다 노부나가와 좋은 관계를 맺으려고 노력한다. 오다 노부나가의 가신 아케치 미쓰히데明智光秀와 인연이 있는 처녀를 아내로 맞이하거나, 노부나가에게 적자 야사부로弥三郎의 대부가 되어달라고 부탁하는 등 외교 전략을 게을리하지 않았다. 실제로 야사부로의 이름을 노부나가라는 이름 중 '노부信'라는 한 글자를 따서 노부치카信親라고 짓는 등 관계는 양호했던 것으로 보인다.

하지만 5년 후, 모토치카가 아와 침공을 본격적으로 추진하던 무렵에 미요시ㄷ

好 가문은 노부나가에 복속된다. 이후 모토치카가 미요시 가문의 영지를 침공하자 노부나가에게 맞서는 것으로 간주되면서 둘의 관계는 악화된다. 그 당시 노부나가는 모토치카를 토벌하기 위해 1582년 5월에 오사카에서 시코쿠 원정군을 일으킨다. 그러자 모토치카는 일시에 군대를 거두어버린다.

그런데 1582년 6월, 모리 가문의 정벌에 나선 하시바 히데요시의 지원을 명령받은 미쓰히데의 모반으로 '혼노사의 정변'이 일어나 노부나가는 세상을 떠난다. 이렇게 노부나가의 급사로 침공을 피한 모토치카는 나카토미강中富川 전투(1582년)에서 미요시 가문을 공략해 아와를 평정하고, 1584년에는 사누키, 이듬해인 1585년에는 이요까지 평정하며 시코쿠 통일을 마무리한다.

모토치카가 시코쿠의 패자가 될 수 있었던 것은 천하인 노부나가의 죽음이라는 행운도 있었지만, 도사가 다른 나라에 비해 시코쿠 중앙에 위치해 전방위적으로 공격하기 수월하다는 지리적 이점이 있었기 때문이다. 즉, 시코쿠 통일에는 도사의 지정학적 환경이 큰 영향을 미쳤다고 생각할 수 있다.

하지만 그것은 어디까지나 섬나라 시코쿠에 한정된 경우이고, 혼슈 본토에서 보자면 시코쿠는 공격할 여지가 많은 섬나라에 지나지 않았다. 마지막으로 이요를 평정한 1585년, 노부나가의 후계자인 하시바 히데요시가 대규모의 군대를 이끌고 시코쿠 토벌에 나서자 대군에 압도된 모토치카는 아무 저항 없이 곧바로 항복해버린다.

사쓰마의 시마즈 가문이
통일한 규슈의 지정학

규슈에서도 전국시대에 영토를 둘러싸고 패권 전쟁이 벌어졌다. 규슈 안에서만이
아니라 주고쿠의 패자 모리 가문의 남하 등 복잡한 양상을 띠었으나, 최종적으로
규슈의 패권을 차지한 것은 사쓰마의 시마즈 가문이었다.

사쓰마 · 오토모 · 류조지의 3대 가문이
규슈의 지배권을 놓고 패권 다툼

전국시대에 규슈에서 주요 세력으로 대두한 것은 사쓰마薩摩, 가고시마현의 시마즈 가문, 부젠豊前, 후쿠오카현 동부와 분고豊後, 오이타현의 오토모大友 가문, 히젠肥前, 사가현의 류조지龍造寺 가문이었다. 히젠의 사가성佐賀城 성주인 류조지 다카노부龍造寺隆信[25] 는 주군이었던 쇼니少弐 가문을 배신한, 이른바 '하극상'으로 자리에 오른 전국시대 다이묘다. 이에 반해 오토모 가문와 시마즈 가문은 슈고다이묘에서 올라온 전국시대의 다이묘였다.

사쓰마의 시마즈 가문은 시마즈 다카히사島津貴久[26] 대에 막 전해진 철포를 1549년 '가지키성 공격加治木城攻擊'에서 처음으로 사용해 오스미大隅, 가고시마현 동부까지 영토를 확장하는 데 성공한다.

다카히사의 아들인 시마즈 요시히사島津義久[27]도 무장으로 맹활약할 무렵에는 류조지 가문과 오토모 가문과 규슈 패권을 놓고 삼파전을 벌이게 된다. 또한, 1570~1573년에는 주고쿠中国의 패자였던 모리 가문이 규슈 북부를 침공함으로

시마즈군이 압승한 오키타나와테 전투

규슈의 패권을 둘러싸고 아리마 하루노부·시마즈 이에히사 연합군과 류조지 다카노부가 오키타나와테에서 격돌한다.
수적으로는 류조지군이 유리해 보이는데 결과는 어땠을까?

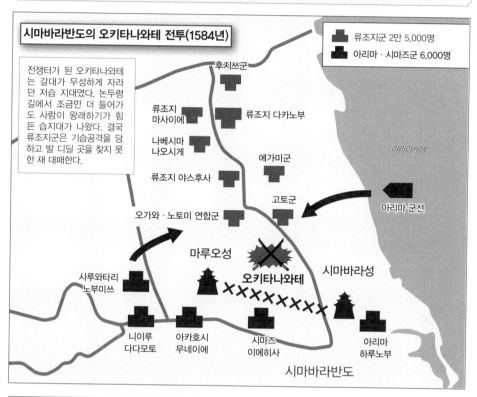

시마바라반도의 오키타나와테 전투(1584년)

전쟁터가 된 오키타나와테는 갈대가 무성하게 자라던 저습 지대였다. 논두렁 길에서 조금만 더 들어가도 사람이 왕래하기가 힘든 습지대가 나왔다. 결국 류조지군은 기습공격을 당하고 발 디딜 곳을 찾지 못한 채 대패한다.

류조지군 2만 5,000명
아리마·시마즈군 6,000명

후지쓰군
류조지 마사이에
류조지 다카노부
나베시마 나오시게
에가미군
류조지 야스후사
아리아케해
오가와·노토미 연합군
고토군
아리마 군선
마루오성
오키타나와테
시마바라성
사루와타리 노부미쓰
니이루 다다모토
아카호시 무네이에
시마즈 이에히사
아리마 하루노부
시마바라반도

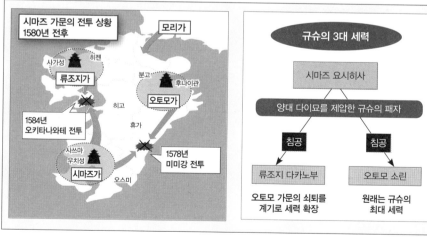

시마즈 가문의 전투 상황 1580년 전후

모리가
사가성
히젠
류조지가
분고
후나이관
오토모가
히고
1584년 오키타나와테 전투
휴가
사쓰마 우치성
1578년 미미강 전투
시마즈가
오스미

규슈의 3대 세력

시마즈 요시히사

양대 다이묘를 제압한 규슈의 패자

침공 → 류조지 다카노부
오토모 가문의 쇠퇴를 계기로 세력 확장

침공 → 오토모 소린
원래는 규슈의 최대 세력

써 혼슈 세력까지 가세해 전란은 더욱 확대된다.

참고로 지쿠젠筑前, 후쿠오카현, 부젠, 휴가日向, 미야자키현, 히젠, 히고肥後, 구마모토현에도 각각 영주가 있었으나, 규슈의 삼대 다이묘를 상대로 이반과 복속을 거듭했을 뿐 독립적인 움직임을 보이지는 않았다.

1578년 '미미강 전투耳川の戦い'에서 시마즈 요시히사가 오토모군을 격퇴하며 오토모 가문이 쇠퇴하자, 이 틈을 타서 류조지 가문이 부상한다. 삼대 세력 구도가 양대 세력으로 좁혀지면서 두 가문은 1584년에 벌어진 '오키타나와테沖田畷 전투'에서 자웅을 겨루게 된다.

오키타나와테 늪지대에서 류조지군을 괴멸시킨 아리마 · 시마즈 연합군

1584년 3월, 규슈 히젠국의 시마바라반도島原半島, 나가사키현에 있는 오키타나와테에서 규슈 북부를 지배하던 류조지 다카노부와 아리마 시게타카有馬鎮貴[28]가 마침내 격돌한다. 그때, 시마즈 이에히사島津家久[29]는 아리마 쪽 원군으로 참전하게 된다.

오토모 가문이 시마즈 요시히사에게 패배하자 그 틈을 타고 세력 확장에 나선 류조지 가문과 그에 반기를 든 아리마 하루노부有馬晴信(아리마 시게노부와 동일인물). 류조지 가문의 지배를 받으며 시마바라반도 일대를 다스리던 하루노부가 시마즈 가문으로 돌아선 것이다.

이 행동을 보고 격노한 류조지 다카노부는 약 2만 5,000여 군대를 이끌고 시마바라반도로 진군한다. 그에 맞서는 아리마 쪽 군대는 시마즈 가문의 원군을 합쳐도 약 6,000명 남짓이었다. 류조지군은 수도 많았지만 3,000~4,000개의 철포를 갖추고 있어서 무기 수준에서도 차이가 컸던 것으로 보인다.

전투 장소가 된 오키타나와테는 갈대가 무성하게 자란 저습지로 중앙에는 논두렁길이 나 있고 그 양옆은 늪지대였던 모양이다.

아리마·시마즈 연합군은 둑을 높이 쌓고 도랑을 깊게 파서 방어벽을 단단히 구축하고, 오키타나와테 늪지대의 갈대 안에는 복병을 잠복시켰다고 한다. 류조지군이 중앙의 논두렁길을 따라 진군했을 때, 아리마·시마즈 연합군은 총격을 가했으나 군사력이 압도적으로 우세했던 류조지군은 물러서지 않고 응전했다. 반대로 연합군은 그 자리에서 도망치듯이 병사를 퇴각시켰고, 승리의 기회를 놓칠세라 류조지 쪽에서는 연합군을 서둘러 추격했다.

하지만 이 모든 것이 연합군의 책략이었다. 함정을 파놓고서 류조지군을 오키타나와테의 안쪽 깊숙한 곳까지 유인한 것이다. 그곳으로 류조지군이 계속 진군해오자 논두렁길 좌우에서 매복하고 있던 군인들이 일제히 류조지군을 덮쳤다. 그 바람에 다카노부 본대는 대혼란에 빠졌다. 류조지군은 습지대에서 발 디딜 곳을 찾지 못한 채 기습공격에 우왕좌왕하며 거의 몰살당하다시피 했다.

또한, 동쪽 해안선을 따라 진군하던 류조지의 별동대는 시마바라만 위에 정박해 있던 아리마 측 군선의 포격을 받았고, 산 쪽으로 간 별동대는 숲에 잠복해 있던 연합군에 총격을 당하는 등 속수무책의 상황에 빠졌다.

이 전투에서 전사한 류조지군은 약 2,000명이었다. 반면에 연합군의 전사자는 약 270명에 지나지 않았다.

모리 모토나리가 대승한
이쓰쿠시마 전투의 지정학

스오국의 작은 지방 영주였던 모리 모토나리는 머지않아 주고쿠의 패자가 되는데,
그 전환점이 '이쓰쿠시마 전투'다. 히로시마만의 해상교통 요지인 이쓰쿠시마를
두고 스에 하루카타와 한판 승부를 벌인 것이다.

27세에 가독을 승계한 모리 모토나리,
용맹과 지략을 갖추고 전국 다이묘로 성장

아키국安芸国, 히로시마현 서부 고리야마성郡山城 성주인 모리 히로모토毛利弘元[30]. 원
래 성은 오에大江인 히로모토의 차남으로 태어난 모토나리. 그는 원래 상속권이
없는 차남으로 태어났으나 아버지가 세상을 떠난 후, 가독을 상속한 형 오키모토
興元와 그 자식들이 차례로 병으로 죽으면서 권좌에 오른다. 가신들의 추천과 지
지를 받아 배다른 형제 모토쓰나元綱[31]의 반란을 제압해 할복시키고, 1523년에 스
물일곱 살의 나이로 가독의 자리를 계승한다.

하지만 이 무렵 주고쿠 지역에는 스오周防, 야마구치현 동부의 오우치 가문과 이즈모
出雲, 시마네현의 아마고尼子 가문 등 강호가 즐비했다. 모리 가문 영지의 수확고는 3만
석 정도로 이즈모의 아마고 가문과 스오의 오우치 가문에 복속된 상태로 겨우 명
맥을 유지하고 있었다. 그러나 이후에 10개국을 거느리는 전국 다이묘로 급부상
하게 되는데, 가장 큰 전기가 된 것이 스에 하루카타陶晴賢[32]와 승부를 겨룬 이쓰쿠
시마嚴島 전투일 것이다.

이쓰쿠시마에서 10배의 적군을 격파한 기습작전

이쓰쿠시마에서 3,000~5,000명의 모리군과 2만~3만 명의 스에군이 격돌. 수적으로 불리한 가운데 모리군은
이쓰쿠시마를 둘러싼 지정학을 잘 활용해 압승한다.

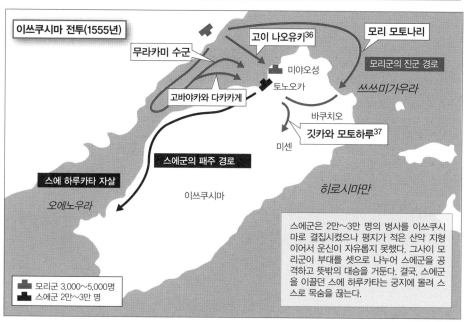

이쓰쿠시마 전투(1555년)

무라카미 수군

고이 나오유키[36]

모리 모토나리

미야오성

모리군의 진군 경로

토노오카

쓰쓰미가우라

고바야카와 다카카게

바쿠치오

깃카와 모토하루[37]

미센

스에군의 패주 경로

스에 하루카타 자살

오에노우라

이쓰쿠시마

히로시마만

■ 모리군 3,000~5,000명
■ 스에군 2만~3만 명

스에군은 2만~3만 명의 병사를 이쓰쿠시
마로 결집시켰으나 평지가 적은 산악 지형
이어서 운신이 자유롭지 못했다. 그사이 모
리군이 부대를 셋으로 나누어 스에군을 공
격하고 뜻밖의 대승을 거둔다. 결국, 스에군
을 이끌던 스에 하루카타는 궁지에 몰려 스
스로 목숨을 끊는다.

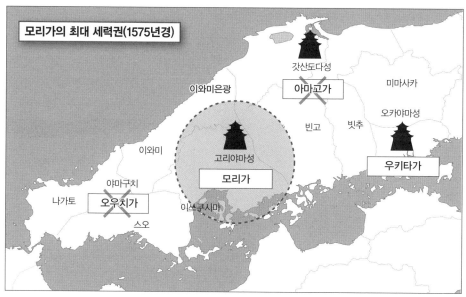

모리가의 최대 세력권(1575년경)

갓산도다성

야마고가

이와미은광

미마사카

오카야마성

이와미

빈고

빗추

고리야마성

모리가

우키타가

야마구치

오우치가

나가토

이쓰쿠시마

스오

1551년 오우치 요시타카大内義隆[33]가 스에 하루카타의 하극상으로 살해당하자 처음에는 하루카타에게 충성을 맹세했다. 하지만 1554년에 상하 관계를 끊고 하루카타의 거점이자 해상 교역의 요충지이기도 한 이쓰쿠시마를 손에 넣는 데 성공한다. 하루카타는 그런 모토나리의 행동에 격앙한 나머지, 이듬해인 1555년에 압도적인 병력을 이끌고 날환을 시도한다.

스에 하루카타의 군대는 약 2~3만 명, 그에 비해 모리 모토나리의 군대는 약 3,000~5,000명 남짓으로 엄청난 병력 차가 있었음에도 모토나리는 대승을 거둔다.

이쓰쿠시마 지형적 특성을 이용해
10배의 적군을 괴멸시킨 천재 전략가

수적으로는 하루카타가 우세했으나 모토나리에게는 치밀한 전략과 모략, 그리고 지정학에 대한 깊은 이해가 있었다. 이쓰쿠시마는 평지가 적고 산들이 굽이굽이 이어진 지형이었다. 하루카타의 2~3만 명에 이르는 대군이 비좁은 평지에서 움직임이 둔화되는 것은 당연했다. 게다가 모리 가문의 중신인 가쓰라 모토즈미桂元澄[34]에게 내통을 약속하는 허위문서를 보내게 해 하루카타를 유인하는 함정까지 파놓았다.

이에 하루카타는 감쪽같이 함정에 빠졌는데 여기에는 이유가 있다. 이쓰쿠시마는 원래 무역선이 항해 도중 잠시 들르는 기항지로서 상인이 오가는 상업 활동에서도 중요한 거점이었다. 게다가 기항지라서 연해를 통과하는 무역선과 상선의 통행세가 중요한 수입원이었던 만큼 무슨 일이 있어도 지켜야 하는 전략적 요충지였을 것이다.

또한, 스오와 나가토長門, 야마구치현 서북부에서 혼슈 동쪽으로 침공할 때는 육지와 바다를 연결하는 군사적 거점이었던 것도 눈여겨봐야 한다. 이대로 모리 가문의 영지가 되어버리면 경제적으로도 군사 전략적으로도 하루카타에게는 곤란한 상황이었다. 그렇게 생각하면 하루카타가 성급하게 탈환에 나섰다가 함정에 빠진 것도 충분히 이해된다.

참고로 모토나리는 하루카타를 이쓰쿠시마로 유인했을 뿐 아니라 모토나리 본대와 고바야카와 본대, 그리고 무라카미 수군의 세 개 부대로 군대를 나누어 전·후방에서 협공하기로 한다. 소규모 군대가 구사한 전술에 스에 측 대군은 저항 한 번 제대로 해보지 못하고 완전히 붕괴되었다.

설상가상으로 패퇴하는 동안에도 고바야카와군과 무라카미 수군이 연안을 봉쇄하는 바람에 바다로 도망치는 경로가 차단되어 산을 끼고 굽이굽이 이어진 좁은 해안선을 따라 서쪽으로 도주하는 방법밖에 없었다고 한다. 하루카타는 소규모 병사와 서쪽으로 패주하지만 오에노우라大江浦까지 갔을 때, 더 이상 달아날 곳이 없자 스스로 목숨을 끊는다. 이때 스에 측의 사망자는 4,800여 명이었다.

이렇게 모리 모토나리의 뛰어난 전술과 책략 덕분에 이쓰쿠시마 전투는 모리 가문의 대승리로 끝났다. 그러나 승리의 요인을 한 가지 더 꼽자면 무라카미 수군의 협력일 것이다. 모리 모토나리는 삼남 고바야카와 다카카게小早川隆景[35]의 양녀를 무라카미 수군 집안에 시집보냈었다. 이렇게 한 집안이 된 무라카미 수군의 참전은 필연이었다. 실제로 200~300척의 군선을 이끌고 와서 도왔던 모양이다.

모토나리는 이 전투로 전국 규모의 다이묘로 첫발을 내딛게 되는데, 이때 그의 나이 이미 쉰아홉이었다. 인생 오십 년이라고 일컬어지던 시대에 현역으로 전투를 지휘한 것만 해도 경탄이 나온다. 어쩌면 대군을 이끈 하루카타의 방심과 오만한 마음도 승리의 한 요인이겠으나, 뭐니 뭐니 해도 갖은 모략으로 덫을 놓은, 연륜을 바탕으로 한 모토나리의 전략이 승리의 주된 요인일 것이다.

모토나리가 자식에게 남긴
'세 자루 화살'의 교훈

작은 나라의 영주로 출발했으나 지정학을 교묘히 활용한 탁월한 전략으로 영토를 넓힌 모리 모토나리. 그가 책과 훈육을 통해 자식들과 손자들에게 남긴 가르침도 지정학과 맥을 같이한다.

"한 자루의 화살은 쉽게 꺾이지만
세 자루의 화살은 꺾기 힘들다"

모리 모토나리의 일화로 유명한 '세 자루의 화살'. 모토나리의 명령으로 아들인 다카모토隆元[38], 모토하루元春(깃카와 모토하루와 동일인물), 다카카게隆景(고바야카와 다카카게와 동일인물)가 한 자루의 화살을 꺾고 두 자루의 화살까지는 꺾었으나, 세 자루의 화살은 꺾지 못했다고 한다.

그 모습을 보고 모토나리는 "한두 자루의 화살은 쉽게 꺾을 수 있다. 하지만 세 자루가 되면 꺾기 힘들지. 너희 세 형제가 세 자루의 화살처럼 단결해야 해. 그러지 않으면 전국시대의 세상에서 살아남을 수 없을 게야"라고 가르쳤다고 한다. 이 일화는 현대에도 전해질 정도로 유명한데, 이와 비슷한 내용이 1557년에 모토나리가 쓴《삼자교훈장三子教訓状》에 실려 있다. 그가 굳이 책까지 써서 아들들에게 이런 글을 남긴 데는 이유가 있다.

모토나리는 고바야카와 가문과 깃카와 가문의 영지를 노리고 차남 모토하루와 삼남 다카카게를 두 집안에 양자로 보내 영지를 확대했다. 모토나리의 기대대로

두 아들을 양자로 보낸 집안의 영지를 접수

집안의 존속이 무엇보다 중요했던 전국시대. 주고쿠 지방의 패자인 모리 모토나리는 차남인 모토하루와 삼남 다카카게를 다른 집안에 양자로 보낸 후, 그 집안의 영지를 집어삼켰다.

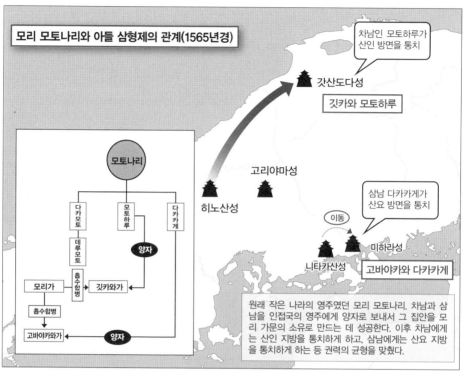

모리 모토나리와 아들 삼형제의 관계(1565년경)

차남인 모토하루가 산인 방면을 통치

갓산도다성

깃카와 모토하루

고리야마성

삼남 다카카게가 산요 방면을 통치

이동

히노산성

미하라성

니타카산성

고바야카와 다카카게

모토나리

다카모토 ─ 데루모토 ─ 흡수합병

모토하루 ─ 양자 ─ 깃카와가

다카카게 ─ 양자

모리가 ─ 흡수합병 ─ 고바야카와가

원래 작은 나라의 영주였던 모리 모토나리. 차남과 삼남을 인접국의 영주에게 양자로 보내서 그 집안을 모리 가문의 소유로 만드는 데 성공한다. 이후 차남에게는 산인 지방을 통치하게 하고, 삼남에게는 산요 지방을 통치하게 하는 등 권력의 균형을 맞췄다.

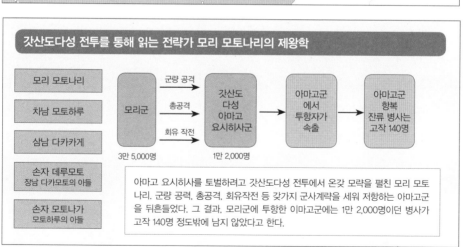

갓산도다성 전투를 통해 읽는 전략가 모리 모토나리의 제왕학

모리 모토나리

차남 모토하루

삼남 다카카게

손자 데루모토
장남 다카모토의 아들

손자 모토나가
모토하루의 아들

모리군
3만 5,000명

군량 공격
총공격
회유 작전

갓산도다성 아마고 요시히사군
1만 2,000명

아마고군에서 투항자가 속출

아마고군 항복 잔류 병사는 고작 140명

아마고 요시히사를 토벌하려고 갓산도다성 전투에서 온갖 모략을 펼친 모리 모토나리. 군량 공력, 총공격, 회유작전 등 갖가지 군사계략을 세워 저항하는 아마고군을 뒤흔들었다. 그 결과, 모리군에 투항한 이마고군에는 1만 2,000명이던 병사가 고작 140명 정도밖에 남지 않았다고 한다.

다른 집에 양자로 들어간 모토하루와 다카카게는 자신들이 물려받은 땅을 흡수 통합하는 형태로 모리 가문의 영지로 통일시켰다.

또한, 교훈장에는 '다른 집안의 양자가 되어도 모리라는 두 글자를 소홀히 해서 는 안 된다'라는 대목도 있는데, 세 아들은 아버지의 가르침을 충실히 따랐다.

아쉽게도 장남인 나카모토는 1563년 아마고 가문 정벌 중 아키에서 급사했다. 장남이 아버지 모토나리보다 일찍 세상을 떠났지만, '모리'라는 두 글자는 양자로 보낸 두 아들의 마음속에 단단히 뿌리내려 평생에 걸쳐 사력을 다해 서로를 지원 했다.

직계 혈통만이 아니라 인접국이라는 지연 관계마저 혈연으로 통합해 기어코 지 정학적 조건을 유리하게 만들어낸 모토나리. 이야말로 전국시대의 뛰어난 전략가 인 모토나리만이 보여줄 수 있는 영웅의 진면목이 아닐까 한다.

손자들을 데리고 전쟁을 지휘한
70세 모리 모토나리의 제왕학

갓산도다성月山富田城 공격에 나선 것은 모토나리가 예순아홉일 때였다. 이 전투 에는 적자 다카모토의 아들 데루모토輝元[39]와 차남인 모토하루의 아들 모토나가元 長를 비롯한 손자들도 참전했다. 모리 가문의 혈통을 이어나가기 위해 노구를 이 끌고 전장에 나선 것이다.

1562년 모토나리는 갓산도다성을 지키는, '이즈모 십기出雲十旗'라고 불리던 지 성枝城들을 차례로 공략하고 아마고 가문이 머무는 도다성에 도착한다. 도다성은 전면에 흐르는 이나시강飯梨川이 외곽의 방어선이 되어주고, 안쪽으로 들어가면 깎아지른 절벽이 철벽의 방어력을 자랑하는 산성이었다. 또한, 본성으로 통하는 길도 좁고 험난해서 힘으로 밀어붙이기가 불가능했다. 어쨌거나 도다산성의 지형과 구조만 보면 아마고 측이 압도적으로 유리했다. 그래서 모토나리는 힘으로 밀어붙이는 전략을 포기하고 군사와 장비를 정비하기 위해 일단 퇴각한다.

그리고 이번에는 산성을 포위하고 식량 보급로를 차단하는 군량 공격에 나선다. 모토나리는 육지와 바다를 가리지 않고 보급로가 될 만한 곳은 모조리 차단해놓고, 병사들로 하여금 공놀이를 하거나 와카 모임을 열며 시간을 보내게 했다고 한다.

그런 가운데 아마고 측의 가신인 우야마 히사카네宇山久兼는 샛길을 통해 군량을 보급했는데, 아마고 요시히사尼子義久[40]가 모토나리가 꾸민 이간계離間計에 속아 우야마 히사카네를 죽이는 바람에 아마고 군대의 사기는 점점 떨어진다. 때마침 모리 측에서 투항하면 용서하고 받아주겠다는 내용의 선전술을 펼치자 농성하던 병사가 차례로 투항해 애당초 1만 2,000명이던 병사가 140명까지 줄었다고 한다.

승리를 위해서 전투 상황에 따라 전략을 바꾸는 냉혈한의 방식을 손자 대까지 '현장교육'시킨 것은 전국 다이묘 중에서도 모토나리밖에 없을 것이다.

모토나리가 죽은 후에는 장남인 다카모토의 아들 데루모토가 모리 가문의 가독을 상속한다. 이때 모토하루와 다카카게가 형의 아들을 목숨을 걸고 보좌하는데, 그 모습은 한 자루도, 두 자루도 아닌 3대에 걸쳐서도 변함없는 '세 자루의 화살'의 모습이었다.

오슈의 다테 마사무네는
왜 천하인이 되지 못했나?

군사, 내정, 외교에 탁월한 전국시대 다이묘로 거명되는 다테 마사무네. 애꾸눈 영웅이라 불리던 호방한 무장으로 알고 있는 사람이 많은데, 혹여 무쓰의 독특한 지정학적 기질이 천하인이 되는 것을 가로막은 것은 아닐까?

다테 마사무네가 전국시대에 등장할 때는
이미 히데요시가 천하통일을 완성했다

독안룡獨眼竜이란 별명을 지닌 명장이라고 하면 데와국出羽国, 야마가타현과 무쓰국陸奥国, 미야기현과 후쿠시마현을 다스리던 전국시대 다이묘 다테 가문의 17대 당주 다테 마사무네伊達政宗밖에 없다. 외눈이 된 것은 유소년 시절에 앓았던 천연두로 실명한 오른쪽 눈을 적출해냈기 때문이라고 한다.

전국시대를 말할 때, 세키가하라 전투 전후에는 반드시 마사무네의 이름이 등장한다. 하지만 오슈의 마사무네가 난세의 역사 무대에 등장할 무렵, 이미 전국시대는 통일 국면에 접어들고 있었다. 그런 마사무네가 다테 가문의 당주가 된 것은 1584년의 일이다. 바로 2년 전에는 노부나가가 혼노사에서 가신의 배신으로 불귀의 객이 되고 말았다. 이후, 히데요시가 천하인으로 입지를 굳혔으나 마사무네는 천하를 얻기 위한 야망을 버리지 않았다. 오슈奥州, 무쓰의 별칭의 패자를 뛰어넘어 막부 쇼군의 지위에 오르기를 꿈꿨던 것이다.

마사무네란 이름이 세상에 알려지기 시작한 것은 그가 당주가 된 이듬해부터

당주가 되고 겨우 5년 만에 남오슈를 장악

전국시대라는 난세가 마무리되는 시기에 활약한 다테 마사무네. 당주가 되고 고작 5년 만에 오슈 최대의 다이묘로 군림한다. 비록 천하인의 자리에 오르지는 못했지만 도쿠가와 막부의 기반을 다진 전국시대의 출중한 다이묘임에는 틀림없다.

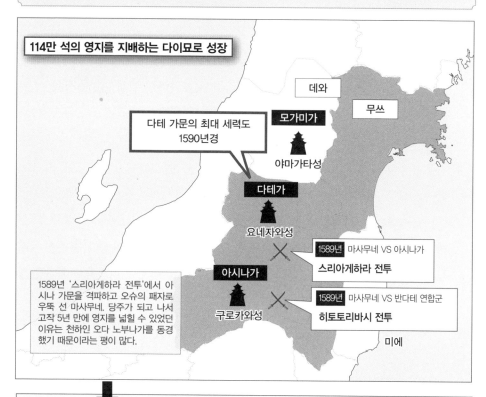

114만 석의 영지를 지배하는 다이묘로 성장

데와

무쓰

모가미가

야마가타성

다테 가문의 최대 세력도
1590년경

다테가

요네자와성

1589년 마사무네 VS 아시나가
스리아게하라 전투

아시나가

1589년 '스리아게하라 전투'에서 아시나 가문을 격파하고 오슈의 패자로 우뚝 선 마사무네. 당주가 되고 나서 고작 5년 만에 영지를 넓힐 수 있었던 이유는 천하인 오다 노부나가를 동경했기 때문이라는 평이 많다.

구로카와성

1589년 마사무네 VS 반다테 연합군
히토토리바시 전투

미에

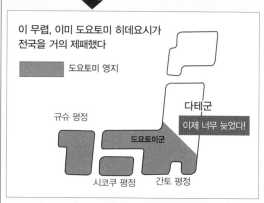

이 무렵, 이미 도요토미 히데요시가
전국을 거의 제패했다

■ 도요토미 영지

규슈 평정

다테군
이제 너무 늦었다!

도요토미군

시코쿠 평정   간토 평정

다테 마사무네

다테 가문 16대 당주인 다테 데루무네의 적자로 1567년에 태어났다. '마사무네政宗'란 이름은 다테 가문을 중흥시킨 시조로 알려진 9대 당주 마사무네의 이름을 따서 지었다고 한다. 최전성기에는 도호쿠의 패자로 일컬어졌으나 결국에는 천하인 도요토미 히데요시에게 무릎을 꿇는다.

다테 마사무네가 도호쿠 최대의 다이묘로 꼽히던 시절에 도요토미 히데요시는 한발 앞서 천하통일을 완성했다. 마사무네가 5년만 빨리 태어났더라면 히데요시를 대신해 천하를 얻었을지도 모른다.

다. 과거에는 다테 가문의 위세에 눌려 찍소리도 못하던 니혼마쓰성二本松城 성주 하타케야마 요시쓰구畠山義継[41]가 항복 조건에 불만을 품고 다테 마사무네의 아버지 데루무네輝宗를 납치한다. 그런데 이때 마사무네가 요시쓰구를 죽이며 실수로 아버지까지 사살해버린다. 이후 아버지 데루무네의 죽음을 기릴 겸 하케타야마 영지인 니혼마쓰성에 진격했으나 함락에 실패한다. 이에 하케타야마 가문은 요시쓰구의 아들 구니오마루国王丸를 당주로 추대하고 반다테 연합군을 결성해 양 진영이 히토토리바시人取橋 전투에서 사투를 벌이게 된다.

마사무네는 병력 면에서 압도적으로 불리했으나 연합군 주력부대인 사타케佐竹 가문이 갑작스럽게 병사를 철수시키는 바람에 승부를 보지 못한 채 전투는 종결된다. 이것이 결과적으로 마사무네의 용맹성을 부각시키는 분위기를 만들었다.

1589년에는 스리아게하라摺上原 전투˚에서 숙적이던 아이즈会津, 후쿠시마현 서부의 아시나군을 격파하고 승리한다. 이 전투 후, 마사무네는 주변의 군소 호족을 차례로 복종시키고 무쓰와 데와의 약 절반을 손에 넣으며 남오슈 지역의 지배권을 장악하는 데 성공한다.

천하인을 꿈꾸었던 마사무네는
도쿠가와에게 충성하며 생을 마감

마사무네는 당주가 되고 겨우 5년이라는 단기간에 오슈의 패자가 되었다. 하지만 이 무렵에는 이미 히데요시의 천하통일이 거의 완성된 상태였다. 오다와라小田原 정벌로 호조 가문이 멸망하던 시기에 히데요시는 마사무네에게 자신의 진영에 합류할 것을 명한다. '항전할 것인가, 참전할 것인가?'의 선택지를 두고 다테 가문은 양분되었으나 결국 소유한 영지의 안정을 우선한 마사무네가 히데요시의 신하가 되기로 맹세한다. 단, 자신이 도마 위에 오른 잉어가 아니라는 사실을 암시하기 위해 히데요시를 소복 차림으로 알현했다.

전국시대의 용맹한 무장이면서도 이렇게 바로 순순히 복종하는 자세로 돌아선 마사무네의 행동 원리에는 그가 태어나고 자란, 오슈라고 하는 도호쿠東北* 지역의 지정학적 기질이 크게 영향을 미쳤다고 한다. 인구가 적고 1년 내내 한랭한 계절이 오래 계속되는 북부 지방에서 생활하는 자들에게서 엿볼 수 있는 독특한 생존방식이 그것이다. 이른바 '증오하는 적이 아니라면 상대를 철저하게 쓰러뜨리지 않는다'라는 가치관이다. 혹독한 땅에서 나고 자라 자신도 모르게 몸에 밴 생활습관이기도 하다. 생존을 위해 최선의 방법을 모색하는 실용적인 사고방식이다. 우에스기 가게카쓰上杉景勝[42]와의 전투에서 라이벌인 모가미 요시아키最上義光[43]가 궁지에 빠지자 구원의 손길을 내밀었던 것도 같은 이유에서일 것이다. 쓸데없이 과도한 살생과 분쟁을 싫어하는 일면이라고 할까?

그러면서도 마사무네는 천하에 대한 야심을 완전히 버리지 못했다. 도요토미 정권에 복속되고 나서도 히데요시가 죽자 감추고 있던 야망을 드러낸다. 천하를 가르는 갈림길이 된 세키가하라関ヶ原 전투에서 같은 도쿠가와 진영에 속해 있는 다이묘 가문의 영지를 공격하곤 마치 잇키가 봉기를 일으킨 것처럼 공작을 꾸민 것이다. 하지만 세키가하라의 결전이 고작 반나절 만에 끝나면서 모반 음모가 발각되고 만다. 하지만 이에야스는 불문에 부치고 마사무네의 영지를 보존하게 해주어 마사무네는 도호쿠의 다이묘로 생을 마감할 수 있었다.

스리아게하라 전투

다테 마사무네는 아시나 가문의 본거지인 아이즈를 빼앗기 위해 구로가와성에 병사를 집결시켰다. 반다이산磐梯山 기슭의 평원인 스리아게하라에서 벌어진 전투는 다테군의 대승으로 끝난다. 패주한 아시나 요시히로는 사타케 가문에 몸을 의탁한다.

도호쿠

일본 혼슈 동북부 지역인 아오모리현, 이와테현, 미야기현, 아키타현, 야마가타현, 후쿠시마현의 6현을 통칭한다.

전국 다이묘에게 고용돼 전투에서 활약한 용병들

전국시대에 각 나라가 독자적인 군대를 거느렸냐는 질문의 정답은 '아니요'다. 전국시대 다이묘들은 때로는 용병을 고용해 영토 확장에 힘썼다. 또한, 용병들 중에는 철포를 자유자재로 다루며 전국시대에 영향을 줄 정도로 엄청난 화력을 과시한 집단도 있었다고 한다.

철포 기술과 군선을 보유한 사이카슈는
노부나가를 괴롭힐 정도의 전투력 보유

전국시대의 군대 중에 가장 인원이 많았던 것은 경무장 보병인 아시가루다. 보통 군역에 의해 징병된 농민이 많았으나 드물게 금품에 고용된 다른 지역 출신 용병도 있었던 모양이다.

전란의 시대에는 무거운 세금에 시달리다 마을을 떠난 농민과 패전으로 인해 살던 곳에서 쫓겨난 난민 등 부랑인들이 많았다. 이런 사람들이 먹고살려면 용병이 되는 수밖에 없었다.

그러한 사람들을 교묘하게 이용해 권력의 기반을 닦은 다이묘로는 다케다 노부토라가 유명하다. 그는 용병으로 전력을 증강해 가이의 토착 무사들을 격파하고 가이국 안에서 확고한 지위를 확립했다. 적자인 신겐도 그의 전술을 그대로 이어받아 야마모토 간스케山本勘助 등 출신이 확실하지 않은 낭인들을 그 밑에 두어 활약시켰다고 전해진다.

또한, 사이카슈雜賀衆와 네고로슈根来衆처럼 집단으로 각지의 전투에 고용된 용병부대도 있었다. 두 부대는 기이반도 남부에 독자적인 지배력을 갖고 있었는데, 특히 사이카슈는 수준 높은 철포 기술과 군선을 보유하고 오다 노부나가를 오래 괴롭힐 만큼 전투력이 뛰어났다.

원래 사이카슈는 지역의 촌락에 사는 지주층과 농민 집단으로, 보유하고 있던

전국시대에 활약한 주요 용병

네고로슈根來衆

기이국 북부의 네고로사根來寺를 중심으로 일대에 거주하던 승병 군단. 많은 양의 철포와 탄약을 소유했다.

로닌슈浪人衆

다케다 신겐에 의해 편성된 타 지역 출신의 용병부대. 로닌슈로 불리며 신겐이 이끄는 여러 전투에서 활약했다.

사이카슈雜賀衆

기이국 북서부에서 활약한 용병. 수천 정이 넘는 철포를 소유하고 독자적인 무역도 했던 군사 집단.

모로아시가루슈諸足輕衆

호조 가문에 소속된 독립 무장조직. 보수를 받고 고용된 아시가루 집단으로 볼 수 있다.

제련 기술을 잘 활용해 철포만 수천 정을 소유했다고 한다. 더욱 놀라운 것은 상권을 장악한 상인 세력이다. 그들은 해외무역을 통해 독자적인 경로로 철포탄과 화약류를 입수했다.

이렇게 전국시대에는 무사 신분에 속하지 않는 비정규부대가 각지에 존재했다. 당시 영주들의 입장에서 보자면 독자적으로 군대를 거느리는 것보다 비용이 적게 들었으므로 이들을 비정규군으로 고용해 전투에 활용한 것으로 보인다.

2장 주요 인명 주석

1 **호조 소운**北条早雲 – 무로마치 막부 중·후기의 무장으로 간토 지역의 다이묘이자 호조 가문의 시조다. 원래 이름은 이세 모리토키伊勢盛時였으나, 아들 우지쓰나가 당주일 때 성을 호조로 개명하고 법명인 소운과 함께 사용했다. 스루가국의 슈고다이묘 이마가와 가문의 가독 분쟁에서 공을 세워 고코쿠지성興国寺城을 확보했는데, 이것이 전국시대 다이묘가 되는 기반이 되었다.

2 **오모리 우지요리**大森氏頼 – 전국시대의 무장으로 오기가야쓰 가문의 당주 우에스기 사다마사上杉定正의 가신이자 사가미국 오다와라성의 성주였다.

3 **오모리 후지요리**大森藤頼 – 오모리 우지요리의 차남인데 형 오모리 사네요리大森実頼가 일찍 세상을 떠나는 바람에 부친이 죽은 후 가독을 이어받았다.

4 **호조 우지쓰나**北条氏綱 – 아버지 소운이 출가해 은거에 들어갔다 이듬해 세상을 떠나자 당주 자리를 물려받는다. 부친 때부터의 거점인 이즈의 니라야마성을 떠나 오다와라성으로 본거지를 옮기고, 성을 이세에서 호조로 고쳤다. 이후 사가미국을 침공하는 등 간토 지역으로 세력을 키우며, 호조 가문을 전국시대의 다이묘로 성장시켰다.

5 **호조 우지야스**北条氏康 – 호조 가문의 2대 당주 우지쓰나의 적자로 태어나, 1541년에 부친이 죽자 가독을 계승해 3대 당주가 되었다. 간토 지역에서 우에스기 가문을 몰아내고 지배력을 확고히 하는 등 화려한 전공을 세웠다. 다케다 신겐과 우에스기 겐신에 비견될 정도로 문무를 겸비한 명장이었다.

6 **호조 우지마사**北条氏政 – 호조 가문의 4대 당주로 다케다 신겐의 딸과 결혼했다. 부친 우지야스의 뒤를 이어 세력 확대에 힘을 쏟았으나 당시 천하인이었던 도요토미 히데요시와 대립하는 실수를 저질렀다. 결국 히데요시가 22만의 대군을 이끌고 오다와라성을 침공하자 농성전을 벌이다가 항복하고 자결했다.

7 **호조 우지나오**北条氏直 – 호조 가문의 5대 당주로 아버지 우지마사와 함께 영토를 넓히는 데 힘썼으나, 도요토미 히데요시에게 맞서다 패가망신했다. 1590년 히데요시가 오다와라성을 침공할 때 항복한 후 은거하다 이듬해 오사카에서 병사했다. 이로써 100년 동안 5대에 걸친 호조 가문의 간토 지배가 끝났다.

8 **모리 모토나리**毛利元就 – 전국시대 후기에 활약한 다이묘다. 아키국安芸国의 일개 호족에서 시작해 주고쿠 지방 대부분을 손에 넣은 대표적인 명장이다. 자신이 모시던 오우치大内 가문과 아마코尼子 가문을 10년에 걸쳐 잇달아 정벌하고 주고쿠 지역의 지배자가 되었다.

9 **구스노키 마사시게**楠木正成 – 가마쿠라 시대 말기부터 남북조南北朝 시대에 걸쳐 활약한 무장이다. 고다이고 천황을 도와 가마쿠라 막부를 멸망시키는 데 공을 세운 인물로 후세 사가들에 의해 천재 군사전략가로 평가받고 있다.

10 **도가시 마사치카**富樫政親 – 무로마치 시대 후기의 무장이자 슈고다이묘다. 오닌의 난 때 호소카와 가문의 동군에 가담하고 렌뇨의 도움을 받아 서군에 가담한 동생 고치요후千代를 축출하고 도가시 가문의 당주이자 가가국加賀国의 슈고 자리를 차지했다. 하지만 가가의 실질적 지배권을 얻지는 못했다.

11 **아케치 미쓰히데**明智光秀 – 전국시대 미노국 아케치성의 성주로 '미노의 살모사'라고 불리는 사이토 도산斎藤道三의 가신으로 활약했다. 마지막 쇼군 아시카가 요시아키와 인척관계였으나 오다 노부나가의 가신으로 돌아섰다. 이후 오다 노부나가의 측근으로 활약했으나 '혼노사의 정변'을 일으키고 주군을 토벌해 배신자라는 오명을 남겼다.

12 **다케다 노부토라**武田信虎 – 가이국을 통일한 다이묘이며 다케다 신겐의 아버지다. 스루가의 이마가와 가문과 사가미의 호조 가문과 삼각동맹을 맺는 등 세력 확장에 주력하다 다른 영주들의 반발을 샀다. 적자 다케다 신겐을 앞세운 가신들에 의해 추방당한 이후, 유랑생활을 하다 신겐이 사망한 이듬해인 1574년 81세의 나이로 생을 마감한다.

13 **스와 요리시게**諏訪頼重 – 전국시대의 무장이자 시나노국의 다이묘다. 우에하라성의 성주였지만 다케다 신겐의 침략을 받아 항복한 후 자살한다. 그의 딸이 신겐의 측실이 되어 낳은 4남 가쓰요리勝頼가 1582년 노부나가와 이에야스의 연합군의 공격에 죽고 가문도 멸망한다.

14 **무라카미 요시키요**村上義清 – 전국시대에 기타시나노를 대표하는 무장이었다. 다케다 신겐의 군대를 세 번이나 물리칠 정도로 용맹을 떨쳤으나, 결국 패하고 우에스기 겐신에게 몸을 의탁한다. 68세에 불교에 귀의, 73세에 사망한다.

15 **우에스기 겐신**上杉謙信 – '에치고越後의 용'이라고 불린 전국시대의 명장이다. 에치고의 슈고다이 나가오 다메카게長尾爲景의 차남으로 태어나 형을 이어 가독을 승계했다. 성인이 된 후의 이름은 나가오 가게토라長尾景虎이고, 에치고로 망명한 간토간레이 우에스기 노리마사上杉憲政의 양자가 되어 성을 바꾸고 슈고다이묘 자리도 물려받았다. 1570년에 출가한 후에는 겐신이라는 법명으로 불렸다. 주변의 다케다 신겐, 호조 우지야스, 오다 노부나가 등 전국시대의 명장들과 경쟁하면서 문무를 겸비한 인물로 이름을 날렸다.

16 **야마모토 간스케**山本勘助 – 전국시대의 무장으로 다케다 가문의 다섯 명장으로도 꼽힌다. 아시가루 출신으로 병법, 축성과 천문에 능통해 신겐의 군사君師로 활약했다고도 하나 실존 자체에 의문을 제기하거나 공적이 부풀려졌다는 평가가 우세하다.

17 **미나모토노 요리토모**源頼朝 – 헤이안 시대 말기에 활동하며 1185년경 가마쿠라 막부를 개창하고 1대 쇼군에 오른 인물이다. 12세기 후반부터 19세기 후반의 메이지유신까지 약 700년 동안 일본을 지배한 무가 정권 시대를 개막했다.

18 **이마가와 요시모토**今川義元 – 스루가국의 슈고다이묘인 이마가와 가문은 아시카가 막부의 일족으로 쇼군을 배출할 수 있는 명문가였다. 어린 나이에 출가했다가 형이 급사하는 바람에 9대 당주에 올랐고, 이름도 요시모토로 바꾸었다. 삼국동맹으로 다케다 신겐의 매형이자 호조 우지야스의 처남이 되었다. 서쪽으로 세

력 확장을 위해 오다 가문의 오와리국을 침공했다가 오다 노부나가의 기습공격을 받고 1560년에 전사했다.

19 **하타케야마 하루오마루**畠山春王丸 – 노토의 영주인 하타케야마 가문은 가신들이 심각하게 반목한 탓에 당주의 교체가 잦았다. 1576년에 부친 하타케야마 요시타카畠山義隆가 급사하자 그 뒤를 잇는다. 하지만 나이가 어려 실권은 가신인 쵸 스구쓰라長続連에게 있었고, 나나오성 농성전 중 병사했다.

20 **쵸 스구쓰라**長続連 – 전국시대의 무장으로 하타케야마 가문의 당주를 4대에 걸쳐 모신 중신이다. 하타케야마 가신 중에서도 최고의 실력자였으나, 에치고의 우에스기 겐신의 침공을 받고 나나오성에서 농성전을 벌이다 일족이 모두 죽었다.

21 **유사 스구미쓰**遊佐続光 – 노토 하타케야마 가문의 통치를 주도한 가신 7인방의 핵심으로 쵸 스구쓰라와 주도권을 놓고 대립하다 주군을 배신하고 우에스기 겐신과 내통해 나나오성의 성문을 개방했다.

22 **삿사 나리마사**佐々成政 – 오와리에서 삿사 나리무네佐々成宗의 삼남으로 태어나 위의 형들이 잇달아 죽어 1560년에 가독을 계승했다. 오다 노부나가의 가신으로 활약하며 많은 전공을 세웠으나 혼노사의 정변 이후 도요토미 히데요시에게 항복과 항거를 되풀이하다 규슈에서 생을 마감했다.

23 **다키가와 가즈마스**滝川一益 – 다키가와 이치마스라고도 읽는다. 오다 노부나가의 가신이자 오다 사천왕 중 한 명으로 꼽힐 정도로 천하통일의 선봉에서 숱한 전투를 치렀다. 오다의 후계자 자리를 놓고 시즈가타케燧ヶ岳 전투에서 히데요시와 맞붙은 시바타 가쓰이에柴田勝家를 지지했다가 몰락한다.

24 **마에다 도시이에**前田利家 – 오와리국에서 태어나 오다 노부나가의 가신에서 출발해 시바타 가쓰이에 수하의 장수로도 활약했으나 혼노사의 정변 이후 도요토미 히데요시 편으로 돌아섰다. 도요토미 정권 당시 고다이로五大老의 한 명으로, 히데요시 사후 도쿠가와 이에야스를 견제하다 얼마 후 병사한다.

25 **류조지 다카노부**龍造寺隆信 – 히젠국의 지방 호족 집안 출신으로 7세 때 출가했다가 조부와 부친이 쇼니 가문 모반 사건에 연루되는 바람에 전 가족이 죽고 조부와 함께 도망쳐 겨우 살아남았다. 이후 환속해 대가 끊어진 류조지 본가의 19대 당주를 물려받아 주군 쇼니 가문을 하극상으로 무너뜨렸다. 오토모 가문과 시마즈 가문과 나란히 세력을 키워 규슈 삼강의 한 명으로 꼽혔으나 시마즈島津·아리마有馬의 연합군과 벌인 오키타나와테 전투에서 패하고 죽임을 당한다.

26 **시마즈 다카히사**島津貴久 – 규슈 시마즈 가문의 분가 출신이었으나 본가의 시마즈 가쓰히사島津勝久의 양자가 되어 당주의 자리를 물려받았다. 사쓰마薩摩·오스미大隅 두 지방을 통일해 시마즈 가문의 기반을 세웠고 아들 네 형제 모두 무예가 출중하기로 유명했다.

27 **시마즈 요시히사**島津義久 – 시마즈 다카히사의 장남으로 시마즈 가문 16대 당주를 물려받았다. 부친 뒤를 이어 세력 확장에 나서 남규슈 3주(사쓰마, 오스미, 휴가)의 통일을 달성했다. 기타규슈의 오토모 가문과 류조지 가문을 물리치고 규슈 통일을 목전에 두었으나, 1587년 규슈를 침공한 도요토미 히데요시에게 항복하고 영지를 보존했다.

28 **아리마 시게타카**有馬鎭貴 – 히젠국 시마바라번주로 규슈의 크리스천 다이묘로 유명하다. 류조지 가문의 침략에 굴복했으나 나중에 시마즈 가문의 도움을 받아 오키타나와테 전투에서 류조지군을 물리친다. 임진왜란에 참전했고, 나중에 아리마 하루노부有馬晴信로 개명했다.

29 **시마즈 이에히사**島津家久 – 시마즈 다카히사의 4남으로 시마즈 가문의 주요 전투에 참전해 많은 전공을 세웠다. 도요토미 히데요시의 규슈 평정 때 히데요시군에게 패하며 항복한 후 41세의 나이로 급사했다.

30 **모리 히로모토**毛利弘元 – 무로마치 시대부터 전국시대에 걸쳐 활약한 무장이다. 혼슈 서부 지역과 기타규슈의 패자인 오우치 가문의 휘하에 있었던 아키국의 영주이자 모리 가문의 당주다. 장남 오키모토興元의 나이 여덟 살 때 당주 자리를 물려주고 나중에 모리 가문의 중시조中始祖가 되는 차남 모토나리와 함께 은거하다 39세 때 과음으로 죽는다.

31 **모리 모토쓰나**毛利元綱 – 전국시대의 무장으로 모리 모토나리의 배다른 형제다. 조카 고마쓰마루幸松丸가 아홉 살에 요절하고 모토나리가 가독을 상속받을 즈음, 반대하는 중신들의 대항마로서 추대되어 반란을 일으켰으나 실패하고 숙청당한다.

32 **스에 하루카타**陶晴賢 – 스오의 슈고다이로, 원래 이름은 다카후사隆房다. 오우치 가문의 가신이었으나 주군 오우치 요시타카大内義隆를 공격해 자결하게 한 하극상으로 유명하다. 모리 모토나리와 결전을 벌인 이쓰쿠시마 전투에서 패하자 자결했다.

33 **오우치 요시타카**大内義隆 – 무로마치 시대 말기의 무장이자 스오周防와 나가토長門 등 7개 지방의 슈고다. 자신과 대립하던 가신 스에 하루카타의 반역으로 자결하고, 아들 요시타카義尊도 살해되면서 오우치 가문은 멸문되었다.

34 **가쓰라 모토즈미**桂元澄 – 모토쓰나의 반란 때 부친이 연루되어 숙청되었으나 모토나리의 은전으로 구사일생한 후 핵심 측근으로 활약했다. 1555년 이쓰쿠시마 전투 때 거짓으로 내통을 약속해 스에 하루카타를 끌어내는 공을 세웠다. 아키국安芸国의 가쓰라성桂城、사쿠라오성桜尾城의 성주였다.

35 **고바야카와 다카카게**小早川隆景 – 모리 모토나리의 삼남으로 다케하라 고바야카와竹原小早川 가문에 양자로 들어가 14대 당주가 되었다. 이후 고바야카와 가문은 모리 문중에 포함되어 모리군의 정예 수군 역할을 하게 된다. 임진왜란 때 참전하기도 했다.

36 **고이 나오유키**己斐直之 – 아키국 다케다 가문의 가신이었으나 훗날 가가와 미쓰카게香川光景와 함께 모토나리 휘하에 들어간다. 이쓰쿠시마 전투에서 미야오宮尾성에 들어가 눈부신 활약을 펼친다. 전쟁이 끝난 후에는 은거한다.

37 **깃카와 모토하루**吉川元春 – 모리 모토나리의 차남으로 태어나 외가인 아키국 깃카와 가문의 양자로 들어간 후 가독을 승계했다. 동생 고바야카와 다카카게와 함께 부친의 지휘 아래 숱한 전쟁에서 연승을 거두며 모리 가문 융성의 발판을 쌓아올린 명장이다.

38 **모리 다카모토**毛利隆元 – 모리 모토나리의 장남으로 모리 가문 13대 당주가 되었다. 스오국 · 나가토국 · 아키국 · 빈고국 · 빗추국의 슈고로서, 모리 가문이 주고쿠 지방의 지배를 확고히 하는 토대를 마련했다. 1563년 아마고 가문을 공격하러 가던 중에 41세의 나이로 급사했다. 부친 모토나리보다 먼저 세상을 떴기 때문에, 당주로서 실권을 쥐고 있지는 않았지만 뛰어난 내정 수완으로 부친 모토나리를 보좌했다.

39 **모리 데루모토**毛利輝元 – 다카모토의 장남으로 태어나 모리 가문의 가독을 승계했으며, 1571년 조부 모토나리가 죽은 후에는 실질적인 당주가 되었다. 도요토미 정권에 충성을 맹세하고, 시코쿠와 규슈 정벌의 선봉에서 무공을 세워 고다이로에 추대되었다. 세키가하라 전투에서는 서군의 총대장으로 나섰다가 도쿠가와 이에야스의 동군에 패해 영지 축소 처분을 받았다.

40 **아마고 요시히사**尼子義久 – 아마고 하루히사尼子晴久의 장남으로 부친 사후 가독을 계승해 숙적 모리 가문과 전투를 이어갔다. 모토나리의 공격을 받고 이즈모 도다산성에서 농성전을 벌이다 항복했다. 자손들은 모리 가문의 가신으로 존속했다.

41 **하타케야마 요시쓰구**畠山義継 – 니혼마쓰 요시쓰구二本松義継라고도 한다. 부친 하타케야마 요시쿠니畠山義国가 죽은 후 1580년 15대 당주에 올랐다. 다테 마사무네의 침공에 항복하는데, 영지를 거의 잃게 되고 다이묘 지위가 위태로워지자 마사무네의 부친 데루무네를 납치해 죽음에 이르게 했다.

42 **우에스기 가게카쓰**上杉景勝 – 외숙부 우에스기 겐신의 양자로 들어가 가독 승계 싸움에서 승리해 우에스기 가문의 우두머리가 되었다. 도요토미 정권의 고다이로 가운데 한 명이었으나 세키가하라 전투에서 도쿠가와 이에야스에게 패한 후 항복한다. 영지가 대폭 축소되었지만 가문은 겨우 지킬 수 있었다.

43 **모가미 요시아키**最上義光 – 데와국 다이묘 모가미 요시모리最上義守의 장남으로 태어나, 1571년 25세 때 11대 당주에 올랐다. 도요토미 히데요시가 조카 히데쓰구를 모반으로 몰아 일가족을 몰살할 때 측실이었던 자신의 딸마저 죽이자 도쿠가와 이에야스 편으로 돌아섰다. 세키가하라 전투에서 동군에 참가해 60만 석에 가까운 영지의 다이묘가 되었다.

전국시대 대스타
노부나가의 지정학

천하통일이라는 장대한 비전은 혼노사의 정변이 일어나 자결하는 바람에 물거품이 되었다.영웅의 꿈이란 것이 얼마나 덧없는지를 몸소 보여준 그의 수수께끼를 좇는다.

오다 노부나가

오와리의 바보라고 놀림을 받았으나 후에 전국시대에 천하통일을 꿈꿀 정도로 크게 성장한 오다 노부나가. 꿈을 이루기 직전에 생을 마감한 그의 반생을 지정학을 통해 풀어본다.

정경유착의 정략결혼으로
오와리의 강자로 부상

군웅할거의 전국시대를 누비며 일찍이 천하인으로 이름을 올린 오다 노부나가. 왜 노부나가는 다른 전국 다이묘가 이루지 못했던 것을 이룰 수 있었을까? 그 비밀은 오다 가문이 차지한 지형상의 이점에 있다.

이세만을 통해 해상과 육로를 연결하는,
물류 네트워크를 개척한 오다 가문

오다 노부나가라고 하면 일단 화려한 전승 기록과 영지를 확장해나가는 과정에만 주목하기 쉽다. 하지만 애초에 그것이 가능했던 이유는 본거지인 오와리尾張, 아이치현 서부의 지배를 안정시켜서 전쟁비용을 댈 수 있는 경제 기반을 닦아놓았기 때문이다. 그러면 노부나가는 자신의 당대에 그러한 위업을 이룬 것일까? 아니, 그렇지 않다. 사실 오와리에서의 오다 가문의 기반은 할아버지, 아버지에 이어 노부나가 본인까지 장장 3대에 걸쳐 이룩한 것이다.

이는 조부인 노부사다信定[1]가 '쓰시마미나토津島湊'를 지배하면서 시작된다. 쓰시마라고 하면 현재는 내륙이지만 전국시대에는 현재보다 해안선이 내륙 안쪽에 있어서 항구 역할을 했다. 이곳은 이세만伊勢湾에서 기소강木曽川을 따라 올라갈 수 있는 수로의 거점이었고, 기나이畿内, 교토 인근과 세토내해와 같은 서쪽 지역에서 오는 물품을 하역할 수 있는 일본 유수의 무역항이었다.

그런데 전국시대의 혼란 속에서 자치도시로서의 권익을 위협받자 당시 인접해

육로와 해상 운송을 장악한 지리적 네트워크

노부나가가 난세의 영웅으로 떠오를 수 있었던 배경에는 할아버지 노부사다와 아버지 노부히데가 2대에 걸쳐 일군, 대규모 상업 네트워크로 쌓아올린 경제적 기반이 있었다.

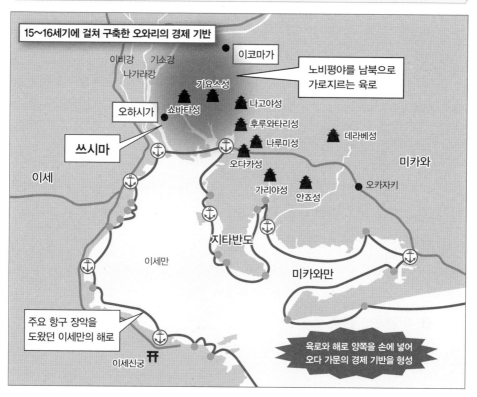

15~16세기에 걸쳐 구축한 오와리의 경제 기반

이코마가

노비평야를 남북으로 가로지르는 육로

이비강 기소강
나가라강

기요스성

오하시가 쇼바타성 나고야성

쓰시마

후루와타리성 데라베성

나루미성

이세 오다카성 미카와

가리야성 안조성 오카자키

지타반도

이세만 미카와만

주요 항구 장악을 도왔던 이세만의 해로

이세신궁 ꙮ

육로와 해로 양쪽을 손에 넣어 오다 가문의 경제 기반을 형성

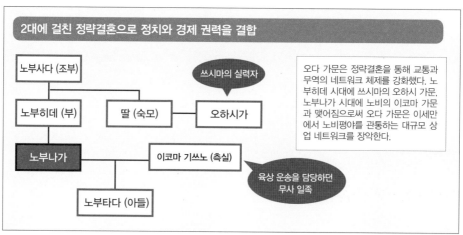

2대에 걸친 정략결혼으로 정치와 경제 권력을 결합

노부사다 (조부)

노부히데 (부) ─── 딸 (숙모) ─── 오하시가

쓰시마의 실력자

노부나가 ─── 이코마 기쓰노 (측실)

육상 운송을 담당하던 무사 일족

노부타다 (아들)

오다 가문은 정략결혼을 통해 교통과 무역의 네트워크 체제를 강화했다. 노부히데 시대에 쓰시마의 오하시 가문, 노부나가 시대에 노비의 이코마 가문과 맺어짐으로써 오다 가문은 이세만에서 노비평야를 관통하는 대규모 상업 네트워크를 장악한다.

있던 쇼바타성勝幡城을 거점으로 하던 노부사다에게 자신들을 비호해달라고 직접 요청했던 것이다. 그 이유는 오와리의 슈고였던 시바斯波 가문보다 오다 가문의 세력이 더 강했기 때문이다. 한편, 신관神官 출신이라는 점도 크게 작용했다고 한다.

신관과 무역 하면 언뜻 보기에 관련이 별로 없어 보인다. 하지만 당시 교역을 일괄 관리하던 집단 중에서도, 특히 사찰과 신사 세력이 들기름 교역의 이익을 독점했다. 그런 면에서도 노부사다는 쓰시마미나토를 보호할 적임자였다고 할 수 있다.

그렇게 해서 노부사다는 쓰시마의 수호자가 되었고, 딸을 쓰시마의 유력자 오하시大橋 가문에 시집보내 지배 기반을 더욱 굳건히 한다. 이렇게 무역 거점을 장악한 다음에 오다 가문은 쓰시마를 중심으로 상업과 무역망 발달에 전력을 기울이면서 경제 기반을 더욱 확고히 다진다.

이코마 가문의 딸과 정략결혼해
오와리의 육상 교통망까지 장악

노부사다를 대신해 노부나가의 아버지 노부히데信秀[2]가 영지를 이어받은 후에도 경제 기반을 다지는 작업은 계속된다. 노부히데는 인접국인 미카와국三河国. 아이치현 동부를 다스리는 대다이묘 이마가와 가문과의 전투에 몰두하는 한편, 노부사다 대부터 이어져 내려온 쓰시마 지배를 공고히 하면서 기소강과 이세만 일대의 영향력을 강화했다. 당시 전쟁이 빈번하던 시대 상황에 맞춰 나고야성名古屋城, 후루와타리성古渡城, 스에모리성末森城 등 거점을 옮겼는데, 전부 교역 경로에서 가까운 배후지에 자리했다.

쓰시마와 지타반도知多半島, 아쓰타熱田, 나고야시, 나가라강長良川 서쪽 유역의 스노마타墨俣 등 번성하던 주요 항구를 다스리며 2대에 걸쳐 구축한, 서부 해안 지대와 오와리를 잇는 중요한 무역 경로는 노부나가에게 더없이 소중한 유산이었다.

노부나가 대에 이르러 오와리의 교통 경로는 더욱 발달한다. 노부나가의 적자인 노부타다織田信忠를 낳은 '이코마 기쓰노生駒吉乃'[3]라는 인물은 오와리에서 운송업을 경영하는 무사 집안의 딸로 현재의 아이치현 고난시江南市에 거점이 있었다. 눈여겨봐야 할 것은 무사 집안이었음에도 뛰어난 상인의 역량을 발휘했다는 점이다. 거점이었던 고오리성小折城은 광대한 노비濃尾평야를 남북으로 잇는 장소에 위치해 히다飛騨, 기후현에서 히가시오미東近江, 시가현 동부까지 드넓은 지역에 걸쳐서 교역을 담당했다고 한다.

요컨대 오다 가문은 이코마 가문과 맺어짐으로써 바다를 이용한 무역만이 아니라 육상 운송망까지 장악하게 된 것이다. 오다 가문은 해로와 수로를 잇는 지형상의 이점을 살려 오와리의 육상교통과 무역 루트를 장악하고 경제를 활성화시키는 전략으로 경제적 기반을 강화했다. 그 결과, 노부나가는 오와리의 지배체제를 안정시키고 뒷일을 걱정하지 않고 나라 밖으로 시선을 돌릴 수 있었던 것이다.

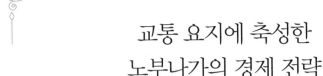

교통 요지에 축성한
노부나가의 경제 전략

경제정책을 중시했던 노부나가는 거점을 옮겨서도 그 지역의 경제를 강화하는 정책을 폈다. 자신이 지배하는 영지에 성을 지으면 경제가 발전한다는 사실을 노부나가는 누구보다 잘 알고 있었던 것이다.

천하인을 꿈꾼 노부나가가 네 차례나
성을 옮긴 이유는 '경제 발전'

노부나가는 평생에 걸쳐 통치 기반인 성을 네 번이나 옮겼다. 전국시대 무장 중에는 보기 드문 일이었다. 가령 모리 모토나리는 평생 요시다코리산성吉田郡山城을 거점으로 삼았다. 또한, 다케다 신겐은 성 대신에 관저를 중심으로 정치를 했다고 한다.

성의 축조가 자국의 수비 강화가 목적이었던 다른 다이묘와 달리 천하포무天下布武*를 꿈꿨던 노부나가가 교토 가까운 곳으로 거성을 옮긴 것은 그 뜻이 명백하다고도 할 수 있다. 하지만 그걸 감안해도 막대한 비용을 들여 성을 네 번이나 옮기다니 좀 특이하지 않은가? 하지만 거기에는 노부나가만의 전략과 사정이 있었다.

오와리의 나고야성을 시작으로 기요스성清洲城, 고마키산성小牧山城, 기후성岐阜城, 그리고 오미로 진출한 후에는 아즈치성安土城까지. 노부나가가 네 번에 걸쳐 성을 바꾼 이유는 '경제 발전' 때문이었다. 그렇다고 노부나가가 무모하게 성을 옮긴 것은 아니고 나름대로 지정학적 요인을 고려한 이주였다고 말할 수 있겠다.

오다 노부나가가 네 차례나 거성을 옮겼던 축성의 경제학

거성을 수시로 옮겼던 오다 노부나가의 목적은 경제 발전과 세수의 증대에 있었던 것으로 보인다. 노부나가는 언제, 어떤 곳에, 어떤 목적으로 거성을 축성한 것일까?

노부나가가 일생 동안 옮긴 거성의 변천

노부나가의 거성은 전부 교통의 요지

↓

영지의 경제 발전을 목표한 포석

기후성(1567년)
기후성은 사이토 도산 가문이 다스리던 시대부터 번영을 누리며 활기찬 성하도시를 형성했다. 노부나가는 산 정상의 이나바산성을 허물고 4층으로 된 망루와 누각을 세웠으며, 기슭에는 4층으로 된 관저를 건설했다.

고마키산성(1563년)
아마도 미노를 공격하기 위해 기후와 더 가까운 이 성으로 옮긴 것으로 보인다. 노미평야 동부의 대지 중에 딱 한 군데 솟아오른 86미터의 고지에 지은 산성이다.

아즈치성(1576년)
다케다 가문을 몰락시키고 적자인 노부타다에게 가독을 물려준 후, 천하인으로서 자신이 머물 거처로 사용하기 위해 지었다. 비와호가 한눈에 내려다보이는 5층의 망루가 돋보이는 호화롭기 짝이 없는 성이다. 해발 200미터의 고지에 위치한 데다 교통과 입지 측면에서도 편리성이 탁월했다.

나고야성(1552년)
아버지 노부히데에게서 물려받았다. 교토-도고쿠의 교통로에 면해 있는 교통의 요충지다. 수많은 사찰과 신사, 무사 주택, 상점이 모여 있는 활기찬 장소였던 것으로 추측된다.

기요스성(1554년)
오와리의 슈고가 머물던 성이었으나 계략을 꾸며 빼앗는다. 광대한 노미평야의 중심에 위치한 평성으로 오와리의 모든 도시와 연결할 수 있는, 접근성이 뛰어난 성이었다.

전국시대에 축성한 성의 종류

산성山城
적이 공격하기 힘들게 산중에 세운 성. 그야말로 적으로부터의 방어를 위해 지은 성으로 주변에 지성을 세우고 산 전체를 거대한 성으로 설계한 경우도 있다. 고지에서는 전투하기가 여의치 않아 간소하게 지은 곳도 많다.

평성平城
전투가 비교적 적었던 전국시대 후기, 험난한 산중에서 전투력을 강화하기보다는 정치와 경제의 효율성을 추구해 평지에 세운 성이다. 적의 공격에 대비해 성 주변을 성벽과 해자로 둘러친 것이 특징이다.

평산성平山城
평야 가운데 조금 높은 구릉에 지은 성. 해자와 성벽으로 철포 공격을 막는 등 방어 기능을 유지하면서 정치와 경제적 기능도 수행했다. 전국시대 후기에 산성과 평성의 장점을 혼합해 지었다.

나고야성은 교토와 간토를 잇는 교통로에 자리 잡은, 그야말로 교통의 요지를 차지하고 있다. 그래서 수백~수천 명이 거주할 수 있는 집단 거주지와 무사 주택, 시장, 상점 거리가 배치되어 있었다. 노부나가가 다른 곳으로 거성을 옮긴 후에도 상점 거리는 계속 번창했다고 한다.

기요스성은 원래 오와리의 슈고다이가 머물던 성으로 다른 도시와도 교류가 활발하고 강이 가까워서 육로와 수로가 겹치는 교통 요지였다. 그래서 성하도시도 크게 발전했다. 고마키산성은 미노를 공격하기 위해 일시적으로 마련한 거성이라는 인식이 강한 편이었다. 그런데 계획적으로 정비된 성하도시, 외곽 성벽의 흔적 등이 발견되면서 임시로 마련한 거성이 아니라 방어까지 고려해 제대로 정비한 성이었음이 밝혀졌다.

웅장한 평산성은 권력의 권위 확보와
안정적 세금 징수의 강력한 기반

기후성은 미노의 다이묘였던 사이토 도산齋藤三四에 의해 진즉에 개발되어 경제 활동이 활발한 성하도시가 형성되어 있었다. 노부나가 최후의 거성이 된 아즈치성은 도산도東山道˙가 바로 근처에 있고, 비와호의 수로도 이용할 수 있는 뛰어난 입지조건을 갖추고 있었다.

이러한 사실에 비추어보면 노부나가는 축성할 때 '교통망'과 '성하도시'의 건설을 중요하게 여겼음을 엿볼 수 있다. 교통망이 경제 발전과 크게 관계가 있다는 것은 이미 잘 알려진 사실이다. 상인이 도시를 활발하게 왕래함으로써 영지 내의 경제는 더 발전했고, 영주인 노부나가의 재정도 윤택해졌다. 성하도시의 발달도 영지의 경제 발전에 빼놓을 수 없는 중요한 요소다.

앞에서도 언급했지만 노부나가는 권력과 권위를 과시하려고 거성 축성에 공을 들였다. 이는 노부나가가 종래의 전국시대 성산성과 다르게, 성하도시에서도 잘 보이는, 비교적 낮은 지대의 산에 지어진 성평산성을 선호한 것만 봐도 알 수 있다. 그러면 왜 백성들이 잘 볼 수 있는 곳에 성을 지었을까? 답은 '세수稅收'라는 경제적 이익을 취하는 데 도움이 되었기 때문이다.

전국시대에는 세금을 거둬들이기가 쉽지 않았다. 아무리 새로운 영토를 많이 획득한다고 해도 민중이 세금을 제대로 내지 않으면 달리 거둬들일 방법이 없었기 때문이다. 당시에는 토지의 소유자가 애매해 세금을 이중으로 거둬들이는 경우도 많아서 영지 백성들도 세금을 안 내고 버티는 등 자신들의 재산을 지키는 데 필사적이었다. 그런데 눈에 띄는 곳에 웅장한 성을 지어 그때까지 귀속감을 느끼지 못했던 백성들에게 소속감과 보호막을 제공하자 상황이 달라진 것이다. 이는 노부나가가 세수를 안정적으로 거두어들이는 강력한 기반이 되었다.

영지 내 정치의 중심인 관저는 평지, 방어력이 중요한 성은 산성이나 수성水城으로 짓는 것이 전국시대의 상식이었다. 하지만 노부나가는 두 가지 특성을 절충해 낮은 산 정상에 거성을 짓고, 기슭의 평야에 성하도시를 짓는 평산성 스타일을 고집했다. 이는 방어력보다는 토지의 경제 발전을 우선했던 노부나가만의 독자적인 정책이었다고 할 수 있다.

천하포무
무력으로 천하를 평정한다는 뜻으로 오다 노부나가가 천하인을 꿈꾸며 내건 인장이다. 노부나가가 이 나바산성을 정복하고 미노를 손에 넣은 후 천하통일을 이루겠다는 의미로 사용하기 시작했다.

도산도
나카센도中山道라고도 불리며, 교토와 에도를 연결하는 주요 도로다. 해안을 지나는 도카이도東海道와 달리 오미, 미노 등 내륙의 산악 지대를 지난다.

노부나가가 직할령이 된
자치시 사카이의 지정학

전국시대에 명성을 떨쳤던 유명한 상업도시 '사카이'. 자치제도로 운영하던 이 도
시를 노부나가가 자신의 직할령으로 만든 이유는 무엇일까?

해로와 육로의 교차지인 사카이는
국제적인 상업의 중심도시로 발전

노부나가는 경제정책을 중시하는, 중상주의적인 생각을 가진 인물이었다. 그런 노부나가가 유명한 상업도시인 사카이堺를 그냥 내버려둘 리가 없었다. 물론 다른 이유도 있었으리라. 그것을 알아보기 위해 먼저 사카이의 역사와 자치도시로 성립될 수 있었던 조건을 확인해보자.

사카이의 역사는 길어서 이미 고대 시대부터 세토내해와 긴키近畿˙ 지역을 잇는 교역 중심지였다고 한다. 또한, 현재 남아 있는 유적지에서는 당시의 중국, 조선, 태국, 베트남 등 여러 나라의 도자기가 발견되었다. 이를 보면 한반도를 비롯해 명나라와 유럽과의 통상 등 해외와의 교역 거점이기도 했다는 사실을 알 수 있다.

그중에서도 사카이가 자치도시를 형성했던 전국시대는 바야흐로 황금시대라 할 만했다. 훗날 사카이에 체류하던 선교사 가스파르 빌렐라Gaspar Vilela[5]가 "이 도시는 주민이 많고 풍족하며 베니스이탈리아의 상업도시처럼 집정관이 통치한다"라고 평하면서 '동양의 베니스'로 세계에 알려지게 되었다.

경제력·방어력·공격력을 갖춘 사카이의 지정학

노부나가에게 사카이를 손에 넣는 것은 천하를 얻기 위한 포석의 하나였다. 경제의 중심지이자 자체 방어시설도 있고 철포도 생산할 수 있었던 사카이의 지정학적 매력은 무엇인가?

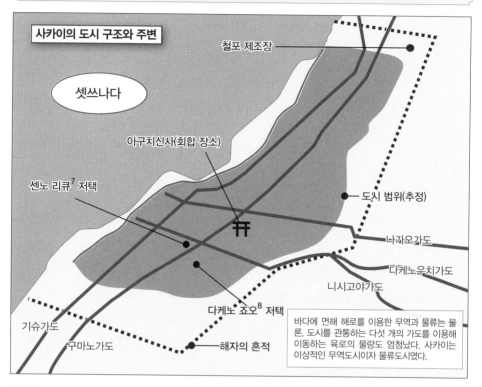

사카이의 도시 구조와 주변

셋쓰나다

철포 제조장

아구치신사(회합 장소)

센노 리큐[7] 저택

도시 범위(추정)

나까오가도

다케노유치가도

니시고야가도

다케노 죠오[8] 저택

기슈가도

구마노가도

해자의 흔적

바다에 면해 해로를 이용한 무역과 물류는 물론, 도시를 관통하는 다섯 개의 가도를 이용해 이동하는 육로의 물량도 엄청났다. 사카이는 이상적인 무역도시이자 물류도시였다.

전국시대의 대표적 자치도시

교토·오야마자키

효고·아마가사키

후쿠오카·하카다

나라·이마이쵸

오사카·사카이

사카이의 자치제도

자치의 발단

무로마치 시대 후반이던 1419년, 사카이 주민들은 영주로부터 자치권을 인정받았다. 주민의 대표가 세금의 징수 등 업무를 대신 맡아서 처리하고 자치권을 행사하기 시작했다.

운영 방법

주민을 대표하는 36명의 유력 상인이 자치 조직을 만들고, 또 지도자로서 도시 운영을 책임지는 제도였다. 그리고 조직의 실무자가 실제 관리를 맡는 중층적인 지배구조로 운영되었다. 센노 리큐, 이마이 쇼큐, 다케노 죠오 등이 대표적인 지도자들이다.

사카이가 이만큼 국제적인 상업도시로 발전한 배경에는 축복받은 지리적 요인이 있다. 첫째는 나가오가도長尾街道, 기슈가도紀州街道, 다케노우치가도竹内街道, 니시고야가도西高野街道, 구마노가도熊野街道라는 다섯 개의 중요한 가도가 사카이와 연결되었다는 점을 꼽을 수 있다.

둘째는 현재의 오사카만인 셋쓰나다摂津灘에 면해 사카이가 각지를 연결하는 무역항을 독점할 수 있었던 점을 들 수 있다. 지정학 측면에서 보면 해로와 육로를 연결하는 교차 지역이었기 때문에 사카이는 상업의 중심도시로 크게 발전할 수 있었던 것이다.

그러한 지리적 배경 때문에 전국시대의 포문을 연 오닌의 난 이후 사카이는 경제력이 있는 유력 상인을 중심으로 자치가 이루어지게 되었다.

노부나가가 손에 넣은 사카이는
자체 방위력과 철포 생산지로 유명

당시 높은 수준의 경제력를 갖춘 사카이는 자치체제를 지키기 위해 주변에 폭 10미터, 남북으로 3킬로미터, 동서로 1킬로미터의 깊은 해자를 파서 외적의 공격을 막는 방위도시를 형성했다. 앞에서 기술한 대로 빌렐라의 기록에 "도시는 아주 견고해 서쪽은 바다에, 또 다른 쪽은 깊은 해자로 둘러싸여 있다"라고 묘사되어 있듯이 사카이는 방어능력도 탁월한 도시였다.

지도를 보면 알 수 있는데, 해자와 바다로 둘러싸인 사카이는 공격하기가 매우 어렵고 방어하기 쉬운 구조로 되어 있다. 이것은 바다를 면하고 산을 깎아 만든 길로 둘러싸인 도시 형태로 옛날부터 해안도시를 건설할 때 가장 중요하게 고려해야 하는 지리적 요소였다.

또 한 가지 빼놓을 수 없는 특징으로, 사카이에는 도시 안에 철포 제조장이 있었다. 실제로는 상업도시인 한편, 철포 생산지로서 군사적 가치도 높았던 곳이다.

　포르투갈인에 의해 다네가섬種子島, 가고시마현에 전래된 철포는 그 후 일본 전국에 유통되었는데, 거기에는 사카이 상인의 힘이 결정적이었다. 일본의 철포 역사를 전하는 《철포기鐵砲記》에는 사카이 상인인 다치바나야 마타사부로橘屋又三郎가 다네가섬에서 철포 제조 기술을 배운 후 사카이에서 철포를 제조하고 판매했다고 기록되어 있다. 사카이에서 제조된 철포는 해로와 육로를 통해 일본의 전국 각지로 유통되었다.

　이렇게 사카이는 경제력·방어력·공격력을 겸비한 도시였다. 노부나가가 이곳을 다스리게 되면, 그야말로 막대한 경제력과 철포 생산력, 나아가 무기와 식량을 전국에 유통시키는 인프라까지 손에 넣을 수 있었다. 또한, 자신에게 적대적이었던 정토종 잇코잇키의 총본산인 이시야마혼간사의 유통 경로를 막아 그들의 힘을 뺄 수도 있었다. 이런 이유로 노부나가는 사카이를 갖고 싶어 했다.

　사카이는 그 후, 거상 이마이 쇼큐今井宗久[6]가 주도권을 쥐면서 자연스레 노부나가의 지배하에 놓이게 되었다.

긴키
일본 혼슈本州 중앙부를 차지하는 지역으로 미에현, 시가현, 교토부, 효고현, 오사카부, 나라현, 와카야마현 등을 포함한다. 긴키는 기나이畿内에서 가까운 지방이라는 뜻이다.

오케하자마 전투에서
노부나가가 극적으로 승리

전국시대 최고의 맹장으로 알려진 노부나가는 의외로 오케하자마 전투 직전에 영지 오와리를 통일하는 데도 많은 어려움을 겪었다. 이에 비해 이마가와 요시모토는 명문가의 명장으로 명성이 높았다. 노부나가는 어떻게 열세를 뒤집고 승리를 얻어냈을까?

4만 대군을 거느리고 침공한 요시모토,
정치적 · 군사적 위기에 빠진 노부나가

오케하자마桶狹間 전투에서 노부나가에게 패한 탓인지 스루가국의 이마가와 요시모토今川義元라고 하면 패군의 장수라는 인상이 강하게 남아 있다. 하지만 당시의 이마가와 요시모토는 가문과 군사력으로 볼 때 누구에게도 뒤지지 않을 정도로 뛰어난 무장이었다.

각지의 슈고다이묘 세력이 약해지는 와중에 요시모토는 정치 · 군사를 정비해 전국시대 다이묘로 입지를 굳혔다. 그로 인해 '도카이도 제일의 무사'라는 칭호를 받은 것은 유명한 이야기다. 외교 면에서도 빈틈이 없어서 다케다 · 호조 가문과의 동맹을 실현시키고, 배후에서 공격당할 위험을 차단한 후에야 노부나가의 오와리 공략에 나선 것이다.

한편, 노부나가는 8년 전에 가독을 승계한 다음, 1년 전에 오와리 국내를 막 통일한 참이었다. 게다가 4년 전에는 미노의 사이토 도산이 아들 요시타쓰義龍[9]의 반란으로 치명타를 입고 동맹이 깨지는 등 국내외를 불문하고 정국이 불안한 상황

'도카이도 명장' 요시모토를 물리친 노부나가

명문 이마가와 가문이 오와리에 침입한 것은 오다 가문의 최대 위기라고 할 만한 사건이었다. 젊은 노부나가가 이마가와 요시모토를 죽음으로 몰아가는 숨 막히는 책략을 살펴본다.

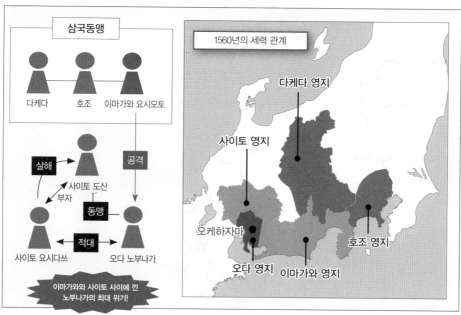

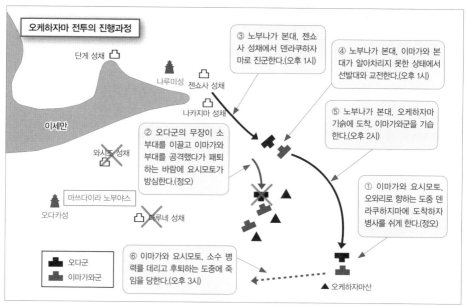

이었다. 주변을 둘러싸고 있는 사이토·이마가와·다케다·호조와 같은 강력한 세력의 다이묘 가문 중에서도 기반이 튼튼했던 이마가와와 비교하면 오다 가문은 비교 상대가 되기 힘들 정도로 미미한 존재였다.

1560년 5월 12일, 이마가와 요시모토는 스스로 4만 5,000여 명의 대군을 이끌고 오와리에 침입한다. 그의 오와리 공격의 목적은 교토 진출을 위한 것이거나, 오와리 침탈을 위한 것이라고 알려져 있다. 역사적으로도 자세한 이유는 밝혀지지 않았으나, 어쨌건 노부나가에게는 정치·군사적으로 최대의 위기였다.

양군이 맞붙기 전에 노부나가는 마루네산丸根山, 와시즈산鷲津山에 성채를 설치해 이마가와 쪽의 최전선인 나루미성鳴海城과 오다카성大高城 사이의 연락선을 차단했다. 결과적으로 이마가와군이 이이井伊·아사히나朝比奈·마쓰다이라松平 등의 군대를 이들 성채로 보내는 바람에 전력이 분산되어 본대의 힘이 약해지고 말았다. 이것이 기습공격을 감행한 노부나가의 작전이 성공할 수 있었던 결정적인 요인으로 작용했다.

오케하자마의 지형을 이용한 기습공격에
속수무책으로 당한 요시모토의 죽음

5월 18일 저녁, 두 성채에서 '이마가와 선발대가 내일 아침 쳐들어온다'라는 보고가 기요스성의 노부나가에게 전달되지만, 그는 별다른 움직임을 보이지 않는다. 이에 가신들도 아무런 말도 하지 못한 채 입을 다물었다.

그런데 19일 저녁 무렵, 노부나가가 돌연 채비를 하더니 고작 5명의 호위무사를 데리고 지체 없이 출진했다고 한다. 돌발적인 행동이라는 견해도 있으나, 전군이 진군하지 않고 최전선에 흩어져 있는 병사를 집결시키는 게 목적이었다. 그렇게 해서 적에게 자신의 움직임을 노출시키지 않으려는 노부나가의 계략이었다고

도 할 수 있다.

오전 8시에는 아쓰타熱田에 도착, 노부나가는 이마가와의 공격을 받고 봉화를 올린 두 성채는 거들떠보지도 않고 젠쇼사善照寺 성채에 2,000명의 병사를 주둔시켰다. 이런 노부나가의 움직임과는 달리 정오 무렵에 승리의 소식을 접하고 방심했는지 요시모토는 치명적인 실수를 저지른다. 오케하자마산 사이에 있는 덴가쿠하자마田楽狹間란 곳에서 병사를 쉬게 하고 술잔치를 벌인 것이다.

'하자마狹間'란 산의 능선과 능선 사이에 있는 좁고 기다란 골짜기를 가리킨다. 이런 곳은 지형이 좁고 복잡해 대군이 본격적인 진영을 치지 못한다. 또한, 분산된 부대가 쉽게 모이지 못하는 것이 특징이다. 요시모토의 대군을 기습하려고 한 노부나가의 소수 군대에는 그야말로 하늘이 내린 기회였던 셈이다.

오후 1시, 노부나가군은 젠쇼사를 출발해 나카지마中島 성채를 거쳐 곧장 덴가쿠하자마로 향했다. 오후 2시, 노부나가군이 오케하자마산의 기슭에 도착한 무렵에는 행군을 숨겨준 비도 그쳐 그야말로 절호의 기회였다. 노부나가에 의해 배후를 습격당한 이마가와군은 대혼란에 빠진다. 요시모토는 형세의 불리함을 깨닫고 퇴각하려고 하지만 결국 도망치지 못하고 죽임을 당한다.

하자마에서 휴식을 취한 것, 기습 직전에 쏟아진 폭우, 성채에서 공격한다며 병력을 분산시킨 것, 슨푸駿府에서부터의 일주일간의 행군으로 피로가 쌓인 것 등등 결전을 앞두고 여러 가지 악재가 겹친 결과였다. 요시모토는 자신보다 아래로 평가했던 노부나가에게 기습을 허용해 보기 좋게 참패하고 말았다. 전쟁을 통해 극적으로 승패가 나뉘던 전국시대를 상징하는 대표적인 전투라 할 수 있을 것이다.

매제 아자이의 배신으로
가네가사키에서 후퇴

순조롭게 영토를 확장해나가던 노부나가가 위기에 빠진다. 매제인 아자이 나가마
사의 배신으로 가네가사키에서 힘겹게 후퇴해야 했던 것. 이때 노부나가가 보여준
결단력과 도주 경로는 너무나도 극적이어서 장래의 천하인으로서의 그릇이 느껴
질 정도다.

노부나가의 침공에 반발한 아자이는
혈연관계 깨고 동맹 아사쿠라를 지원

1570년, 노부나가는 교토로 입경하라는 명령을 무시한 아사쿠라 요시카게를
토벌하기 위해 에치젠의 이치죠다니로 진군한다. 1568년에 노부나가에 의해 쇼
군으로 옹립된 아시카가 요시테루의 이름으로 입경을 명령했음에도 거부한 것이
토벌의 구실이 된 것이다.

4월 20일, 교토를 떠난 노부나가는 오미의 사카모토坂本를 지나 비와호 서안을
경유해 25일에 에치젠 쓰루기敦賀로 향한다. 그리고 그날 바로 아사쿠라 영지의
데즈쓰산성手筒山城과 히키다성引壇城을 접수한다. 26일에 쓰루가 일대를 정복한
노부나가는 기세를 몰아 눈앞에 있는 아사쿠라의 본거지 이치죠다니로 향한다.

하지만 그 직전 오미의 오다니성小谷城 성주 아자이 나가마사淺井長政[10]가 아사쿠
라 쪽으로 돌아서서 오다군을 향해 북상하고 있다는 소식이 들어온다. 전설처럼
전해지는 유명한 이야기인데, 아자이 나가마사는 노부나가의 누이동생인 오이치
お市[11]의 남편이자 노부나가 가문과는 정략결혼으로 맺어진 동맹관계였다.

노부나가가 도주를 택했던 '가네가사키의 지정학'

아시카가 요시테루를 쇼군으로 옹립하고 교토 입성에 성공하며 천하인의 포부를 증명한 노부나가가 가네가사키에서 철수할 수밖에 없었던 이유는 무엇인가?

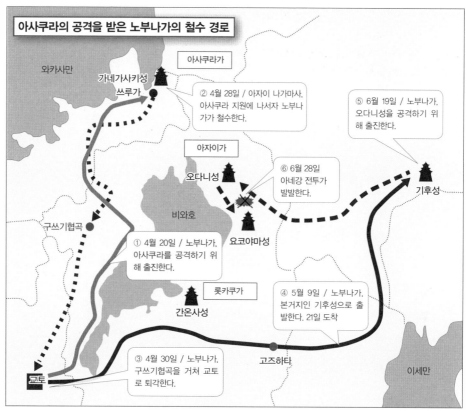

아사쿠라의 공격을 받은 노부나가의 철수 경로

와카사만

아사쿠라가

가네가사키성
쓰루가

② 4월 28일 / 아자이 나가마사, 아사쿠라 지원에 나서자 노부나가가 철수한다.

⑤ 6월 19일 / 노부나가, 오다니성을 공격하기 위해 출진한다.

아자이가

오다니성

⑥ 6월 28일 아네강 전투가 발발한다.

기후성

비와호

구쓰기협곡

① 4월 20일 / 노부나가, 아사쿠라를 공격하기 위해 출진한다.

요코야마성

롯카쿠가

④ 5월 9일 / 노부나가, 본거지인 기후성으로 출발한다. 21일 도착

간온사성

고즈하타

이세만

교토

③ 4월 30일 / 노부나가, 구쓰기협곡을 거쳐 교토로 퇴각한다.

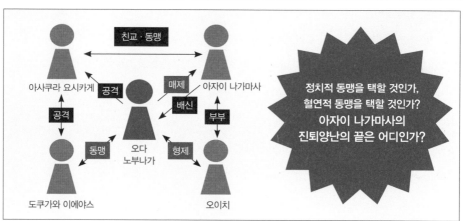

친교·동맹

아사쿠라 요시카게

공격

매제

아자이 나가마사

공격

배신

부부

동맹

오다 노부나가

형제

정치적 동맹을 택할 것인가, 혈연적 동맹을 택할 것인가? 아자이 나가마사의 진퇴양난의 끝은 어디인가?

도쿠가와 이에야스

오이치

노부나가가 비옥한 기타오미의 영지를 실질적으로 통치하는 아자이의 실권을 인정했으므로, 아자이는 자신과 동맹관계인 아사쿠라 가문의 토벌을 처음에는 반신반의했다고 한다. 하지만 옛날부터 아사쿠라와 동맹관계였던 아자이는 노부나가의 침공에 반발해 혈연관계를 깨면서까지 아사쿠라 가문을 지원한다. 이러한 아사이의 선택은 몇 넌 후 집안사람 전체가 죽임을 당하는 비참한 결과를 초래한다.

가네가사키~기후성의 62일 철수전은
위기를 돌파하는 노부나가의 진면목

지도를 보면 알겠지만, 가네가사키성金ヶ崎城은 삼면이 산으로 둘러싸인 쓰루가만의 연안에 위치하고 있다. 만약에 노부나가가 그대로 성을 공격하기 위해 진군하거나, 혹시 불리한 상황에서 철수가 늦어져 부근에 머물게 되면 오다니성에서는 아자이군이, 에치젠에서는 아사쿠라군이 공격해 들어오게 된다. 노부나가군은 산과 바다로 가로막힌 상태에서 남북 양쪽으로부터 협공까지 받는다는 최악의 사태에 빠지게 되는 것이다.

그래서 노부나가는 이케다 가쓰마사池田勝正[12], 아케치 미쓰히데明智光秀, 기노시타 히데요시木下秀吉(훗날의 도요토미 히데요시)를 비롯한 장수들에게 적의 추격군을 방어하는 역할을 맡기고 자신은 죽을 각오로 철수하기로 결정한다.

하지만 철수한다고 해도 노부나가를 가로막는 지리적 요인이 있었다. 노부나가의 배후에 있는 오미 동부는 적대관계에 있는 롯카쿠 가문과 아자이 가문이 다스리는 나라였다. 이곳을 우회해 비와호의 서부로 난 길을 지나가려고 해도 이미 아자이군에 의해 봉쇄당한 상태일 가능성이 많았다.

그래서 노부나가는 비와호로 가지 않고 시가滋賀 서부에 있는 구쓰기협곡朽木谷

을 거쳐 교토로 남하하는 경로를 선택했다. 그 땅의 영주인 구쓰기 모토쓰나朽木元綱[13]는 원래 아자이 지배하에 있는 인물이었다. 그러나 아시카가 요시테루를 통해 영지의 소유권을 인정해준 덕으로 4월 30일 밤, 노부나가는 무사히 교토에 도착할 수 있었다. 고작 10명의 수행원을 데리고 무려 3일간의 강행군을 무사히 마치고 목숨을 구한 것이다.

그 후 노부나가는 5월 9일에 다시 교토를 떠난다. 가네가사키성의 공략에 실패하고 철수를 시작한 이후, 롯카쿠 가문과 아사쿠라군을 피해 오미로부터 고즈하타甲津畑를 경유해 이세를 빠져나와, 5월 21일에 거성인 기후성에 도착한다. 실로 62일간에 이르는 이 철수 과정은 천하인 노부나가가 죽음을 무릅쓰고 위기를 돌파하는 모습을 생생하게 보여준다.

노부나가의 신속한 철수 결단, 후미를 방어하는 장수들의 분투, 지리적인 불리함을 극복한 후퇴 경로의 선택은 천재 전략가의 숨겨진 면모를 숨김 없이 과시하고 있다. 또한, 이러한 지정학적 요인 이외에도 아자이군과 아사쿠라군의 포위망이 노부나가의 신속한 후퇴 속도를 따라잡지 못한 것도 하나의 묘수였다. 위기를 극복할 수 있는 이러한 즉각적인 판단과 실행력이야말로 노부나가를 천하인의 자리에 오르게 한 천부적인 재능일 것이다.

그리고 6월 19일, 잠시의 휴식도 없이 군대를 정비한 노부나가는 다시 출진해 아자이 가문의 본거지 오다니성으로 향한다. 6월 28일에 아네강姉川 전투*를 치르고 3년 후, 노부나가는 자신에게 등을 돌린 아자이·아사쿠라 두 집안을 끝끝내 멸망시키고 만다.

아네강 전투
1570년 6월 28일 아네강에서 오다 노부나가군이 양동작전으로 아사이·아사쿠라 연합군을 괴멸시킨 전투를 말한다.

시장의 독점권을 없애는
'라쿠이치라쿠자'를 시행

노부나가라고 하면 '라쿠이치라쿠자'를 떠올리는 사람이 많지 않을까? 하지만 막상 그 실태는 거의 알려져 있지 않다. 또한, 노부나가의 경제정책은 '라쿠이치라쿠자' 말고도 많다는 걸 강조하고 싶다. 노부나가가 펼친 정책을 더 구체적으로 살펴보자.

사원과 토호에게 바치던 영업세 등
세금 명목의 상납금 차단이 목적

전국시대에는 각지의 유력한 사원의 가호를 받는 '자座'라는 상공업자 단체가 매매특권을 보유했고, 그 특권을 가진 상인과 기술자만 거래할 수 있었다. 그런 상태를 해소하기 위해 '자'를 해체해 시장을 일반에 개방한 정책이 이른바 '라쿠이치라쿠자樂市樂座'다. 여기서 '라쿠樂'는 규제 완화를 의미한다. 사실 이것은 노부나가가 처음으로 실시한 정책은 아니다.

1567년 기후성으로 거성을 옮긴 노부나가는 바로 그 이듬해에 기후의 가노加納 땅에다 자신으로서는 최초로 라쿠이치령을 공포한다. 물론 경우에 따라서는 이와는 반대로 '자'의 권리를 승인해주기도 했다. 라쿠이치라쿠자를 발포한 확실한 문서가 남아 있는 곳은 기후의 가노, 오미의 가나모리金森, 아즈치의 야마시타마치 나카山下町中 세 곳이다. 다시 말해 '자'를 운영하는 편이 경제적 효과가 큰 경우에는 승인해주는 등 도시마다 별도 기준으로 구분해 관리했던 것이다.

그러면 라쿠이치라쿠자를 발령하면, 노부나가에게 어떤 이점이 있는 것일까?

시장경제 도입과 교통인프라를 개선한 노부나가

중상주의자인 노부나가는 경제의 발전을 무엇보다 중요시해 종래의 제도와 인프라를 혁신하려고 했다. 그래서 라쿠이치 라쿠자라는 제도와 교통인프라 정비 시행에도 힘썼다.

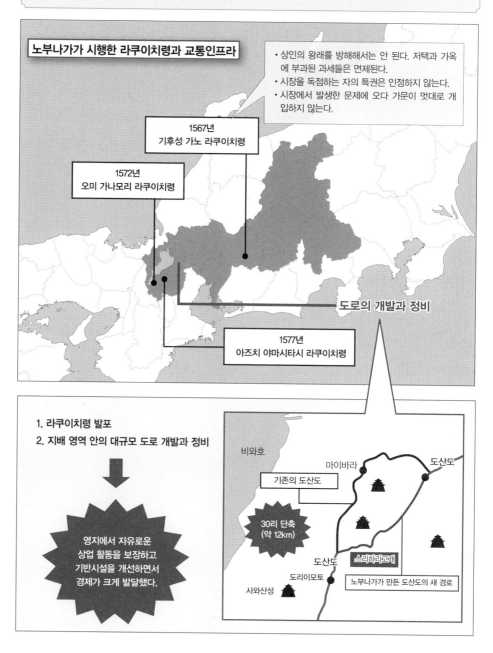

노부나가가 시행한 라쿠이치치령과 교통인프라

- 상인의 왕래를 방해해서는 안 된다. 저택과 가옥에 부과된 과세들은 면제된다.
- 시장을 독점하는 자의 특권은 인정하지 않는다.
- 시장에서 발생한 문제에 오다 가문이 멋대로 개입하지 않는다.

1567년
기후성 가노 라쿠이치령

1572년
오미 가나모리 라쿠이치령

1577년
아즈치 야마시타시 라쿠이치령

도로의 개발과 정비

1. 라쿠이치령 발포
2. 지배 영역 안의 대규모 도로 개발과 정비

영지에서 자유로운 상업 활동을 보장하고 기반시설을 개선하면서 경제가 크게 발달했다.

비와호

마이바라

도산도

기존의 도산도

30리 단축
(약 12km)

도산도

스리하리고개

도리이모토

노부나가가 만든 도산도의 새 경로

사와산성

기후의 가노에서 공포한 라쿠이치라쿠자를 예로 살펴보자.

- 이 시장에 온 자가 영지를 이동하는 데 제약이 있어서는 안 된다. 또한, 돈이나 쌀 등의 빚, 토지세, 그 외 온갖 세금의 징수를 독점해서는 안 된다.
- 상매하지 않는다, 행패 부리지 않는다, 싸움·말다툼을 벌이지 않는다.
- 무뢰배를 시장에 들이지 않는다.

이런 명령을 발동할 경우, 확실히 상인의 생활은 풍요로워진다. 하지만 세금 규제가 완화된다는 단점과 함께 세금 징수에 어려움이 있을 수 있다. 그럼에도 불구하고 그것을 상회하는 이점이 있었다.

첫째, 도시의 발달로 상인의 왕래가 많아지면 물류가 원활해져서 물자의 조달이 쉬워진다는 점이다. 전쟁에 필요한 식량과 무기 등 물자의 조달 속도는 나라의 운명과 백성의 목숨이 달린 일이었다.

둘째, 사원과 토호에게 바치던 토지세와 영업세 등 세금 명목의 상납금을 차단했다는 점이다. 종래의 '자'는 사원과 토호에게 그러한 세금을 냈다. 노부나가는 '자'를 폐지해 세금이 그들의 주머니로 들어가는 것을 막고 자신에게 직접 내도록 변경한 것이다. 이는 다이묘의 통제 밖에 있던 시장에서 수익을 만들어낸 노부나가만의 혁신적인 방법이었다.

시나노·오미 등 정복지의 도로 정비로
모든 도시의 물류와 경제 발전에도 공헌

또한, 아무리 시장을 정비한다 한들, 오가는 동안 길이 안전하지 않으면 상인도 안심하고 왕래할 수 없다. 그래서 노부나가는 멀리 시나노·오미 등의 정복지까지 광범위한 지역의 도로를 개발하고 정비했다.

- 강에 다리를 놓는다.
- 좁은 길을 정비하고 돌을 치워서 넓힌다.
- 길의 좌우에 소나무와 버드나무를 심는다.

이때 길이 얼마나 넓어졌느냐 하면 폭이 6.3미터였다는 기록이 남아 있다. 당시만 해도 상당히 넓은 길로, 양옆에는 나무를 심어놓아 사람들이 안심하고 지나다닐 수 있었다.

노부나가의 도로 정비의 예를 구체적으로 살펴보자. 가령 1574년에 시행된 것으로 보이는 도산도東山道의 정비가 있다. 이 길은 오미에서 도호쿠 지역을 잇는 경로의 하나인데, 그중 사와산성佐和山城 부근의 도리이모토鳥居本에서 스리하리고개摺針峠를 지나 반바番場에 이르는 길을 만들었다. 이로써 사람들은 30리(약 12킬로미터)의 경로를 단축할 수 있게 되었다. 야반도주가 횡행하던 혼란의 시대, 노부나가가 정비한 가도는 안전하고 효율적이어서 사람들의 칭송이 끊이지 않았다고 한다.

이렇게 해서 노부나가는 물리적·제도적으로 물류를 정비하고 모든 도시의 경제 발전에 공헌했다.

이가와 고카에 형성된
'닌자 마을'의 지정학

전국시대에 가장 인기 있는 인물이라고 하면 단연코 '닌자'를 꼽는 사람이 많다.
그런데 이 닌자를 후세 사람들이 지어낸 가공의 인물이라고 의심하는 사람도 많
다. 하지만 닌자는 실존했던 인물이고, 또 노부나가와 전투를 벌인 적도 있었다.

전국시대에 유명한 닌자를 배출해
'닌자 마을'로 유명한 '이가'와 '고카'

닌자라고 하면 실제로 존재했는지의 여부를 떠나서 핫토리 한조服部半蔵[14], 기리
가쿠레 사이조霧隠才蔵[15] 같은 유명한 이름이 떠오를 것이다. 역사적 사실이라는 측
면에서 닌자가 실재한 것은 확실하다. 다만 영화의 장면처럼 새까만 옷을 입고 수
리검을 구사하는 모습은 에도 시대 후기에 창작된 것이다.

전국시대에 실재했던 닌자는 각지의 다이묘에게 고용되어 적국에 침입해서 정
보 수집, 요인 암살, 파괴 공작 등을 도맡아서 했다. 호칭도 '닌자忍者'가 아니라
'슷파透波', '구사草', '모노미物見' 등이 일반적이었다.

전국시대에 이러한 닌자를 배출한 '닌자 마을'로 유명한 곳이 '이가伊賀'와 '고카
甲賀'다. 이 두 곳은 현재 미에현·시가현에 위치해 산 하나만 넘으면 만날 수 있
을 만큼 아주 가깝다. 그러면 이 두 곳은 어떻게 닌자 마을로 이름을 떨치게 되었
을까? 여기에는 사실 지정학적 요인이 있다.

첫째로, 이 두 곳은 유력한 다이묘가 지배하고 수호하는 지역이 아니어서 스스

비와호와 이세만 사이 닌자 마을의 지정학적 요인

닌자하면 이가와 고카를 떠올리는 사람이 많을 것이다. 하지만 왜 이 두 마을은 나란히 닌자 마을로 불린 것일까?
그 이유를 지정학적 요인에서 살펴보자.

이가와 고카의 위치관계

고카
甲賀

산 하나를 사이에 두고
인접해 있다

이가
伊賀

닌자란 누구인가?

슷파, 모노미, 구사 등 시대와 지역에 따라 다
양한 호칭으로 불린다. 전장에서 적지에 몰래
숨어들어가 정보를 수집하는 공작, 변장술과
요인 암살 등 다방면으로 활약한 '닌자'는 신출
귀몰했던 존재다. 다이묘와 지역의 권력자에게
고용되어 앞에서 소개한 첩보와 공작 활동을
펼치거나 용병으로서 전투에 나가 싸웠다.

연도	사건
1567	노부나가의 차남 노부카쓰를 이세의 기타바타케가에 양자로 보내 이세를 장악한다.
1579	제1차 덴쇼이가의 난－마루야마성을 거점으로 해 노부카쓰가 이가를 침공하지만 대패한다.
1581	제2차 덴쇼이가의 난－4~5만의 오다군이 침공해 이가군을 초토화시키고 승리한다.

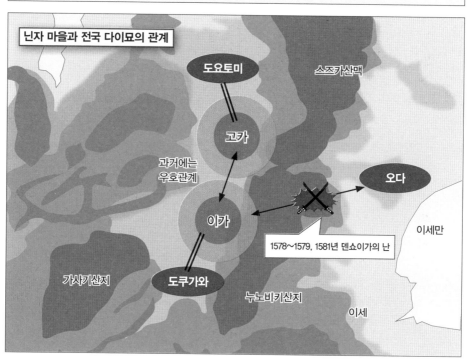

닌자 마을과 전국 다이묘의 관계

도요토미

스즈카산맥

고카

과거에는
우호관계

이가

오다

이세만

1578~1579, 1581년 덴쇼이가의 난

가사기산지

도쿠가와

누노비키산지

이세

로 마을을 지킬 수단이 필요했다. 이가국에는 전국 다이묘는 없었으나 그 대신 토착무사와 토호가 세력을 형성하고 있었다. 그와 동시에 이 지방에는 산적이 들끓었는데 자신들을 지켜줄 강한 영주가 없었던 이가 사람들은 스스로를 지키기 위해 무장하는 수밖에 없었다.

그에 반해 고카는 소규모 영지의 영주가 같은 일족으로 무사단을 구성해 슈고인 롯카쿠 가문과 대결하는 양상이었다. 이것이 계기가 되어 노부나가 시대에는 고카 지역 전체가 일대 세력으로 성장한다. 이가·고카에서 동시에 무력을 가진 세력이 형성된 데는 이러한 배경이 있었다.

또한, 쌍방이 공통적으로 산지에 위치했던 것도 이유의 하나였다. 그림을 보면 알겠지만 이가와 고카는 둘 다 험난한 산에 둘러싸여 있는 형세다. 이러한 지형에서는 큰 세력을 유지하기도 힘들고, 땅이 척박해 농사짓기도 힘들다. 먹고살기 위해서는 농사를 지어야 하는데 이마저도 여의치 않자 두 땅의 주민들은 어쩔 수 없이 시노비忍び·첩자로 일하게 된다. 다행히 산지에서 자라 튼튼한 다리와 날렵한 움직임을 자랑하는 이들은 첩자로서 활동하기에 안성맞춤이었을 것이다.

이러한 몇 가지 이유로 이가·고카는 '닌자 마을'이 된 것이다.

전국시대 말기의 닌자 마을과
오다·도쿠가와·도요토미의 관계

닌자는 당시 권력자의 그림자가 되어 늘 역사의 뒤편에 존재했다.

1567년 오다 노부나가의 차남 노부카쓰信雄[16]는 이세의 기타바타케北畠 가문의 양자가 된다. 그리고 12년 후, 기타바타케 일족을 멸망시키고 이세를 완전히 장악하자 인접국인 이가국을 침공한다. 이가는 여러 토착무사와 토호에 의해 분할된 상태였다. 그러나 적이 쳐들어오자 단결한다. 그러곤 천혜의 지형과 화약을 가진 이점을 살려서 노부카쓰의 대군을 물리치는 데 성공한다. 이것이 제1차 덴쇼이가 天正伊賀의 난*이다.

하지만 이 참패에 격노한 노부나가는 2년 후, 오다 가문의 유력 가신을 노부카쓰에게 보내 5만의 대군으로 이가를 침공하게 한다. 이것이 제2차 덴쇼이가의 난이다. 한 달 여간의 전투 후, 이가 인구의 약 절반이 죽음에 이르고, 전 지역이 불타 황무지가 되었다고 한다.

이렇게 이가는 노부나가에게 무참히 짓밟힌다. 그런데 이가 출신의 핫토리 한조가 도쿠가와의 가신으로 총애를 받으면서 중용되고, 이에 대응하듯이 고카의 시노비가 도요토미의 명령으로 도쿠가와의 감시를 맡게 된다. 그래서 원래는 이웃해 살면서 사이좋게 지내던 이가와 고카는 도쿠가와와 도요토미의 대리전 양상을 띠며 사이가 나빠졌다고 한다.

덴쇼이가의 난
이가국에서 일어난 오다 가문과 이가소코쿠잇키伊賀惣国一揆 사이의 전투를 가리킨다. 1578년에서 1579년까지를 제1차, 1581년에 일어난 전투를 제2차 덴쇼이가의 난이라 부른다.

불교를 탄압한 노부나가의
천태종 엔랴쿠사 방화

노부나가가 종종 잔인한 인물로 묘사되는 최대의 이유 중 하나가 '엔랴쿠사 방화' 때문이 아닐까? 승려를 죽이고 절을 불태웠던 사건이다. 하지만 이 사건의 이면에는 히에이산 엔랴쿠사의 지리적 위협이 도사리고 있었다.

노부나가가 지정학적 위협을 느낀
교토의 관문 히에이산 엔랴쿠사 세력

노부나가가 히에이산比叡山의 엔랴쿠사延曆寺를 불태운 것은 1571년의 일이었다. 사원을 불태우고 그 안에 있던 승려, 여인, 아이들에 이르기까지 수천 명을 모조리 살해했다. 노부나가가 불을 지른 이유로는 몇 가지 설이 있다. 아자이와 아사쿠라가 손을 잡자 이들 세력을 방어하기 위해서, 불교 세력으로부터 기독교를 보호하기 위해서, 낡은 권력의 상징으로 본 사원 세력을 파괴하기 위해서 등등. 하지만 지정학적 관점에서 보자면 한 가지 이유가 더 있다. 즉, 오사카 관문逢坂の関과 히에이산의 지리적 상관관계가 가져올 군사적 위협 때문이다.

오사카 관문은 문학작품이나 역사 기록에도 자주 등장하는 유서 깊은 관문이다. 이 관문과 엔랴쿠사의 관계를 알기 위해서는 먼저 시대를 천 년 정도 거슬러 올라가야 한다. 히에이산에 엔랴쿠사가 문을 연 것은 788년, 당시의 도읍지가 교토의 나가오카교長岡京°였던 시대다.

풍수에서 귀문鬼門이라고 하면 좋지 않은 것이 출입하는 문을 뜻하며, 방위로는

교토의 오사카 관문을 지키는 히에이산의 공포

노부나가가 히에이산 엔랴쿠사에 불을 지른 연유는 무엇일까? 정말로 노부나가가 잔인해서였을까? 이러한 가설에 이의를 제기한 것이 지리적 관점에서 본 '히에이산의 위협'이다.

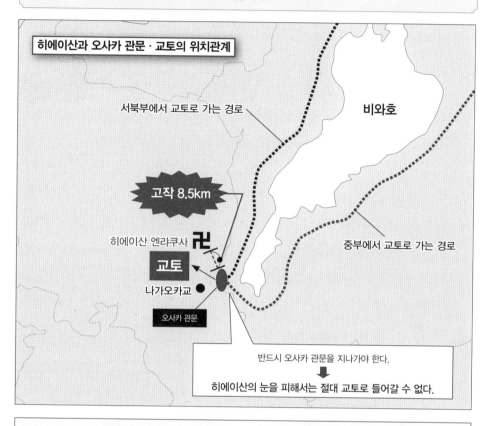

히에이산과 오사카 관문·교토의 위치관계

서북부에서 교토로 가는 경로

비와호

고작 8.5km

히에이산 엔랴쿠사

교토

나가오카교

오사카 관문

중부에서 교토로 가는 경로

반드시 오사카 관문을 지나가야 한다.

히에이산의 눈을 피해서는 절대 교토로 들어갈 수 없다.

당시의 종교 세력을 보여주는 분쟁

'법화종의 난'

천태종 VS 법화종

1536년 히에이산의 승병이 법화종의 사원 스물한 곳을 불태운 사건. 엔랴쿠사의 승려가 법화종의 제자와 문답을 주고받다 논쟁에 진 것이 발단이었다.

천태종 엔랴쿠사와 노부나가의 관계

788년   천태종의 창시자 사이초最澄가 히에이산에 엔랴쿠사를 열다.
1536년 법화종의 난 발생
1568년 노부나가가 교토에 입성
1570년 아네강 전투에서 패한 아자이·아사쿠라 병사를 히에이산에 숨겨주다.
1571년 노부나가가 엔랴쿠사에 불을 질러 승려 등을 죽이다.

동북 방향을 가리킨다. 즉, 오사카 관문이 교토의 귀문에 위치했다. 교토로 침입해오는 것은 귀신이나 요괴류만이 아니었다. 정치적인 문제를 고려하면, 중부 지역과 동북부 지역에서 군대가 쳐들어오는 것을 염려한 탓에 조정에서는 엔랴쿠사의 가까운 곳에 오사카 관문을 세우고 적의 침입을 감시했다.

비와호 서북부에서 교토로 가려고 하면 와카사만 → 비와호 → 오쓰大津 → 오사카 관문을 지나야 하고, 중부 지역에서 가려고 하면 세키가하라 → 비와호 → 오쓰 → 오사카 관문을 경유해야 하는 공통점이 있다. 이는 긴키 일대가 험난한 산지로 이어진 탓에 교토에 접근하기가 쉽지 않았다는 것을 의미한다.

즉, 노부나가는 현재 자신의 위치를 과거 천 년 전의 현실에 투영해 동쪽의 군대가 교토로 쳐들어오면, 결코 엔랴쿠사의 감시망을 피할 수 없다는 사실을 알고 있었던 것이다. 아무리 대군이라도 험난한 산지에서 기습공격을 받고 부대가 흩어지면 잠시도 버티지 못한다. 노부나가는 이를 누구보다 잘 알고 있었다. 1560년에 자신이 이마가와 요시모토를 토벌할 때 썼던 전략이었으니까. 노부나가가 히에이산의 엔랴쿠사에 대해 지정학적인 위협을 느꼈던 것도 이러한 이유 때문일 것이다.

불교 무장 세력은 종파 분쟁과 함께
막부 내부의 정쟁에도 깊숙이 개입

그렇다면 전국시대 최강의 군사력을 지녔던 노부나가가 한낱 승려 집단을 두려워한 사실이 전혀 이해되지 않을 것이다. 만약 이런 생각을 가진 사람이라면 승려를 비롯해 약하고 죄 없는 사람들을 죽인 노부나가의 소행이 지나쳤다고 판단할 수도 있다. 하지만 이 시대의 사원이 '승병'이라는 병사를 내부에 거느린 무장집단이라는 사실을 알면 생각이 바뀔지도 모른다.

그들의 절대적인 힘을 보여준 사건으로는 1536년에 발생한 법화종의 난이 있다. 히에이산의 엔랴쿠사 승병이 교토의 궁궐에 침입해 법화종의 스물한 개 사원을 불태우고 3,000~1만 명의 사망자를 낸 대사건이다. 설상가상으로 이 불은 교토의 도심까지 옮겨붙어서 교토 북쪽의 3분의 2와 남쪽의 절반을 완전히 불태웠는데, 규모나 참담한 면에서는 노부나가가 불태운 것에 비할 바가 아니었다.

원래 이 난의 발단은 천태종의 본산인 엔랴쿠사의 승려 가오華王가 법화종法華宗 승려와 종교상의 논쟁에서 진 것이 원인이었다. 엔랴쿠사는 그 굴욕을 씻어내고자 무력을 써서 이러한 대사건을 일으킨 것이다.

승병이란 전국시대의 병사처럼 농한기에만 전쟁에 참가하는 농민병과 달리 돈을 받고 고용된 프로 용병이다. 그리고 이 시대에는 불교의 여러 종파 단체가 교리를 둘러싸고 대립과 전쟁을 거듭했을 뿐 아니라 막부 내부의 정쟁에도 깊숙이 개입했다. 자 이제, 노부나가가 히에이산의 엔랴쿠사 세력을 두려워한 것도 납득되지 않는가.

막부의 다이묘가 두려워할 만한 병력을 가진 무장집단이 교토의 입구에서 자신을 위협하고 있다면 어떤 조치를 취해야 할까. 엔랴쿠사에 불을 지른 것은 노부나가가 잔인해서라기보다도 천하통일을 위한 전략적 투쟁이었다고 생각하면 이 사건에 대한 견해도 조금은 달라질 것이다.

나가오카교
간무천황桓武天皇이 헤이안 시대인 784년에 천도했고, 그 후 10년간 일본의 수도였다.

'철포 삼단사격'으로
다케다 기마대를 몰살

전국시대 최강을 자랑하던 다케다의 기마대를 노부나가가 철포 삼단사격으로 완벽하게 제압했다는 게 정설이다. 하지만 최근에는 이러한 이야기에 의문이 제기되면서 승리의 요인이 다른 곳에 있다는 주장들도 펼쳐지고 있다.

다케다 기마대의 침입을 가로막는
삼중의 마방책 설치와 철포 배치

1575년, 오다와 도쿠가와 연합군은 다케다 가문과 치열한 전투를 벌였다. 신겐이 죽은 후에도 다케다 가쓰요리가 미카와三河国, 아이치현 동부를 계속해서 침공하는 바람에 도쿠가와는 끊임없이 압박감을 느껴야 했다. 시타라가하라는 도토미遠江, 시즈오카현 서부와 미카와의 국경 지대로 다케다가 이 땅에 진군하는 것은 필연적이라고 할 수 있다. 그 1차 표적이 된 것이 나가시노성이다.

5월, 다케다군은 나가시노성을 포위한다. 성은 깎아지른 절벽 위에 세워진 천연요새라는 이점을 충분히 발휘해 다케다의 맹공을 버텨냈으나 차츰 열세에 몰리게 되었다. 거기에다 5월 18일에 오다·도쿠가와의 연합군 약 3만 8,000명이 원군으로 간 장소가 시타라가하라設楽ヶ原였다. 연합군이 시타라가하라를 고른 데는 지리적 이유가 있다. 이 땅은 강을 따라 구릉이 이어지는 독특한 지형이라서 상대하는 다케다군 쪽에서는 상대 진영의 안쪽 깊숙한 곳까지 바라볼 수가 없었다. 이를 잘 알고 있던 연합군은 다케다군이 눈치채지 못하게 기마대의 침입을 가로막

다케다군을 무찌른 오다 · 도쿠가와군의 지정학적 전략

나가시노 · 시타라가하라 전투를 계기로 다케다가는 멸망의 길을 걷게 된다. 신겐의 뒤를 이어 강력한 다케다군을 통솔한 가쓰요리를 무찌른 오다 · 도쿠가와 연합군의 전술은 어떤 것이었을까?

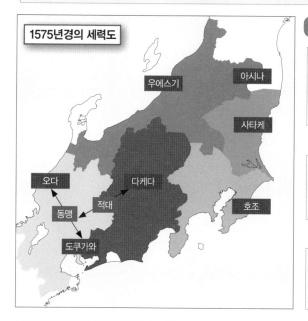

1575년경의 세력도

오다
동맹
적대
다케다
도쿠가와
우에스기
아시나
사타케
호조

가쓰요리의 도쿠가와 침공 과정

1572년, 노부나가와의 관계가 악화된 아시카가 요시아키가 반노부나가 세력인 다이묘들과 노부나가 포위망을 형성했다. 나중에 다케다 가문도 여기에 참여한다.

노부나가와 동맹관계인 도쿠가와의 땅을 침공한다. 1573년에 신겐이 사망하고 가쓰요리가 가독이 된 후에도 다케다군은 대규모 침공을 계속한다.

동미노의 아케치성, 도토미의 다카텐진성 등 오다 · 도쿠가와 연합군의 모든 성을 차례로 함락시키고 나아가 미카와의 나가시노성을 향해 진군한다.

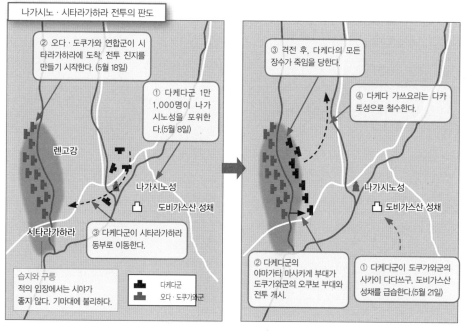

나가시노 · 시타라가하라 전투의 판도

② 오다 · 도쿠가와 연합군이 시타라가하라에 도착, 전투 진지를 만들기 시작한다. (5월 18일)

① 다케다군 1만 1,000명이 나가시노성을 포위한다.(5월 8일)

렌고강

나가시노성

도비가스산 성채

시타라가하라

③ 다케다군이 시타라가하라 동부로 이동한다.

습지와 구릉
적의 입장에서는 시야가 좋지 않다. 기마대에 불리하다.

■ 다케다군
■ 오다 · 도쿠가와군

③ 격전 후, 다케다의 모든 장수가 죽임을 당한다.

④ 다케다 가쓰요리는 다카토성으로 철수한다.

나가시노성

도비가스산 성채

② 다케다군의 야마가타 마사카게 부대가 도쿠가와군의 오쿠보 부대와 전투 개시.

① 다케다군이 도쿠가와군의 사카이 다다쓰구, 도비가스산 성채를 급습한다.(5월 21일)

는 삼중의 마방책과 보루를 설치했다. 지정학적 장점을 살린 획기적인 전략으로 만반의 준비를 한 것이다.

시타라가하라에 도착한 오다·도쿠가와 연합군은 우선 가쓰요리를 도발하는 전략을 펼쳤다. 유인책에 속은 가쓰요리는 나가시노성의 포위를 풀자마자 바로 시타라가하라 동부로 이동한다. 다케다군을 지휘하는 가신들이 "전투에서 적은 수의 병사로 공격하는 것은 무모하다"라고 경고했으나 젊은 가쓰요리는 귀담아 듣지 않았다고 한다. 그리고 5월 20일, 도쿠가와군의 사카이 다다쓰구酒井忠次[17]가 시타라가하라에서의 전투를 앞두고 나가시노성 후방의 도비가스산鳶ヶ巢山 성채를 지키는 다케다군을 기습공격했다. 이는 다케다군의 퇴로를 차단함으로써 자군의 사기를 올린 중요한 전초전이었다.

만약에 가신들의 의견을 듣고 이 도비가스산 성채에 군대를 포진했더라면 다케다 가문의 미래는 달라졌을지도 모른다. 다케다 가쓰요리의 본래 목적은 나가시노성을 함락시키는 것이었으나, 침공에 대응하는 오다 노부나가는 나가시노성을 구원하기 위해서만이 아니라 다케다와 최종 대결을 펼칠 작정이었다. 전투에 임하는 태도의 차이가 가쓰요리의 오만과 선택의 실수를 초래했는지도 모를 일이다.

다케다 기마대는 시타라가하라에서
노부나가의 철포부대에 대참패

그리고 이튿날인 21일 이른 아침, 양군은 시타라가하라에서 맞붙게 된다. 여기서 다시 오다·도쿠가와 연합군의, 지리적 조건을 이용한 작전이 빛을 발한다. 양군이 맞붙은 전장이 된 렌고강連吾川 유역은 논이 넓게 펼쳐진 습지대였다.

당연히 기마를 타고 공격해 들어가면 말의 다리가 논에 빠져 진군하기가 어려웠다. 하지만 도비가스산 성채가 함락되어 후퇴할 수 있는 진지陣地를 잃은 다케다군은 선수를 쳐서 공격해 들어가기로 한다. 그리고 돌격작전에 따라 야마가타 마사카게山県昌景[18], 오바타 노부사다小幡信貞[19] 등 용맹한 장수가 차례로 적진을 향해 달려간다. 하지만 삼중으로 지은 마방책과 보루를 넘어가기란 쉬운 일이 아니었다. 또한, 겨우 돌파해 적진 안쪽으로 들어가면 철포로 무장한 병사들의 일제 사격이 기다리고 있었다. 결국 시타라가하라의 전투에서 다케다군은 야마가타 마사카게, 쓰치야 마사쓰구土屋昌次[20], 사나다 노부쓰나真田信綱[21] 등의 장수가 죽임을 당하고 1만 명이 넘는 전사자를 내게 된다. 오다·도쿠가와 연합군의 압승으로 끝난 것이다.

가쓰요리는 살아남은 한 줌의 병사를 데리고 시나노의 다카토성高遠城으로 후퇴한다. 하지만 이 전투로 수많은 맹장을 잃은 다케다 가쓰요리는 서서히 힘을 잃다가, 1582년 오다군에 의해 포위된 덴모쿠산天目山에서 스스로 목숨을 끊는다. 그의 죽음과 함께 다케다 가문도 멸망한다.

이 전투는 오랫동안 '철포 삼단사격'이 승패를 갈랐다는 평가를 받았으나, 최근 연구에 의해 이 통설이 부정되고 있다. 실제로 적과 아군을 합쳐 수천 자루의 철포가 전투에 도입되었지만, 진정한 승리의 열쇠는 오다·도쿠가와 연합군의 지정학적 전략과 강고한 방어 전술에 있었다는 견해가 우세하다. 전장의 지리적 이점을 최대한으로 살린 전술이 승리의 결정적 요인이었다는 것이다.

아즈치성 중심으로 만든
비와호의 호상 네트워크

아즈치성은 금박과 옻칠이 칠해진 호화롭고 아름다운 성으로 널리 알려져 있다.
그런데 아즈치의 입지로 시선을 돌리면 아즈치성에 담긴 노부나가의 지정학적 축
성 전략이 보인다.

군사 · 교통의 요지 비와호에 지은
노부나가 최후의 거성 아즈치성

아자이 · 아사쿠라 가문을 멸망시키고 쇼군 아시카가 요시아키가 형성한 '오다
포위망'을 무너뜨린 노부나가는 1576년, 기후에서 아즈치로 거성을 옮긴다. 3년
이란 시간을 들여 축성한 아즈치성安土城은 당시에 처음 시도된, 오 층의 칠중 망
루를 갖춘 호화찬란한 성이었다. 하지만 군사 측면에서는 그렇게 방어력이 견고
한 성은 아니었다. 게다가 가까이에는 노부나가가 손수 정비한 사와산성佐和山城
이 있었다. 그러면 왜 노부나가는 이곳에 굳이 아즈치성을 지은 것일까?

먼저 아즈치성의 입지부터 살펴보자. 현재의 아즈치는 메이지 시대의 간척사업
으로 비와호 일부를 흙으로 메워 육지로 변해 있지만, 전국시대에는 비와호에 면
한 습지의 땅이었다. 그리고 동서를 달리는 스즈카鈴鹿산맥과 비와호의 사이에 있
는 데다, 남북으로는 가마쿠라의 산지를 깎아 만든 듯한 좁은 길로 이어지는 오미
분지의 중심에 있어서 입지 자체가 외적의 침입을 막아주는 천연의 요새였다.

또한, 도산도東山道•· 홋코쿠가도北国街道•· 핫푸가도八風街道•의 육로로 각각 기

비와호를 축으로 군사 · 경제의 네트워크 형성

노부나가가 아즈치를 고집한 데는 한마디로 설명할 수 없는 지정학적인 이유가 있다. 그중에서도 경제적 · 군사적 입지야말로 노부나가가 아즈치성을 고집한 이유일 것이다.

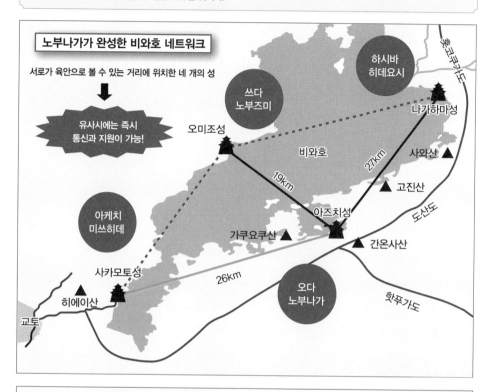

노부나가가 완성한 비와호 네트워크

서로가 육안으로 볼 수 있는 거리에 위치한 네 개의 성

유사시에는 즉시
통신과 지원이 가능!

하시바
히데요시

쓰다
노부즈미

오미조성

비와호

나가하마성

사와산

27km

고진산

19km

도산도

아케치
미쓰히데

아즈치성

가쿠요쿠산

간온사산

사카모토성

26km

오다
노부나가

핫푸가도

히에이산

교토

아즈치성

성주: 오다 노부나가

1579년 완성. 노부나가가 천하포무의 거점으로 삼은 성이다. 표고 133미터의 아즈치산 위에 지었는데, 그 당시의 산성과 비교하면 고도가 낮아서 평산성으로 분류된다.

나가하마성

성주: 하시바 히데요시

1573년 아자이를 공격해 올린 공적의 포상으로 얻은 구아자이 땅에 지은 성이다. 원래는 '이마하마今浜'라는 지명이었으나 노부나가의 이름에서 한 글자를 가져와서 '나가하마'로 고쳤다.

**서로가 육안으로
볼 수 있는 거리**

사카모토성

성주: 아케치 미쓰히데

히에이산을 불태운 후에 오미에서 교토로 이어지는 경로를 확보하고 히에이산과 남서 지방을 방어하기 위해 노부나가가 미쓰히데에게 축성을 명해 비와호 인근에 지은 수성水城이자 평성이다. 아즈치성 다음 가는 성으로 꼽힐 정도였다.

오미조성

성주: 쓰다 노부즈미

1578년, 노부즈미의 양아버지인 미쓰히데의 영지에 지어졌다. 쓰다 노부즈미는 1558년에 죽은 노부나가의 아우 노부가쓰信勝가 남긴 아들이다. 혼노사의 정변이 일어났을 때, 미쓰히데와 내통했다는 의심을 받고 자결한다.

나이畿内 · 호쿠리쿠北陸 · 이세伊勢로 이어지는 교통로로도 연결되어 있다. 여기에다 요도강淀川을 경유해 바다 쪽의 사카이 방면으로 이어지는 비와호의 호상 네트워크까지 지배하에 둘 수 있는 것이 비와호 연안에 있는 아즈치의 지리적 이점이었다. 수륙 교통로의 요충지에 위치한 아즈치는 경제 발전이라는 측면에서도 매우 유리한 입지를 갖추고 있었다.

또한, 교토에서 가깝다는 거리상의 입지도 중요하다. 태어나고 자란 오와리에서 기후, 아즈치로 거성居城을 옮긴 노부나가는 천하통일을 염두에 두고 조정에 미칠 영향력을 고려해 이 아즈치성을 낙점했을 것이다.

네 개의 성으로 비와호를 둘러싼 채
신변 안전을 위해 일족과 심복을 배치

비와호 주변을 위에서 바라보면 한눈에 보이는 것이 비와호를 둘러싸고 서 있는 네 개의 성이 연결된 호상 네트워크다. 북쪽으로는 하시바 히데요시羽柴秀吉(훗날 도요토미 히데요시)에게 방어를 맡긴 나가하마성長浜城, 서쪽으로는 조카인 쓰다 노부즈미津田信澄[22]의 오미조성大溝城, 그리고 남쪽으로는 가신 중에서 심복으로 꼽히는 아케치 미쓰히데가 지키는 사카모토성坂本城이 철통같은 방어막을 형성하고 있었다.

하시바 히데요시의 양자로는 노부나가의 넷째 아들인 히데카쓰秀勝[23]가 들어가 있었고, 조카 노부즈미는 미쓰히데의 사위이기도 했다. 즉, 네 개 성의 책임자가 모두 노부나가의 일족으로 형성된 것이다. 그렇다면 노부나가는 왜 비와호 주변의 성을 그토록 중시한 것일까? 그 해답은 이 네트워크의 지정학적 중요성에 있다.

앞에서도 언급했다시피 노부나가와 수년에 걸쳐 교전했던 숙적인 아자이 · 아사쿠라 세력의 본거지는 아즈치의 바로 북쪽인 오미 · 에치젠이다. 노부나가는 그 지역을 철저하게 감시하기 위해 비와호 북쪽의 나가하마성에 심복 히데요시를 배치했다. 그리고 조정이 있는 교토를 견제하기 위해 교토 바로 옆에 있는 사카모토성에 미쓰히데를 두고, 그 중앙에 아즈치성을 배치하도록 설계했다. 남북 각각에 노부나가의 감시망이 미칠 수 있게 구도를 짠 셈이다. 이러한 전략적 축성은 아즈치성보다 나가하마에 가까운 사와산성에는 불가능한 것이었다.

더불어 비와호를 둘러싸고 있는 성은 각각 아즈치성에서 30킬로미터도 떨어지지 않아서 나가하마성-사카모토성을 제외하면 서로가 육안으로 볼 수 있을 정도의 거리에 있다. 즉, 어느 성이든 적의 공격을 받으면 그 모습을 아즈치성, 혹은 옆의 성에서 확인할 수 있었고, 비와호를 통한 최단거리로 빠르게 원군을 보낼 수 있었다. 만약에 날씨가 나빠서 시야가 좋지 않다고 해도 봉화를 올리면 충분히 정보를 전달할 수 있었다. 이러한 강고한 네트워크로 천하인의 거성인 아즈치성은 철통같은 방어태세를 갖춘 셈이다.

이렇게 노부나가는 전국시대에 방어와 공격에 효율적으로 대비하는 획기적인 지리적 네트워크를 구축했다. 그뿐만 아니라 노부나가는 배신과 하극상이 난무하던 전란의 와중에 주변에 일족을 배치함으로써 신변의 안전을 도모했던 것이다.

도산도東山道
오미국(시가현)을 기점으로 미노국(기후현)을 거쳐 무슈와 데와 등 도후쿠 지방에까지 연결된 고대 시대의 도로다.

홋코쿠가도
호쿠리쿠가도北陸街道와 도산도를 잇는 간선 도로.

핫푸가도
도카이도東海道와 도산도의 우회로이며 이세만 및 이세평야와 비와호, 오미분지를 연결하는 중요 가도로 현재의 국도 421호에 해당된다.

노부나가의 자결로 끝난
혼노사 정변의 수수께끼

오다 노부나가가 혼노사의 정변 때 아케치 미쓰히데에게 배신당하고 자결로 세상을 떠난 것은 너무나도 유명한 이야기다. 노부나가가 부하의 배신을 사전에 인지하지 못했던 이유는 아이러니하게도 자신이 시행한 정책 때문이었다.

미쓰히데가 노부나가에게 들키지 않고
대군을 이끌고 혼노사에 이른 경로

1582년 6월 2일, 자신이 중용했던 아케치 미쓰히데가 모반을 일으켜 노부나가는 혼노사에서 장렬히 전사한다. 미쓰히데가 주고쿠의 다이묘 모리 가문의 다카마쓰高松성을 공격하던 히데요시를 지원하기 위해 병사 1만 7,000명을 이끌고 가던 도중에 돌연 방향을 바꿔 혼노사로 향한 것이 비극의 시작이다.

미쓰히데가 배신한 이유는 정확히는 알려지지 않았다. 여기서는 그보다 '미쓰히데는 어떻게 그런 대군을 이끌고도 무사히 기습에 성공할 수 있었을까?'라는 의문을 풀어보고 싶다.

먼저 미쓰히데가 교토의 혼노사까지 이른 경로와 노부나가의 위치를 살펴보자. 노부나가는 장남 노부타다를 데리고 히데요시를 지원하러 가기 전에 교토에 들렀다. 호위라고 하기에는 좀 많은 3,000명의 병사를 데리고 갔으니 결코 방심한 것은 아니었다. 병사는 주변의 민가로 흩어지고 노부타다는 혼노사 근처에 있는 묘가쿠사妙覚寺라는 곳에 묵었다. 주변 경호에 만전을 기했다고는 할 수는 없지만 만

왜 노부나가는 미쓰히데군의 기습공격을 몰랐을까?

만약 미쓰히데군의 움직임을 사전에 알았더라면 노부나가는 혼노사에서 죽지 않고 천하를 통일했을지도 모른다.
스스로 목숨을 끊은 노부나가의 치명적 실책이란 무엇인가?

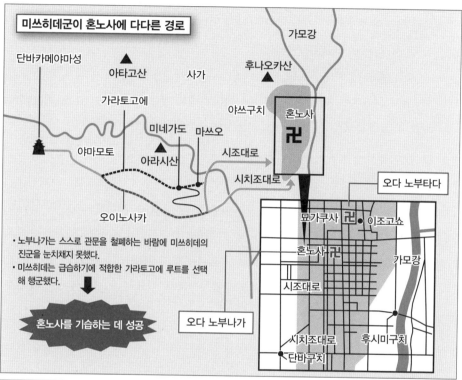

미쓰히데군이 혼노사에 다다른 경로

- 노부나가는 스스로 관문을 철폐하는 바람에 미쓰히데의 진군을 눈치채지 못했다.
- 미쓰히데는 급습하기에 적합한 가라토고에 루트를 선택해 행군했다.

혼노사를 기습하는 데 성공

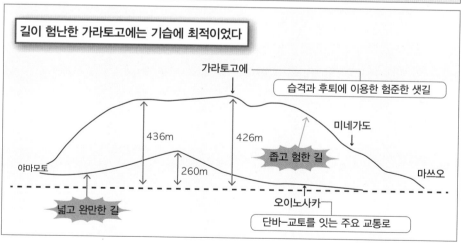

길이 험난한 가라토고에는 기습에 최적이었다

가라토고에

습격과 후퇴에 이용한 험준한 샛길

436m

426m

미네가도

260m

좁고 험한 길

야마모토

마쓰오

넓고 완만한 길

오이노사카

단바–교토를 잇는 주요 교통로

약의 사태에 대응하지 못할 정도는 아니었다.

그런데 이때, 주고쿠로 가야 할 미쓰히데군이 단바丹波. 효고현 단바시의 카메야마 성丹波亀山城에서 출정한 후, 곧장 주고쿠로 가지 않고 진로를 동쪽으로 바꿔 교토로 진군했다. 이때 미쓰히데가 병사에게 했다는 유명한 말이 있지 않은가.

"적은 혼노사에 있다!"

그렇다면 미쓰히데는 어떻게 노부나가 진영에 들키지 않고 수많은 대군을 진군시킬 수 있었던 것일까? 그 열쇠는 미쓰히데의 진군 경로와 노부나가의 실수에 있다. 미쓰히데가 이용한 경로로 짐작되는 길로는 옛날부터 단바와 교토를 이어준 '오이노사카키老いの坂'가 있다. 이 길은 단바와 교토를 잇는 주요 경로로 민가와 촌락이 많다. 기습하려는 미쓰히데가 진군할 길로는 적당하지 않다.

그래서 주목한 것이 오이노사카와 나란히 뻗어 있는 '가라토고에唐櫃越'다. 이 길은 오이노사카와 비교하면 길도 좁고 험하지만, 적을 기습공격 하거나 전투에 불리할 때 도주로로 이용하기에는 안성맞춤이었다. 요컨대 사람들의 눈에 띄지 않고 비밀리에 행동할 때 딱 들어맞는 길이 가라토고에였던 것이다. 미쓰히데는 노부나가에게 들키지 않고 대군을 이끌고 교토의 혼노사를 급습하기 위해서는 이 길로 진군하는 것이 가장 안전하다고 판단했을 것이다.

교토의 관문을 철폐함으로써 노부나가는
미쓰히데 대군의 움직임을 놓쳤다!

그리고 또 하나 덧붙이자면, 노부나가가 밀려오는 미쓰히데의 대군을 눈치채지 못한 이유로 관문을 철폐한 노부나가의 정책을 들 수 있다. 관문의 철폐는 상인의 활발한 통행을 장려하기 위해 시행한 노부나가의 경제정책 중 핵심이다. 무로마치 시대에 설치해 통행인에게서 통행세를 징수하기 시작한 이후, 각 영지의 다이묘가 자기 멋대로 관문을 설치해 상인의 왕래를 가로막아 왔던 것이다.

그런데 이러한 관문 철폐의 부작용이 나타난 것이다. 원래 관문은 세금 징수와 함께 왕래하는 사람들의 출입을 통제하는 역할도 겸하고 있었다. 그런데 그것을 폐지하는 바람에 미쓰히데군과 같이 기습을 노리는 병력까지 감시하지 못하고 수수방관한 결정적인 실수를 저지른 것이다. 만약에 교토로 통하는 주요한 관문이라도 유지되었더라면 노부나가는 사전에 미쓰히데군의 움직임을 알아차리고 대응할 수 있었을지도 모른다.

혼노사의 정변은 미쓰히데의 영리한 기습경로 선택과 노부나가의 혁신적인 정책이 낳은 부작용이라는 중요한 두 가지 요소가 맞물려 일어난 대사건이었다.

도쿠가와 이에야스는 천하를 통일한 후에 이 관문을 부활시킨다. 단, 통행세는 받지 않되 왕래하는 사람들만 통제하도록 정책을 수정한다. 이는 혼노사의 정변 때, 야마토大和, 나라현에서 이가伊賀, 미에현 북서부로 넘어가는, 목숨을 건 도주로 유명한 '이가고에伊賀越え*'를 경험하고 간신히 살아남은 이에야스가 배운 교훈이었다. 당시 이에야스는 스즈카산을 넘어 배를 타고 이세만을 건너 오카자키岡崎, 아이치현 오카자키시에 도착해서야 가까스로 목숨을 건질 수 있었다.

오이노사카
교토시 니시쿄구西京区와 가메오카시亀岡市의 경계에 있는 고개로 산인가도山陰街道의 요지다. 지금은 고개 북쪽에 국도 9호로 통하는 터널이 지나간다.

가라토고에
교토시 니시쿄구 야마다山田와 가메오카시 시노쵸篠町 야마모토山本를 잇는 길을 가리킨다.

이가고에
혼노사의 변이 일어났을 당시에 사카이 지방을 관광하고 있던 이에야스는 아케치 미쓰히데군과 만나기라도 하면 목숨을 잃을 처지였다. 이에 험준하기로 유명한 스즈카산을 넘어 오카자키로 탈출하기로 한다. 이때 이에야스를 설득하고 닌자들을 동원해 탈출을 도운 측근이 핫토리 한조라고 한다.

전쟁의 신 오다 노부나가,
1547~1572년의 전쟁사

전국시대를 통틀어 오다 노부나가만큼 유명한 무장이 있을까? 하지만 그 생애는
의외로 잘 알려지지 않았다. 전란의 시대에 드라마틱하게 펼쳐진 유명한 전투와
49세의 나이에 부하의 배신으로 생을 마감한 파란만장한 인생을 돌아보자.

오와리를 평정한 이후 노부나가는
'천하포무'라는 인장을 사용하기 시작

노부나가는 1534년 5월, 오와리尾張, 아이치현 서부의 쇼바타성勝幡城에서 태어났다.
오와리의 슈고였던 시바斯波 가문은 이미 지배력을 잃어서 영지의 위쪽 절반은 슈
고다이 오다 이세노가미織田伊勢守, 아래 절반은 슈고다이 오다 야마토가미織田大和
守가 세력을 양분해 다스렸다. 오다 가문 안에서도 노부나가 일족은 야마토가미
의 가신에 불과했다. 그러나 노부나가의 할아버지와 아버지가 경제 발전과 세력
확대에 두루 힘쓴 결과, 노부나가가 태어날 무렵에는 두 슈고다이 가문을 능가할
만큼 힘을 키웠던 것으로 보인다.

나고야성을 빼앗은 아버지 노부히데는 주변의 사이토 가문, 이마가와 가문과
쉬지 않고 전투를 벌였고, 노부나가는 그사이 미카와三河, 아이치현 동부의 오하마성
大浜城에서 첫 출정을 성공리에 마친다. 사이토 가문과 화평을 맺은 증거로 노부
나가와 미노국의 사이토 도산의 딸 노히메濃姫는 정략 결혼하게 된다. 노부나가가
가독을 상속한 것은 그 이듬해인 1552년의 일이다.

오와리 통일 이후 전국 맹장들과 패권 다툼 시작

1534년에 태어난 노부나가는 천신만고 끝에 오와리를 통일한다. 요시아키를 쇼군에 취임시킨 이후 종교 세력의 저항과 전국시대 맹장과의 전투는 끊임없이 계속되었다.

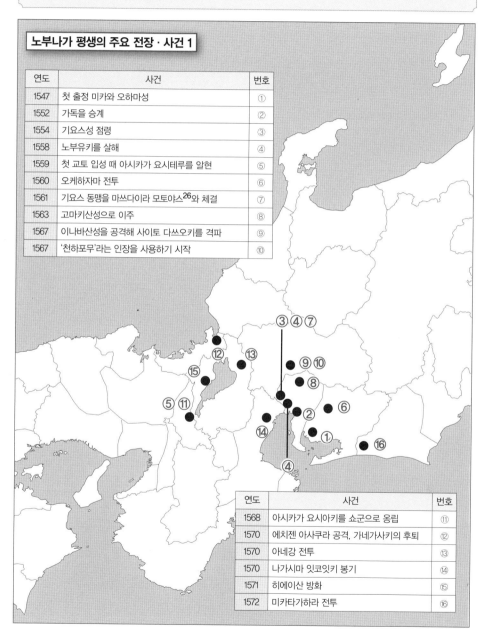

노부나가 평생의 주요 전장 · 사건 1

연도	사건	번호
1547	첫 출정 미카와 오하마성	①
1552	가독을 승계	②
1554	기요스성 점령	③
1558	노부유키를 살해	④
1559	첫 교토 입성 때 아시카가 요시테루를 알현	⑤
1560	오케하자마 전투	⑥
1561	기요스 동맹을 마쓰다이라 모토야스[26]와 체결	⑦
1563	고마키산성으로 이주	⑧
1567	이나바산성을 공격해 사이토 다쓰오키를 격파	⑨
1567	'천하포무'라는 인장을 사용하기 시작	⑩

연도	사건	번호
1568	아시카가 요시아키를 쇼군으로 옹립	⑪
1570	에치젠 아사쿠라 공격, 가네가사키의 후퇴	⑫
1570	아네강 전투	⑬
1570	나가시마 잇코잇키 봉기	⑭
1571	히에이산 방화	⑮
1572	미카타가하라 전투	⑯

오다 가문의 당주가 된 노부나가가 먼저 목표로 세운 것은 오와리 국내의 통일이었다. 하지만 열여덟 살이라는 젊은 나이에 가독을 이어받아서인지 주변의 토착무사 세력과 친척도 완전히 노부나가의 편은 아니었다. 그래서 노부나가는 시바 가문과 오다 야마토가미의 성이었던 기요스성을 계략을 꾸며서 빼앗고 그곳으로 거처를 옮긴다. 이어서 보반을 쇠하던 아우 노부유키信行[24]와의 분쟁이 표면화되자, 기요스성에서 친히 노부유키를 살해한다. 항간에는 자결했다는 설도 있다.

이후로도 노부나가의 오와리 통일작업은 계속되었다. 그리고 1560년의 오케하자마 전투에서의 승리, 미카와와의 동맹, 기요스와의 동맹, 1565년 이누야마성犬山城 평정 등 13년에 걸쳐 전력을 기울인 결과 오와리 통일사업을 완수한다. 도중에 교토에 가서 쇼군 아시카가 요시테루를 알현한 것은 오와리 국내를 통일하고 난 후 슈고다이의 지위를 정식으로 임명받기 위해서였다.

노부나가는 오와리를 근거지로 해서
지배 영역을 넓혀가며 교토로 접근

그리고 1567년에는 숙적인 사이토 다쓰오키斎藤龍興[25]를 무찌르고 이나바산성을 점령, 그곳을 기후성이라 개명하고 그곳으로 거성을 옮긴다. 이 직후부터 노부나가는 교토 입성을 목표로 '천하포무'라는 글자를 새긴 인장을 사용하기 시작한다. 그리고 천하통일을 향한 첫걸음으로 북오미의 아자이 가문과 동맹을 맺고, 이 듬해에는 교토를 탈출한 아시카가 요시아키를 쇼군으로 옹립하기 위해 데려온다. 교토에 입성한 후에는 롯카쿠 가문과 미요시 가문 등 기나이에 있는 적을 격퇴하고, 그를 무로마치 막부의 15대 쇼군으로 취임시키는 데 성공한다.

13년이나 걸려 오와리를 평정한 후, 교토에 입성해 전국시대 최고의 실력자로 부상한 노부나가가 천하통일 과업의 첫걸음을 내딛은 셈이었다.

1570년, 노부나가가 각국의 다이묘들에게 교토로 상경하라고 명령한다. 그런데 에치젠의 아사쿠라 가문에서 별다른 응답이 없자 노부나가는 천황의 칙명과 쇼군의 명령을 양손에 쥐고 아사쿠라를 공격하기 위해 출정한다. 그런데 혈연이자 동맹관계였던 아자이 가문에게 배신당하고 가네가사키의 철수라고 하는 굴욕적인 탈출을 감행하는 과정은 앞에서 소개한 바 있다. 이들 아자이 · 아사쿠라 가문과 전쟁을 벌이는 사이에 미요시三好 가문, 이시야마 혼간사, 다케다 신겐 등 전국시대 실력자들이 속속 등장해 천하통일을 이루려는 노부나가의 앞길을 막는다.

1570~1573년에는 오다의 원군을 포함한 도쿠가와군이 미카타가하라三方ケ原 전투*에서 신겐에게 패하고, 나가시마에서 일어난 '잇코잇키'라는 일향종의 봉기나 히에이산의 엔랴쿠사의 방화 등 종교 세력과의 분쟁에 맞서는 등 노부나가로서는 죽음과 몰락에 직면하는 고난의 시간을 보내게 된다. 천하인에 가장 가까웠던 노부나가도 처음부터 승전고만 울린 것은 아니다. 숱한 전투와 힘든 여정을 거쳐 겨우 천하인의 경지에 오른 것이다.

지도를 보면 노부나가의 활동 범위가 오와리를 근거지로 해서 주변으로 서서히 넓어지면서 교토로 접근해가는 것을 알 수 있다. 천하통일을 염두에 둔 노부나가가 교토에 입성하기 위한 자신의 투쟁과 집념을 보여주는 궤적이라고 할 수 있을 것이다.

미카타가하라 전투

1573년 1월 25일에 도토미국의 미카타가하라에서 다케다 신겐이 이끄는 2만 7,000의 군대와 도쿠가와 이에야스가 이끄는 1만 1,000의 군대 사이에 벌어진 전투다. 도쿠가와 이에야스가 전사 위기에 몰린 유일한 패전으로 유명하다.

전국시대 대스타 노부나가,
혼노사에서 눈을 감다

노부나가는 고난의 시기를 거치면서 숙적을 차례로 무찌르고 천하통일에 다가선다. 하지만 1582년, 가신 아케치 미쓰히데의 배신으로 혼노사에서 49세의 파란만장한 일생을 마감한다. 그가 벌인 전투의 궤적을 따라가 본다.

요시아키, 아자이 · 아사쿠라, 다케다 등
천하통일의 걸림돌을 하나씩 제거

막부의 주도권을 놓고 쇼군 요시아키와 노부나가의 관계는 서서히 악화된다. 그러는 와중에 노부나가에게 포위망을 펼치며 적대 세력을 주도하던 다케다 신겐이 1573년 병으로 세상을 떠나게 된다. 승리의 여신이 노부나가에게 미소를 지은 것이다. 이듬해 요시아키가 거병해 마키시마성槙島城에 들어가 농성을 벌이자, 노부나가는 곧장 대군을 이끌고 공격해 성문을 연다. 그렇게 요시아키는 추방되고 무로마치 막부는 멸망을 맞는다.

천하통일을 향한 노부나가의 진군은 여기서 멈추지 않는다. 기후로 돌아온 노부나가는 그 한 달 후에는 북오미를 향해 출정하고, 고마키성을 공격한다. 이로써 3년에 걸쳐 적대해왔던 아자이 · 아사쿠라 양대 가문을 철저하게 멸망시킨다. 나아가 와카에성若江城의 미요시 요시쓰구三好義継[27]와 다몬야성多聞山城의 마쓰나가 히사히데松永久秀[28]를 멸망시키고 기나이 일대를 손에 넣는다. 1574~1575년에는 다카야성高屋城 전투를 벌여 미요시 야스나가三好康長[29]와 이시야마혼간사 등의 반

쇼군 추방~혼노사의 정변까지, 통일을 향한 집념

노부나가라고 하면 백전백승의 명장으로 기억하는 사람이 많을 테다. 그런 노부나가가 일생을 마감한 혼노사의 정변까지, 그가 치른 전투의 궤적을 쫓아가보았다.

노부나가 평생의 주요 전장 · 사건 2

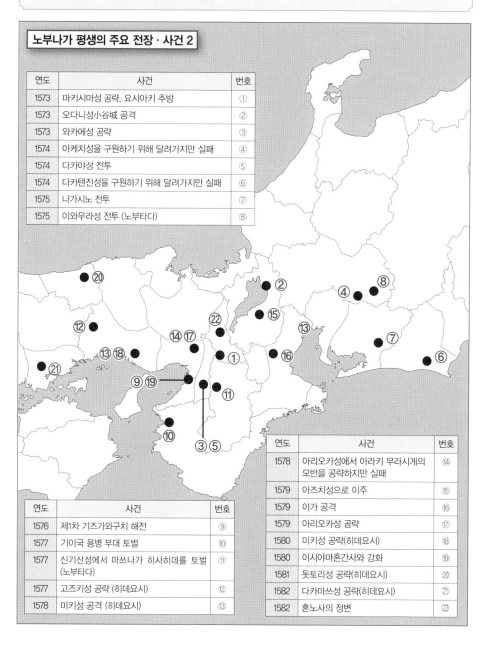

연도	사건	번호
1573	마키시마성 공략, 요시아키 추방	①
1573	오다니성小谷城 공격	②
1573	와카에성 공략	③
1574	아케치성을 구원하기 위해 달려가지만 실패	④
1574	다카야성 전투	⑤
1574	다카텐진성을 구원하기 위해 달려가지만 실패	⑥
1575	나가시노 전투	⑦
1575	이와무라성 전투 (노부타다)	⑧

연도	사건	번호
1576	제1차 기즈가와구치 해전	⑨
1577	기이국 용병 부대 토벌	⑩
1577	신기산성에서 마쓰나가 히사히데를 토벌 (노부타다)	⑪
1577	고즈성 공략 (히데요시)	⑫
1578	미키성 공격 (히데요시)	⑬

연도	사건	번호
1578	아리오카성에서 아라키 무라시게의 모반을 공략하지만 실패	⑭
1579	아즈치성으로 이주	⑮
1579	이가 공격	⑯
1579	아리오카성 공략	⑰
1580	미키성 공략(히데요시)	⑱
1580	이시야마혼간사와 강화	⑲
1581	돗토리성 공략(히데요시)	⑳
1582	다카마쓰성 공략(히데요시)	㉑
1582	혼노사의 정변	㉒

대 세력을 굴복시키는 등 노도와 같이 진격을 계속한다.

한편, 동쪽에서는 죽은 아버지의 뒤를 이어 자신을 적대하는 다케다 가쓰요리로 인해 1574년 아케치성, 다카텐진성高天神城에서의 자군의 구원에 실패하고 승리하지 못한 상태였다. 하지만 1575년, 한번 다케다에게 빼앗겼던 다카텐진성을 도쿠가와군이 탈환해 다케다의 위세를 꺾었다. 그런 다음, 같은 해 미카와국과의 나가시노長篠 전투에서 완승을 거두었다. 그로부터 7년 후 오랜 숙적 다케다 가문을 완전히 멸망시킨다.

49세에 급사한 노부나가가 좋아한 노래,
"인간 오십 년, 덧없는 꿈과 같구나"

나가시노 전투가 일어난 그해, 다케다 편으로 돌아선, 자신의 숙모가 머물던 이와무라성岩村城을 어렵게 함락시킨 후, 전투를 지휘한 적자 노부타다에게 오다 가문의 가독을 물려준다. 이로써 오와리와 미노를 다스리는 '오다 가문'과 천하통일을 꿈꾸는 '천하인'으로 역할을 확실히 나누고 자신은 본격적으로 서쪽으로 향한다. 먼저 오랜 세월 대치 관계에 있던 이시야마 혼간사와 승부를 내기로 한다. 혼간사를 지원하는 모리 가문의 해군을 두 번째 벌어진 기즈강木津川 전투에서 격파하고, 1580년에는 혼간사의 항복을 받아낸다. 이로써 10년에 걸친 이시야마 혼간사와의 전투가 종결된다.

그들과 전투를 벌이는 도중에도 노부타다·히데요시·미쓰히데 등의 가신을 파견해 시코쿠를 차례로 공격해 함락시켰다. 1577년에는 기이국紀伊国, 기이반도 남부의 용병 집단을 무찌르고, 신기산성信貴山城의 마쓰나가 히사히데松永久秀를 공격하는 한편, 히데요시를 보내 고즈키성上月城을 공략하는 등 주고쿠를 공격하기 위한 거점을 착착 손안에 넣었다. 노부나가의 오산이라면 미키성三木城의 벳쇼別所 가문이 반기를 들어 히데요시의 주고쿠 원정이 원점으로 돌아간 것과, 신뢰하던 아라키 무라시게荒木村重[30]가 모리와 내통하고 아리오카성有岡城에 들어가 농성을 벌인 것을 들 수 있다. 이로 인해 단바의 미쓰히데와 하리마播磨, 효고현 히메지시의 히데요시는 정벌을 멈추었으나, 이후 2년여에 걸쳐 단바, 하리마, 다지마但馬, 효고현까지 평정하고 만다. 그런 다음 이시야마 혼간사와 최종적인 강화를 맺음으로써 노부나가의 통일을 향한 발걸음은 더욱 빨라진다.

히데요시가 이끄는 주고쿠 원정은 다카마쓰성高松城을 함락시키기 위해 노부나가에게 원군을 요청하기 전까지는 순조로웠다. 1580년에 미키성을 함락시키고, 이듬해는 돗토리성鳥取城 공략에 성공하는 등 거침이 없을 정도였다. 하지만 히데요시의 원군 요청에 응해 정벌에 나선 노부나가가 1582년 6월 2일, 히데요시군을 지원하기 위해 떠났다가 회군한 가신 미쓰히데군에 의해 혼노사에서 죽임을 당한 셈이니 세상사는 정말 알 수 없는 일이다.

"인간 오십 년, 돌고 도는 인간 세상에 비하면 덧없는 꿈과 같구나"라는, 자신이 좋아하던 코와카마이幸若舞*에 등장하는 노래 한 구절처럼 49세에 세상을 떠난 노부나가. 노부나가가 급사한 시점에 그에게 귀순하지 않은 다이묘로는 아시나盧名 가문, 다테 가문, 호조 가문, 우에스기 가문, 조소카베 가문, 오토모 가문, 도진 가문, 류조지龍造寺 가문 정도만 남았다. 당시 노부나가는 천하통일을 거의 손에 거머쥔 것이나 다름없었다. 젊은 시절부터 여느 다이묘와는 다른 차원의 세상을 살았던 노부나가. 그가 품었던 천하포무의 뜻을 이루기 직전에 무너져버린 무상함이야말로 그를 전국시대의 진정한 영웅으로 기억하는 이유일 것이다.

코와카마이
일본 전국시대에 무사들의 애호를 받은 무대 예술로 무사 차림을 한 두세 명의 사람들이 노래를 주고받으면서 부채를 들고 추는 춤을 말한다.

히데요시의 토지조사로
파악한 다이묘의 수확고

처음 전국적으로 토지조사를 실시한 것은 히데요시이기 때문에 이전 시대 다이묘의 '쌀 수확고收穫高'라고 하면 약간 혼란이 있을 수도 있겠다. 하지만 '쌀 수확고'라는 통일된 단위를 가지고 오다 가문과 전국시대 다른 다이묘의 수확고를 비교해보자.

토지조사로 확인된 토지의 생산력을
쌀 수확고로 표시해 세금 부과하고 집행

전국시대 다이묘라 해도 쌀 수확고가 높은 토지를 다스리던 지역은 매우 제한되어 있었다. 하지만 그중에서도 오다 노부나가는 수확고가 압도적으로 높은 영지를 다스린 것으로 유명하다. 다른 다이묘와는 얼마나 차이가 났는지, 그리고 수확고란 무엇인지도 지도를 보면서 알아보자.

수확고를 확인하려면 먼저 토지조사를 해야 한다. 자신의 지배 지역 안에서 다테 가문과 호조 가문이 토지조사를 했다는 기록이 있는데, 전국 규모로는 히데요시의 토지조사가 처음이다. 그리고 물론 그의 영주인 노부나가도 일찍이 토지조사를 실시해 일부 지역에서 수확고 제도를 시행했다.

그러면 '쌀 수확고'란 무엇인가? 간단히 말해서 토지조사로 확인된 토지의 생산력을 표시한 단위다. 그 이전에는 쌀이 아니라 돈으로 민중에게 세금을 내게 했다. 하지만 농민들이 세금을 내려면 일단 쌀을 팔아 돈으로 바꾸는 이중의 수고를 들여야 할 정도로 방법이 매우 비효율적이었다. 노부나가는 이러한 농민의 부담

국력은 토지 면적이 아니라 쌀 수확고가 결정

노부나가가 천하통일을 추진할 수 있었던 배경에는 오와리를 비롯한 주변 영지의 수확고가 높았던 덕도 있다.
히데요시의 토지조사로 판명된 전국 다이묘의 수확고를 살펴보자.

히데요시의 토지조사로 판명된 전국의 수확고 지도

■ 수확고 순위

1	무쓰	167만 석
2	오미	78만 석
3	무사시	67만 석
4	오와리 · 이세	57만 석
5	미노	54만 석

데와 32 | 무쓰 167
사도 2
노토 21 | 에치고 39
아와지 6 | 다지마 11 | 가가 36 | 엣추 38 | 시모쓰케 37
하리마 36 | 단고 11 | 히다 4 | 고즈케 50 | 히타치 53
오키 1 | 이나바 9 | 에치젠 50 | 시나노 41 | 무사시 67 | 시모사 37
호키 10 | 와카사 9 | 미노 54 | 가이 23 | 가즈사 38
이즈모 19 | 미마사카 19 | 단바 27 | 오미 78 | 스루가 15 | 아와 5
이와미 11 | 빈고 19 | 비젠 22 | 셋쓰 36 | 도토미 26 | 사가미 19
쓰시마 0 | 나가토 13 | 아키 19 | 사누키 13 | 이즈 7
이키 0 | 스오 17 | 아와 18 | 미카와 29
지쿠젠 33 | 부젠 14 | 이요 34 | 이즈미 14 | 오와리 57
지쿠고 27 | 분고 42 | 도사 10 | 시마 2
히젠 31 | 기이 24 | 이세 57
히고 34 | 휴가 12 | 빗추 18 | 가와치 24 | 이가 10
사쓰마 28 | 야마시로 23 | 야마토 45
오스미 18

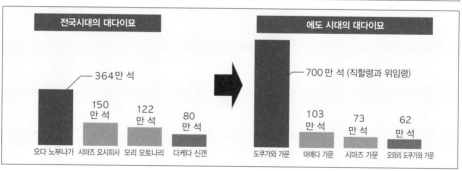

전국시대의 대다이묘

364만 석

150 만 석
122 만 석
80 만 석

오다 노부나가 | 시마즈 요시히사 | 모리 모토나리 | 다케다 신겐

에도 시대의 대다이묘

700 만 석 (직할령과 위임령)

103 만 석
73 만 석
62 만 석

도쿠가와 가문 | 마에다 가문 | 시마즈 가문 | 오와리 도쿠가와 가문

을 줄여주기 위해 쌀 수확고 기준으로 세금을 부과하고 집행했다.

1석이란 1,000홉을 가리키며, 어른 한 사람이 1년간 소비하는 쌀의 양을 기준으로 삼는다. 수확고가 높으면 높을수록 많은 백성과 영지를 다스릴 수 있는 셈이다. 요컨대 수확고란 그 나라 백성의 인구수와 병력을 동원할 수 있는 군사력까지도 보여주는 세력의 척도라고 할 수 있는 것이다.

전체 수확고 360만 석인 노부나가는
전국 2, 4, 5위의 토지를 영지로 소유

여기서 우선 노부나가의 오랜 숙적이라고 할 수 있는 다케다 가문의 수확고를 살펴보자. 히데요시의 토지조사가 시행되던 시기에는 다케다 가문이 이미 멸망해 정확한 수확고를 알 수 없다. 하지만 다케다 가문의 지배력이 시나노·가이·스루가·고즈케 일부 지역에 미쳤다고 가정하면 약 80만 석 정도였으리라 추산할 수 있다.

또한, 전국시대의 대표적인 다이묘인 주고쿠의 모리 가문이 있다. 모리 가문의 경우, 데루모토 시대에 접어들면 스오·나가토長門, 야마구치현·아키安芸, 히로시마현 서부·이와미石見, 시마네현 서부·이즈모出雲, 시마네현 동부·빈고備後·빗추備中·호키伯耆, 돗토리현 서부 등 주고쿠 지방의 절반 이상을 차지하는 광대한 토지를 지배하게 된다. 하지만 수확고가 반드시 토지 면적에 비례했던 것은 아니다. 광대한 주고쿠를 지배했으나 한 나라당 20만 석이 채 되지 않는 지역이 많았던 탓에 모리 가문의 수확고는 122만 석에 그쳤다.

규슈의 시마즈 가문은 어떨까? 노부나가 시대에 시마즈 가문은 사쓰마·오스미大隅·휴가·히고·쓰쿠시筑紫·히젠肥前을 다스렸다. 규슈에 있는 나라들은 비교적 다스리는 토지 면적이 넓고 수확고가 높은 곳이 많아서 150만 석에 이른다.

앞서 다케다 가문과 모리 가문에 비교하면 면적당 수확고가 가장 높다는 사실을 알 수 있다.

그런데 이들보다 수확고가 높은 다이묘가 바로 오다 노부나가다. 오와리 · 미노 · 오미 · 이세 · 시마志摩 · 이가 · 야마토 · 야마시로山城 · 가와치 · 이즈미和泉를 지배했던 노부나가의 수확고는 360만 석이 넘는다. 지배 영역의 면적만 보면 다른 다이묘와 크게 차이가 없다. 하지만 전국 수확고 순위 2, 4, 5위에 해당하는 토지를 영지로 소유했기 때문에 가장 높은 수확고를 자랑할 수 있었던 것이다.

그게 가능했던 이유는 노부나가가 경제력이 뛰어난 나라들을 효율적으로 지배해 자기 세력으로 만듦으로써 단숨에 대다이묘에 이름을 올린 것이 주효했기 때문이다.

이렇게 쌀 수확고라는 관점에서 보자면, 오다 노부나가가 천하통일의 영웅으로 약진한 배경에는 직접 시행한 경제정책이 효과를 발휘한 측면도 있으나, 지정학적으로 축복받은 땅에서 태어난 것도 결정적인 요인으로 꼽을 수 있을 것이다.

전국시대에 강 유역에서 전투를 많이 한 이유는?

전국시대의 역사를 공부하다 보면 '～강 전투'라는 이름을 자주 보게 된다. 실은 전투 이름 하나에도 지리적 요인이 얽혀 있다. 여기서는 그 수수께끼를 풀어보도록 한다.

강이 경계인 국경이 많았고,
대군이 맞붙는 평원 전투가 많았다

후지강 전투富士川の戦い, 우지강 전투宇治川の戦い, 고로모강 전투衣川の戦い, 미나토강 전투湊川の戦い, 미미강 전투耳川の戦い 등등. 특히 전국시대에서는 '～강 전투'처럼 강 이름이 나오는 전투가 많은데 이것은 우연이 아니다. 여기서는 그 이름에 숨겨져 있는 전투의 지리적인 요인을 몇 가지 소개하겠다.

첫째로, 현대와 같이 제방공사로 정비되지 않은 자연의 강은 평야 지대인 경우에 탁 트인 평지인 곳이 많다. 그래서 대군을 거느린 양 진영이 격돌하기에 안성맞춤이었다. 둘째로, 전국시대에는 보통 하천이 국경선 역할을 담당했는데, 이런 곳이야말로 서로의 진지에서 상대의 움직임을 관찰하기에 편리한 장소였다는 점이다. 셋째로, 강의 흐름 자체를 방벽으로 삼거나, 상대 군대가 강을 건너게 유인해 공격하는 등 언제든 방어와 공격에 이용할 수 있다는 이점도 있었다.

이러한 세 가지 이유로 강 유역은 대군끼리 맞붙어 승부를 가리는 전쟁터 역할을 한 장소였던 셈이다. 가령 오다 노부나가와 아자이·아사쿠라군의 '아네강 전투'도 강을 사이에 두고 양군이 대치한 유명한 전투인데, 이때 아네강이 전장으로 선택된 것도 바로 첫 번째 이유에서다.

아네강 유역은 각 다이묘가 거점으로 삼은 요코야마성과 오다니성의 한가운데에 위치했고, 주변은 여러 산으로 둘러싸여 있었다. 그래서 2만 8,000명의 오다·

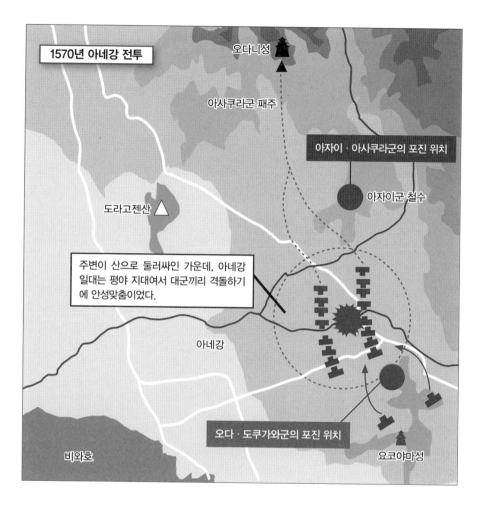

1570년 아네강 전투

오다니성

아사쿠라군 패주

도라고젠산

아자이·아사쿠라군의 포진 위치

아자이군 철수

주변이 산으로 둘러싸인 가운데, 아네강 일대는 평야 지대여서 대군끼리 격돌하기에 안성맞춤이었다.

아네강

오다·도쿠가와군의 포진 위치

비와호

요코야마성

도쿠가와 연합군과 1만 3,000명의 아자이·아사쿠라 대군이 격돌하려면 아네강 유역의 평야 지역 말고는 싸울 만한 곳이 없었다. 그것이 아자이군과 오다군, 아사쿠라군과 도쿠가와군이 각각 아네강 맞은편에 대치하며 전투를 치른 이유다.

이 전투에서 아자이·아사쿠라군은 분투하지만 병력 수가 열세인 탓에 오다·도쿠가와 연합군에 패하고 철수한다. 하지만 추격할 여유가 없었던 오다·도쿠가와군은 이후로 3년 동안 아자이·아사쿠라군을 퇴치하느라 애먹는다.

1 **오다 노부사다**織田信定– 오와리국의 슈고다이인 오다 다쓰카쓰織田達勝의 가신으로 쇼바타성의 성주다. 또한, 오다 노부히데織田信秀의 아버지이자, 오다 노부나가織田信長의 조부로서, 쓰시마미나토를 지배하면서 경제적 기반을 닦은 오다 가문의 실질적인 시조다.

2 **오다 노부히데**織田信秀 – 오다 노부나가의 부친으로 '오와리의 호랑이'라고 불릴 만큼 용맹했으나 세력을 확장하면서 주변의 다이묘 가문과 불화를 겪었다. 42세 때 전염병으로 스에모리성末森城에서 사망했다. 다만 사망 나이에는 이견이 있다.

3 **이코마 기쓰노**生駒吉乃 – 오다 노부나가가 가장 사랑했다는 측실로 정실 대우를 받았다는 주장도 있다. 노부타다信忠 · 노부카쓰信雄 · 도쿠히메德姬의 모친으로 알려져 있지만 이설도 존재한다.

4 **사이토 도산**斎藤道三 – 미노국美濃国의 다이묘 사이토 가문의 초대 당주. 원래는 승려 출신으로 기름 장수였는데, 미노에 왕래하면서 슈고 도키土岐 수하에 들어갔으나 나중에 주군을 추방한 전국시대 하극상의 대표적인 인물로 꼽힌다. '미노의 살모사'로 불리며 오다 노부히데와 동맹을 맺고 노부나가의 재능을 간파한 후 딸 기쵸帰蝶를 정실로 시집보냈다.

5 **가스파르 빌렐라**Gaspar Vilela – 포르투갈 출신의 예수회 선교사. 1554년에 일본에 건너가, 히젠 · 분고 · 교토 등에서 포교 활동을 했다. 1970년에 일본을 떠나 1972년에 인도 고아에서 사망했다.

6 **이마이 소큐**今井宗久 – 무로마치 막부 말기의 사카이를 대표하는 상인이자 다인茶人. 노부나가와 히데요시 등 전국시대 다이묘들과 깊은 교류를 했고, 센노 리큐 · 쓰다 소큐津田宗及와 함께 일본 다도의 3대 종장三大宗匠으로 불린다.

7 **센노 리큐**千利休 – 사카이 상인을 대표하는 인물로 일본 다도를 정립한 것으로 유명하다. 다조茶祖라고도 불리며 노부나가에 이어 히데요시의 측근으로도 활약했으나, 히데요시의 미움을 받자 자결했다. 다도를 단순히 차 마시는 행위에서 일본을 대표하는 문화로 만든 주인공이다.

8 **다케노 조오**武野紹鴎 – 전국시대 사카이에서 활동한 무기상이자 다인으로 3대 종장에게 다도를 전하는 등 영향을 미쳤다.

9 **사이토 요시타쓰**斎藤義龍 – 사이토 도산의 아들로 미노국의 다이묘가 된 후에 다카마사高政로 이름을 바꾼다. 1554년에 부친 도산이 은거하자 가독을 이어받아 이나바산성의 성주가 되었다. 자신과 불화를 겪는 동안 형제들을 살해해 분노한 사이토 도산은 아들과 전쟁을 치르다 전사했다. 이후 요시타쓰는 오다 가문과 오랫동안 대치하다 35세에 급사한다.

10 **아자이 나가마사**淺井長政 – 기타오미의 다이묘이자 아자이 가문의 4대 당주다. 오다 가문과 아사쿠라 가문의 전쟁 때 노부나가를 배신해 멸문의 화를 당했다. 그의 부인은 노부나가의 동생인 오이치お市. 특히 그의 딸들인 요도淀, 조코인常高院, 스겐인崇源院은 각각 도요토미 가문, 교고쿠京極 가문, 도쿠가와 가문과 혼인했는데, 이들은 '아자이 삼자매'로 불렸다.

11 **오이치**お市 – 오다 노부나가의 누이동생으로 오미국의 아자이 나가마사가 죽은 후에는 오다 사천왕 중의 한 명인 시바타 가쓰이에의 정실이 되었다. 혼노사의 정변 이후 시바타 가쓰이에가 대립하던 히데요시로부터 침공을 받자 남편과 함께 자결했다.

12 **이케다 가쓰마사**池田勝正 – 셋쓰이케다摂津池田 가문의 당주이자 이케다성의 성주다. 아와阿波의 슈고 다이묘 미요시三好 가문의 가신이었으며 동맹인 노부나가가 가네가사키에서 탈주하는 데 큰 공을 세웠다.

13 **구쓰기 모토쓰나**朽木元綱 – 미요시 가문과 대립하던 13대 쇼군 아시카가 요시테루足利義輝의 피난을 받아들이고, 노부나가의 가네가사키 탈주를 도와 나중에 히데요시에게도 중용되었다.

14 **핫토리 한조**服部半蔵 – 전국시대부터 에도 시대 초기까지 마쓰다이라松平 가문과 도쿠가와 가문의 가신으로 활약한 집안사람의 통칭이다. '이가 닌자'를 상징하는 핫토리服部 가문의 핫토리 야스나가服部保長를 초대 당주로 한다. 야스나가保長는 이가伊賀와 멀어져서, 미카와三河의 마쓰다이라 가문을 섬겼다. 야스나가의 장남인 핫토리 마사나리服部正成는 아버지의 통칭이였던 한조半蔵를 계승해 자신도 핫토리 한조服部半蔵라 칭했다. 일반적으로 핫토리 한조라면 2대 당주 마사나리를 가리키는데, 그는 도쿠가와 이에야스 가신으로 많은 공을 세우면서 닌자 집안 출신이지만 무사 대우를 받았다.

15 **기리가쿠레 사이조**霧隠才蔵 – 대중매체에 의해 창작된 가공의 인물로 이가 출신 닌자의 전술을 전수한 닌자로 그려진다. 오사카 전투에서 대활약하며 도쿠가와 이에야스 진영을 괴롭힌 주역으로 알려져 있다.

16 **오다 노부카쓰**織田信雄 – 오다 노부나가와 측실 이코마 기쓰노生駒吉乃 사이에 태어난 차남으로 노부나가가 죽은 후에 오다 가문의 뿌리라고 할 오와리국을 상속받았다. 실권자였던 히데요시 편에 서서 시즈카타케 전투에 참전, 시바타 가쓰이에의 편에 선 동생 노부타카를 죽이고 오다 가문의 실질적 계승자가 되었다.

17 **사카이 다다쓰구**酒井忠次 – 도쿠가와 가문의 전신인 마쓰다이라 가문의 가신 집안 출신으로 이에야스가 이마가와 가문의 인질로 슨푸에 갈 때 함께 동행했을 만큼 대를 이어 받들었던 측근이다. 도쿠가와 사천왕의 선두로 1575년의 나가시노 전투에서는 다케다 가문 진영을 야습해 큰 성공을 거둘 정도로 군사 전략에도 뛰어났다. 이에야스의 주요 전투에 대부분 참가해 공을 세웠고, 이에야스의 고모부로 인척관계였기 때문에 직언도 마다하지 않았다.

18 **야마가타 마사카게**山県昌景 – 가이甲斐 다케다 가문의 가신으로, 다케다 사천왕四天王으로도 유명하다. 다케다 군단을 대표하는 용장으로 이름을 떨쳤고 신겐의 두터운 신임을 받았다. 나가시노 전투에서 오다군과 싸우다 전사한다.

19 **오바타 노부사다**小幡信貞 – 오바타 노부자네小幡信真라고도 한다. 전국시대의 무장으로 처음에는 우에스기 노리마사를 섬기다 구니미네성(国峰城)을 빼앗기고 다케다 가문으로 돌아선다. 이후, 우에노上野 침공, 슨푸駿府 공격, 미마세고개三増峠 전투에서 큰 공을 세워 신겐의 신뢰를 얻었다. 다케다 가문이 멸망한 후에는 다키가와 가즈마스, 호조 가문, 마에다 도시이에를 차례로 섬긴다.

20 **쓰지야 마사쓰구**土屋昌次 – 가이甲斐 야마나시山梨 출신으로 다케다 신겐을 모시면서 미카타가하라 전투에서 도쿠가와군의 도리이 다다히로鳥居忠広를 죽이는 무훈을 세운다. 나가시노 전투에서 31세의 나이로 전사했다.

21 **사나다 노부쓰나**真田信綱 – 시나노信濃 출신으로 가이 다케다 가문의 신겐, 가쓰요리 2대를 섬겼다. 다케다 가문의 기마대 200기를 지휘하는 대장이었으나 나가시노 전투에서 39세의 나이로 전사했다.

22 **쓰다 노부즈미**津田信澄 – 오다 노부나가의 동생 노부유키信行의 장남으로 태어났다. 부친은 모반 사건에 연루되어 죽었으나 노부나가의 선처로 살아남았다. 이후 전투에서 많은 공을 세우고 노부나가의 측근 아케치 미쓰히데의 딸과 결혼했는데, 장인인 미쓰히데가 혼노사의 정변을 일으켜 노부나가를 죽이는 바람에 연루자로 몰려 죽임을 당했다.

23 **하시바 히데카쓰**羽柴秀勝 – 오다 노부나가의 4남으로 가신 하시바 히데요시의 양자로 들어갔다. 이후 히데요시의 세력확대를 뒤에서 지원했다. 하지만 일찍이 병을 얻어 1986년 18세라는 젊은 나이에 세상을 떴다.

24 **오다 노부유키**織田信行 – 오다 노부카쓰織田信勝로도 불리며, 아버지 노부히데信秀가 죽은 후 형 노부나가와 오와리의 지배권을 두고 다투었다. 이노稲生 전투에서 패한 후 목숨을 건졌으나, 재차 모반을 꾀하다가 측근 시바타 가쓰이에의 밀고로 노부나가에게 죽임을 당했다.

25 **사이토 다쓰오키**斎藤龍興 – 부자지간의 불화로 부친 사이토 도산을 죽인 사이토 요시타쓰斎藤義龍의 아들이자 미노국의 다이묘다. 3대에 걸쳐 이웃 오와리국의 노부나가의 침공에 시달리다가 결국 패한 후 전사했다. 이후 사이토 가문은 멸문되었다.

26 **마쓰다이라 모토야스**松平元康 – 도쿠가와 이에야스의 옛 이름으로 이에야스가 미카와 통일을 이룬 후 1566년부터 조정의 허가를 받아 원래 성인 도쿠가와로 바꾸었다.

27 **미요시 요시쓰구**三好義継 – 미요시 나가요시三好長慶의 양자로 들어가 기나이의 가와치국河内国을 지배한 다이묘다. 교토에서 추방당한 15대 쇼군 아시카가 요시아키를 비호했다가 노부나가의 분노를 사 와카에성에서 가족이 몰살당했다. 미요시 가문의 사실상 마지막 당주다.

28 **마쓰나가 히사히데**松永久秀 – 미요시 가문의 가신으로 출발해 세력을 키우면서 미요시 나가요시의 후계자로 요시쓰구를 옹립해 후견인 역할을 하며 실권을 행사했다. 난세의 효웅으로 불리며 노부나가에게 항복과 충돌을 반복하다 자식과 함께 죽임을 당했다.

29 **미요시 야스나가**三好康長 – 미요시 나가요시의 숙부로 가와치타카야성河内高屋城의 성주였다. 나중에 노부나가의 수하로 들어가 시코쿠 공략에 참가했다. 노부나가 사후에는 히데요시에게 접근해 신임을 받았다.

30 **아라키 무라시게**荒木村重 – 오다 노부나가에게 예속되어 셋쓰摂津를 지배했고, 이타미성伊丹城의 공략에 성공한 다음 아리오카성으로 개명했다. 노부나가를 배신하고 모리 가문으로 돌아섰다가 가족과 가신 수백 명이 죽는 참변을 당했다. 후에 삭발하고 출가. 혼노사의 정변 후 히데요시에게 기용되었다가 사카이에서 생을 마감했다.

불세출의 전략가
히데요시의 지정학

하층민으로 태어났으나 천하인에 오른 도요토미 히데요시는 그저 운이
좋았던 것뿐이었을까? 아니면 자기 힘으로 천하를 통일할 만큼 능력이
출중했을까?

도요토미 히데요시

다른 사람의 마음을 사로잡는 천재로 일컬어진 도요토미
히데요시. 그는 천하를 얻은 데 만족하지 못하고 세계를 바
라보던 야심가였다.

히데요시의 공성작전 ①
'돗토리성 아사작전'

사방이 절벽으로 둘러싸인 천연의 요새에 우뚝 선 돗토리성. 이곳에 히데요시가 4개월에 걸쳐 빈틈없이 포위망을 구축한다. 이로써 군량의 보급선도 끊기고 원군도 바랄 수 없는 상황에서 성안에는 굶어 죽은 사람이 산처럼 쌓이는 전국시대 최악의 공성작전이 펼쳐졌다.

전국시대의 가장 비참한 전투인
'돗토리성 아사작전'의 시작

교토에 입성한 오다 노부나가의 세력은 아시카가 쇼군 가문을 능가할 만큼 커졌다. 1576년, 당시의 쇼군 아시카가 요시아키는 노부나가에 의해 교토에서 쫓겨나 모리 영지인 빈고備後로 내려온다. 이 일을 계기로 오다 가문과 모리 가문은 전국시대 주도권을 놓고 전면적인 전쟁에 돌입한다.

노부나가에게서 모리를 공략하라는 명령을 받은 히데요시는 하리마播磨, 다지마但馬를 손에 넣고. 나아가 비젠의 우키타 나오이에宇喜多直家[1], 호키伯耆의 난조 모토쓰구南条元統[2]의 항복을 받아낸다. 그리고 이나바국因幡国. 돗토리현 동부의 야마나山名 가문의 당주 야마나 도요쿠니山名豊国[3]가 농성을 벌이던 돗토리성을 포위한다.

돗토리성은 표고 263미터의 규쇼산久松山 정상에 우뚝 선 산성으로 이나바를 통일한 야마나 가문이 축조한 성이다. 규쇼산은 화강암으로 형성된 암산으로 사방이 가파르게 경사진 천연의 요새였다. 군사력으로 밀어붙여서는 이곳 공략이 어렵다고 판단한 히데요시는 설득을 통해 항복을 받아내기로 한다. 이에 도요쿠니

군량과 원군 이동경로를 봉쇄한 아사작전

농성전의 기본 전술은 원군을 기다리는 협공 작전에 있다. 따라서 아군이 도착할 때까지 성을 지켜내려면 군량과 무기, 탄약의 확보가 무엇보다 중요하다.

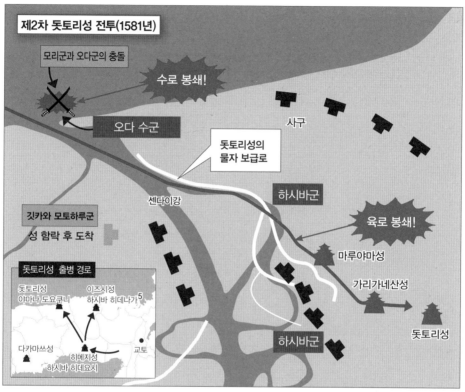

제2차 돗토리성 전투(1581년)

- 모리군과 오다군의 충돌
- 수로 봉쇄!
- 오다 수군
- 사구
- 돗토리성의 물자 보급로
- 하시바군
- 센다이강
- 육로 봉쇄!
- 깃카와 모토하루군
- 성 함락 후 도착
- 마루야마성
- 가리가네산성
- 돗토리성
- 하시바군

돗토리성 출병 경로
- 돗토리성 야마나 도요쿠니
- 이즈시성 하시바 히데나가[5]
- 다카마쓰성
- 히메지성 하시바 히데요시
- 교토

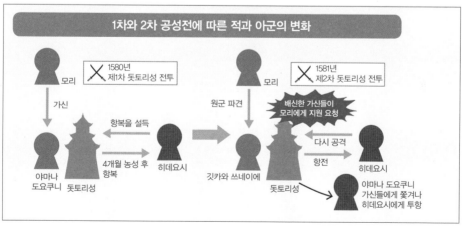

1차와 2차 공성전에 따른 적과 아군의 변화

- 모리
- 1580년 제1차 돗토리성 전투
- 가신
- 항복을 설득
- 야마나 도요쿠니 / 돗토리성
- 4개월 농성 후 항복
- 히데요시
- 모리
- 1581년 제2차 돗토리성 전투
- 원군 파견
- 배신한 가신들이 모리에게 지원 요청
- 다시 공격
- 깃카와 쓰네이에
- 항전
- 히데요시
- 돗토리성
- 야마나 도요쿠니 가신들에게 쫓겨나 히데요시에게 투항

는 히데요시의 설득에 넘어가 항복하기로 결심하지만 항전파 가신이 반란을 일으키는 바람에 성주이면서도 성에서 추방된다.

군주를 추방한 가신 그룹은 오다와 대치하던 모리에게 원군을 요청하고, 모리 가문은 깃카와 쓰네이에吉川経家⁴를 돗토리성에 파견한다. 이렇게 해서 전국시대의 전란 가운데 가장 비참한 전투라 불리는 '돗토리성 아사작전'이 시작된다.

돗토리성에 들어간 깃카와 쓰네이에는 농성전을 벌이기로 하고 모리 진영으로부터 지원받을 수 있는 군량과 병사의 수송망 확보에 나선다. 돗토리성 북쪽에 위치한 가리가네산雁金山과 그 북쪽에 있는 마루야마성丸山城에 병사를 투입해 방위망을 구축하고, 돗토리성 서쪽을 남북으로 흐르는 센다이강千代川 하구에 모리군을 주둔시킨다.

천연요새를 공략하는 비책으로
군량 보급로를 차단한 채 성을 포위

그러자 히데요시는 방위망과 천연요새를 공략하기 위한 비책으로 군량 공격을 계획한다. 때마침 농작물의 수확이 평년작을 밑돌아서 쌀의 가격이 오르는 사이, 상인을 파견해 이나바의 쌀을 있는 족족 사들인 것이다.

이때 히데요시와의 두 번째 전쟁에 대비해 비축미를 팔아 철포와 탄약을 마련하는 바람에, 돗토리 성안에는 쌀이 고작 200석밖에 남아 있지 않았다. 그런데 농성에 들어갈 당시 성안에는 기존의 야마나 세력에다 마을에 사는 농민 등 약 4,000명을 포함해 깃카와 쓰네이에가 입성하면서 데려온 병사 400명이 추가로 들어와 있었다. 상식적으로 생각하면 한 달여간의 농성도 여의치 않은 상태였다. 성 공략의 명수로 알려진 히데요시는 그러한 농성의 약점을 누구보다 잘 간파하고 대처했다.

2만 병사를 풀어 순식간에 돗토리성을 포위한 히데요시는 보급선을 차단하기 위해 여기저기 흩어져 있던 주변의 성들을 차례로 공략하며 육로를 장악한다. 동시에 센다이강 하구에 주둔한 모리군을 격파해 식량을 보급하는 해로마저 봉쇄했다. 게다가 포위망 안에 있는 마을들을 포격해 일부러 주민들이 멀리 도망칠 수 있게 했다.

외부로부터 보급을 받지 못한 채 2개월이 지난 돗토리성 내에서는 굶어 죽는 사람들이 속출했다. 가축을 모두 먹어치운 다음에는 바위산이라 잘 나지도 않는 잡초까지 서로 먹겠다고 다투었다. 심지어 죽은 사람의 인육까지 먹었다고 한다. 굶주림을 견디지 못하고 성을 탈출한 사람에게 히데요시군은 가차 없이 총격을 가했다. 그 주검에 굶주린 사람들이 달려드는 참혹한 광경이 당시의 기록에도 남아 있다.

참상을 견디지 못한 깃카와 쓰네이에는 마침내 항복하기로 결심한다. 성내 병사들을 구명하는 조건으로 자신과 도요쿠니를 추방한 가신 2명이 할복함으로써 4개월여간의 비참한 전투는 겨우 막을 내린다. 그런데 모리 원군이 돗토리성 서쪽 20킬로미터 지점에 도착한 것은 쓰네이에가 할복한 바로 다음 날이었다고 한다.

돗토리성의 성문이 개방된 후에 먼저 굶주린 사람들에게 쌀이 배급된다. 그런데 그걸 먹은 사람들이 차례로 사망하는데, 그 수가 살아남은 자의 절반에 가까웠다는 기록이 있다. 아마도 극심한 기아 상태에서 갑작스러운 영양 섭취로 인해 대사합병증에 걸린 것으로 보인다.

히데요시의 공성작전 ②
'다카마쓰성 수공작전'

늪지대에 축조해 난공불락으로 유명했던 빗추다카마쓰성 포위전. 공성에 실패해
두 번이나 철수한 히데요시는 성 주변에 제방을 쌓고 강물을 흘려보내기로 한다.
전대미문의 수공이 시작된 것이다.

모리 영지의 방어선에 지어진
난공불락의 빗추다카마쓰성

돗토리성을 함락시키는 데 성공한 히데요시의 진격은 멈출 줄을 몰랐다. 그리고 마침내 3만의 병사와 함께 모리군의 1차 방어선인 비젠과 빗추의 국경에 도착한다. 이 지역에는 모리 영지에 침공하는 군대를 막기 위해 지역 호족이 다스리는 일곱 개의 성이 있었다. 빗추다카마쓰성備中高松城을 주성으로 미야지산성宮地山城, 간무리산성冠山城, 가모성加茂城, 히바타성日幡城, 니와세성庭瀬城, 마쓰시마성松島城이 그 성들이다. 이 일곱 개의 성들은 히데요시의 공격에 대비해 나름대로 전쟁 준비에 만전을 기하고 있었다.

1582년 4월, 류오산竜王山에 본거지를 둔 히데요시는 일곱 개 성 가운데, 먼저 북쪽에 위치한 미야지산성, 간무리산성을 공격해 압도적인 군세로 이들을 함락시킨다. 이어서 빗추다카마쓰성의 남쪽에 위치한 가모성과 히바타성도 책략을 써서 무력화시킨다. 이렇게 지성을 차례로 함락시킨 히데요시는 주성인 빗추다카마쓰성을 향해 총공격을 개시한다.

성을 지켜주던 '물'로 공격한 구로다의 기책

공성전을 벌일 때는 성의 형태에 따라 여러 가지 전략과 전술이 동원된다. 성문을 개방하는 책략, 성을 포위하는 포위전, 성에다 불을 지르는 화공전, 땅굴을 파는 방법 등이 있다.

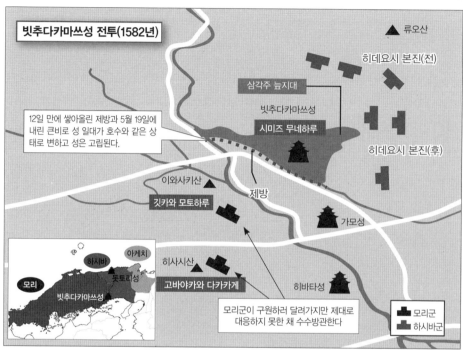

빗추다카마쓰성 전투(1582년)

류오산

히데요시 본진(전)

삼각주 늪지대

빗추다카마쓰성
시미즈 무네하루

히데요시 본진(후)

12일 만에 쌓아올린 제방과 5월 19일에 내린 큰비로 성 일대가 호수와 같은 상태로 변하고 성은 고립된다.

이와사키산

깃카와 모토하루

제방

가모성

아케치
하시바
모리

돗토리성
빗추다카마쓰성

히사시산

고바야카와 다카카게

히바타성

모리군이 구원하러 달려가지만 제대로 대응하지 못한 채 수수방관한다

모리군
하시바군

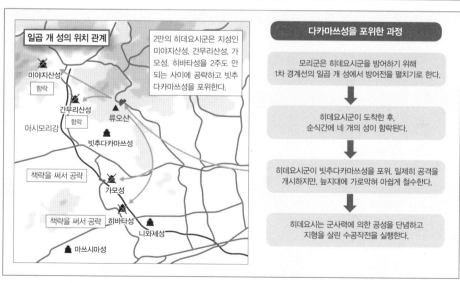

일곱 개 성의 위치 관계

2만의 히데요시군은 지성인 미야지산성, 간무리산성, 가모성, 히바타성을 2주도 안 되는 사이에 공략하고 빗추다카마쓰성을 포위한다.

미야지산성
함락

간무리산성
함락

류오산

아시모리강

빗추다카마쓰성

책략을 써서 공략

가모성

책략을 써서 공략 히바타성

니와세성

마쓰시마성

다카마쓰성을 포위한 과정

모리군은 히데요시군을 방어하기 위해 1차 경계선의 일곱 개 성에서 방어전을 펼치기로 한다.

히데요시군이 도착한 후, 순식간에 네 개의 성이 함락된다.

히데요시군이 빗추다카마쓰성을 포위. 일제히 공격을 개시하지만, 늪지대에 가로막혀 아쉽게 철수한다.

히데요시는 군사력에 의한 공성을 단념하고 지형을 살린 수공작전을 실행한다.

낮은 언덕에 지어진 빗추다카마쓰성은 동·서·남의 세 방향이 늪지대에 둘러싸인 전형적인 평성으로, 북쪽에는 표고 280미터의 류오산이 우뚝 서 있고, 서쪽에는 아시모리강足守川이 흐르는 등 지형상의 이점을 살린, 방어력이 견고한 성이었다.

히데요시군이 일제히 공격에 나서지만 성주 시미즈 무네하루淸水宗治[6]가 이끄는 병사의 사기가 그 어느 때보다 높아서 공략하기가 쉽지 않은 상황이었다. 게다가 히데요시군의 병사와 말이 늪지대에 발이 묶이기라도 한 양 움직임도 평소 같지 않아 공격할 때도 애를 먹는다. 결국, 1차 공격에서 열세를 면치 못한 히데요시군은 철수하는 수밖에 없었다. 다음 날에도 전날과 마찬가지로 총공격을 감행하지만, 다시 한 발짝도 앞으로 나아가지 못하고 허무하게 철수한다. 군사력만으로 밀어붙여서는 공략하기 어렵다고 판단한 히데요시는 구로다 간베에黒田官兵衛[7]의 진언에 따라 제방을 지어 성 자체를 수몰시킨다는 전대미문의 책략 '다카마쓰성 수공'을 감행하기로 한다.

길이 3킬로미터의 제방을 쌓아
성의 주변을 호수로 만든 수공작전

먼저 서쪽에 흐르는 아시모리강에 둑을 쌓아 성의 남서쪽을 에워싸듯이 제방을 만들었다. 불과 12일 만에 완성한 제방은 전장 3킬로미터, 높이 8미터에 달하는 엄청난 것이었다고 한다.

이에 따라 빗추다카마쓰성을 지켜주던 습지대는, 남서쪽은 방파제, 북쪽은 류오산, 동쪽은 표고 180미터의 야산들에 둘러싸이게 되었다. 수공작전은 1582년 5월 19일 결행되었다. 때마침 내린 큰비로 불어난 아시모리강의 물이 습지대로 흘러들어가자 성 주변은 즉시 호수로 바뀌었다. 그리고 순식간에 성안으로도 강물이 흘러들어갔다. 빗추다카마쓰성은 본성의 성곽과 두 번째 성곽, 세 번째 성곽이 겹으로 축조된, 전형적인 평성 형태의 방어용 성곽으로 둘러싸인 성이었는데, 수공으로 물이 들어찬 후에는 성곽마다 배를 띄워 연락을 취했다고 한다.

5월 21일에는 빗추다카마쓰성을 구원하기 위해 출진한 깃카와 모토하루 군대, 고바야카와 다카카케 군대가 아시모리강을 사이에 둔 이와사키산岩崎山과 히사시산日差山에 포진한다. 모리의 지원군이 아시모리강에 쌓아올린 둑과 제방을 파괴하려고 했으나 요소요소에 배치된 히데요시군에 가로막혀 번번이 실패한다. 빗추다카마쓰성을 코앞에 두고도 아무것도 하지 못해 발만 동동 구르는 모리군에게, 엎친 데 덮친 격으로 불길한 소식이 전해진다. "오다 노부나가가 직접 대군을 이끌고 출정했다"라는 청천벽력 같은 내용이었다. 히데요시가 수공을 감행하기로 결단을 내리고 미리 노부나가에게 원군을 요청해두었던 것이다.

모리군은 하는 수 없이 강화를 맺기 위해 히데요시에게 사자를 보낸다. 모리군의 강화조건은 주고쿠 5개국 빗추 · 빈고 · 미마사카 · 호키 · 이즈모를 양도하는 것이었으나, 빗추다카마쓰성의 성주 시미즈 무네하루의 할복을 고집하던 히데요시는 이 제안을 거부한다. 이로 인해 양 진영의 협상은 결렬된다.

하지만 이때, 히데요시에게 혼노사의 정변이 발발했다는 급작스러운 전갈이 날아든다. 노부나가의 죽음이 모리군에게 알려질까 봐 두려웠던 히데요시는 "3일 안에 화평을 맺으면 영토를 양보한다. 시미즈 무네하루의 목과 교환하는 조건으로 성에 있는 병사들은 살려준다"라는 조건을 제시한다.

이 같은 화평조건을 전해 듣고 무네하루는 작은 배 한 척과 술, 안주를 요구한다. 그리고 연회를 열어 가신과 작별을 고한 후 작은 배를 타고 히데요시 진영까지 가서 할복했다고 한다.

주고쿠~야마자키까지,
200km를 일주일에 주파

가신 미쓰히데의 배신으로 혼노사에서 노부나가가 자결한 이야기는 너무나도 유명하다. 천하의 주인을 가리는 분기점이 된 야마자키 전투에서는 히데요시의 선견지명이 돋보였다. 2만 명의 병사를 이끌고 200킬로미터를 일주일 만에 돌파하는 괴력을 과시했다.

모리 가문과 서둘러 화평을 맺은 다음,
2만의 군대를 이끌고 교토로 향했다

1582년 6월 2일, 노부나가가 혼노사에서 미쓰히데의 모반으로 허무하게 세상을 떠난다. 전란의 세상에서 통일이라는 새로운 시대로 나아가려는 사이, 유력한 다이묘들 중에서도 지금이 승기를 잡을 타이밍임을 알아본 무장이 딱 한 명 있었다. 바로 훗날 천하인이 된 도요토미 히데요시다.

수많은 오다 가신단 가운데 가장 유력한 후계자 후보였던 시바타 가쓰이에는 엣추에서 우에스기군을 공략하느라 바빠 꼼짝도 하지 못하는 상황이었다. 다키가와 가즈마스瀧川一益[8]도 고즈케上野에서 호조군과 교전 중이었다. 교토 근방에는 니와 나가히데丹羽長秀[9]와 오다 노부타카가 있었으나 노부나가의 사망 소식을 듣고 병사들이 잇달아 도망치는 바람에 군대 편성에 애를 먹었다. 주요 가신들 중 이러한 상황에서 가장 정확한 판단을 내리고 가장 빠르게 움직여서 큰 공훈을 세운 주인공이 바로 히데요시다.

히데요시는 모리 가문이 지배하는 주고쿠 지방의 빗추다카마쓰성을 공략하기

왜 미쓰히데는 히데요시에게 승리하지 못했을까?

모리군과 전투를 벌이는 사이에 노부나가의 부음을 전해 들은 히데요시는 오로지 반역자를 토벌하겠다는 일념으로
주고쿠 지방에서 교토까지 한달음에 달려간다.

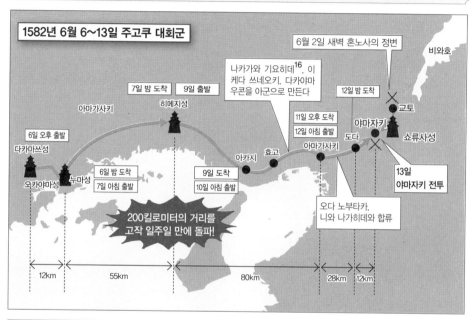

1582년 6월 6∼13일 주고쿠 대회군

6월 2일 새벽 혼노사의 정변

비와호

나카가와 기요히데[16], 이케다 쓰네오키, 다카야마 우콘을 아군으로 만든다

7일 밤 도착   9일 출발

12일 밤 도착

교토

아마가사키

히메지성

11일 오후 도착
12일 아침 출발

야마자키

6일 오후 출발

아마가사키

쇼류사성

다카마쓰성

도다

6일 밤 도착
7일 아침 출발

9일 도착
10일 아침 출발

아카시   효고

오카야마성   누마성

**13일
야마자키 전투**

**200킬로미터의 거리를
고작 일주일 만에 돌파!**

오다 노부타카,
니와 나가히데와 합류

12km   55km   80km   28km   12km

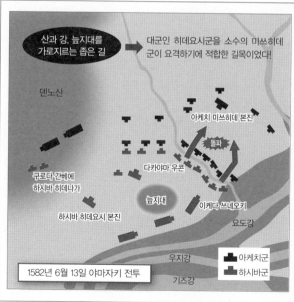

**산과 강, 늪지대를
가로지르는 좁은 길**

대군인 히데요시군을 소수의 미쓰히데
군이 요격하기에 적합한 길목이었다!

덴노산

아케치 미쓰히데 본진

돌파

다카야마 우콘

쿠로다 간베에
하시바 히데나가

늪지대

하시바 히데요시 본진

이케다 쓰네오키

하시바 히데요시 본진

요도강

🏯 아케치군
🏯 하시바군

1582년 6월 13일 야마자키 전투

우지강   기즈강

히데요시군과 미쓰히데군은
실제 덴노산에서 싸우지 않았다?

야마자키 전투는 히데요시군에 소속
된 나카가와 기요히데 부대가 다카
야마 우콘 부대 옆에 진을 치기 위해
덴노산 기슭으로 이동한 것이 계기
가 되었다. 이 두 부대를 미쓰히데군
이 급습하지만 원군의 도움을 받아
격퇴에 성공한다.

이것이 언젠가부터 히데요시군과 미
쓰히데군의 전투의 승패를 결정지었
다고 알려지며 덴노산 전투라고 불
리게 된다. 하지만 실제로 덴노산 탈
환은 전쟁의 판도에 영향을 미치지
도 않았고, 양군 사이에 쟁탈전이 있
었다는 사료도 남아 있지 않다.

위해 수공작전을 펼치며 적군을 압박하는 중이었다. 6월 3일 밤에 노부나가의 소식을 접한 히데요시는 급하게 철군 결정을 내리고 행동에 나선다. 이튿날 모리 가문과 서둘러 화평을 맺은 다음, 6월 6일에는 다카마쓰성의 포위를 풀고 2만의 군대를 이끌고 교토로 향했다. 그렇게 교토까지 200킬로미터를 약 일주일 만에 돌파하는 강행군을 펼쳤는데, 이것이 일본 역사에서도 유례를 찾기 어려운 '주고쿠 대회군'이다. 당시에는 상상할 수 없는 통솔력으로 200킬로미터라는 지리적 악조건을 뒤집어버린 히데요시. 그의 빠른 결단과 실행은 적의 허를 찌르고 전쟁에서 우위를 확립하는 데 결정적인 요소로 작용했다.

한편, 미쓰히데는 예상외로 빠른 히데요시의 회군 소식을 접하자마자, 모든 장수에게 서한을 보내 원군을 요청한다. 하지만 원군을 보내주겠다는 무장은 거의 없었다. 사돈 관계였던 호소카와 후지타카細川藤孝[10]와 다다오키忠興[11] 부자도, 친밀한 사이였던 쓰쓰이 준케이筒井順慶[12]도 적극적으로 협력하기를 거부했다. 이에 비해 회군 중인 히데요시는 노부나가가 아직 살아 있다고 소문을 내서 장수들을 교토로 불러모았고, 이에 응한 용맹한 무장들이 히데요시군과 합류하기 위해 일제히 달려오기 시작했다.

주고쿠 대회군과 야마자키에서의 승리로
히데요시는 천하인에 한 발 더 다가섰다

그 결과, 히데요시 쪽의 병사는 4만 명으로 미쓰히데 쪽의 1만 6,000명을 크게 뛰어넘었다. 병력의 압도적 차이와 열세가 명확해지자 미쓰히데는 회군하는 히데요시군을 요격하는 장소를 야마자키山崎로 정하고 군대를 이동시켰다. 그곳은 덴노산天王山과 요도강淀川 사이에 있는 좁고 험한 길로, 상대적으로 소규모 병력이 대군과 싸울 수 있는 방위 거점으로는 최적이라고 할 수 있었다. 전국시대 최고의 전략가로 꼽힐 정도로 두뇌가 명석했던 미쓰히데는 병력의 열세를 지형상의 이점으로 보완하려고 했던 것이다.

강과 산, 늪지대와 습지로 둘러싸여 폭이 200미터도 채 되지 않는 야마자키에 포진해 장방형으로 길게 줄지어 진군하는 히데요시군을 순차적으로 격파하겠다는 작전이었다. 지리적 여건으로 인해 대군이라도 진격하는 병력에 제한을 둘 수밖에 없으니 참으로 미쓰히데다운 전술이라고 할 수 있었다. 그런데 이를 꿰뚫어보기라도 한 듯이 히데요시군은 전날 밤에 야마자키의 주요 거점을 점거하고 일찌감치 최전선에 포진했다. 대군의 이점을 살리기 위해 야마자키로 통하는 좁은 길을 서둘러 빠져나와 전열을 정비한 것이다. 히데요시 본대는 오다 노부타카의 군대와 함께 야마자키산의 기슭에 주둔했고, 덴노산의 요지에는 구로다 간베에군이 주둔했다. 미쓰히데군의 정면에는 무장 다카야마 우콘高山右近[13]을 배치하고, 나아가 기즈강 부근에는 이케다 쓰네오키池田恒興[14]군이 진을 쳤다. 히데요시는 미쓰히데군을 공략할 진영을 빈틈없이 세우고 전투에 임할 준비를 마쳤다.

전쟁의 막이 오른 것은 13일 오후 4시가 지나서였다. 그 후, 1시간여 동안 일진일퇴의 공방전이 계속되었는데, 가와테 요시노리川手良則[15] 측에 배치된 이케다 쓰네오키군이 은밀하게 강을 건너 기습공격을 감행했다. 그것이 미쓰히데 본대의 측면을 찌르는 모양새가 되었고, 전쟁의 판도가 단숨에 바뀌었다. 이에 미쓰히데군은 급작스럽게 붕괴되고 미쓰히데 자신도 전선을 이탈해서 도망친다.

상상을 뛰어넘는 히데요시군의 진군 속도와 주변 다이묘를 포섭한 막강한 전력이 미쓰히데의 지략을 능가하는 형태로 승부를 결정지었던 것이다. 그야말로 200킬로미터를 약 일주일만에 돌파한 주고쿠 대회군이 안겨준 승전고라고 할 수 있겠다. 야마자키 전투의 승리로 히데요시는 천하인에 가장 가까이 다가섰고, 주군 노부나가를 죽인 미쓰히데의 천하는 고작 12일 만에 막을 내리고 말았다. 히데요시의 대군을 지휘하는 통솔력과 교토로 회군하는 도중에 맹장들을 자기편으로 끌어들인 포용력이 결정적으로 미쓰히데의 운명을 갈랐다.

노부나가의 후계자 전쟁, 히데요시와 이에야스 격돌

전국시대 말기에 천하인의 야망을 품은 히데요시와 이에야스. 두 영웅이 이끄는 양대 진영의 승패를 가른 최고의 전환점이라고 하면 고마키·나가쿠테 전투를 들 수 있다. 노부나가가 죽고 오다 가문이 연루된 대전투의 결과는 뜻밖의 방향으로 전개된다.

차남 노부카쓰는 이에야스와 동맹을 맺고
히데요시와 결사 항전을 벌이기로 결정

노부나가가 죽은 후, 히데요시와 이에야스의 양대 진영 사이에 세력 다툼이 본격화된다. 그리고 두 세력과 깊숙이 연계된 것이 오다 일족이다.

노부나가의 차남 노부카쓰는 부친의 후계자가 되겠다는 의사를 분명히 밝힌다. 하지만 히데요시는 노부나가의 아들들을 주군으로 세울 마음이 없었다. 그래서 6월 27일에 노부나가의 옛 본거지였던 오와리의 기요스성淸洲城에서 '기요스 회의'가 열리자 본인의 주도하에 오다 가문의 영지를 마음대로 배분해 노부카쓰를 아즈치성에서 쫓아낸다. 화가 머리끝까지 난 노부카쓰는 이에야스와 동맹을 맺고 히데요시와 결사 항전을 벌이기로 마음먹는다. 그리고 히데요시 편으로 돌아선 가신 3명을 처형한다.

그러자 이번에는 히데요시가 화를 내며 노부카쓰를 토벌하겠다고 결의한다. 한편, 히데요시가 강대해지기를 바라지 않던 이에야스는 노부카쓰라는 대의명분을 손에 넣고 조용히 반히데요시 포위망을 구축해간다. 전국시대의 주도권 싸움에서

고마키·나가쿠테 전투의 정세와 양군의 포진

히데요시군 10만 명에 이에야스 군 3만 명. 히데요시 쪽이 3배나 되는 병력을 보유해 승리는 결정된 것처럼 보였다. 그런데 이에야스에게 허를 찔린 히데요시가 대패하며 두 영웅의 공방전은 의외의 결과로 마무리된다.

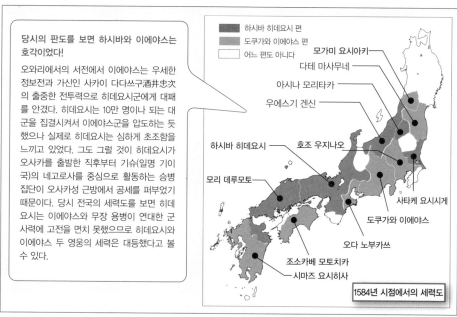

당시의 판도를 보면 하시바와 이에야스는 호각이었다!

오와리에서의 서전에서 이에야스는 우세한 정보전과 가신인 사카이 다다쓰구酒井忠次의 출중한 전투력으로 히데요시군에게 대패를 안겼다. 히데요시는 10만 명이나 되는 대군을 집결시켜서 이에야스군을 압도하는 듯했으나 실제로 히데요시는 심하게 초조함을 느끼고 있었다. 그도 그럴 것이 히데요시가 오사카를 출발한 직후부터 기슈(일명 기이국)의 네고로사를 중심으로 활동하는 승병 집단이 오사카성 근방에서 공세를 퍼부었기 때문이다. 당시 전국의 세력도를 보면 히데요시는 이에야스와 무장 용병이 연대한 군사력에 고전을 면치 못했으므로 히데요시와 이에야스 두 영웅의 세력은 대등했다고 볼 수 있다.

1584년 시점에서의 세력도

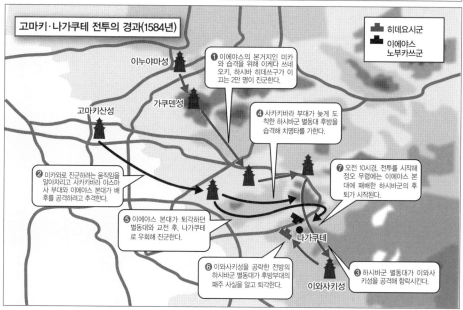

고마키·나가쿠테 전투의 경과(1584년)

는 상인과 승려 중심의 용병 집단, 시코쿠의 조소카베 모토치카, 호쿠리쿠의 삿사 나리마사佐々成政[17], 간토의 호조 가문이 이에야스에 호응한다. 하지만 이에야스가 자기편으로 오산한 이가 있었으니 바로 오다 가문의 실력자였던 이케다 쓰네오키였다.

애당초 노부카쓰 · 이에야스 편에 설 것이라고 생각했으나 사위인 모리 나가요시森長可[18]와 함께 히데요시 편으로 돌아섰다. 이 이반으로 많은 미노의 용병들이 쓰네오키를 따르면서 노부카쓰와 이에야스 진영은 일찍이 전력을 크게 상실한다. 병력 면에서 보자면 히데요시군이 10만 명에 도쿠가와군은 3만 명으로 히데요시 쪽이 절대적으로 유리한 상황이었다. 따라서 히데요시 쪽은 설마 자신들이 패배하리라고는 추호도 생각하지 않았다.

쓰네오키가 노부카쓰의 영지인 오와리의 이누야마성犬山城을 함락시키면서 대격전의 막이 오른다. 이에야스군은 먼저 전망이 좋은 고마키산으로 이동해 전략적 요충지를 발 빠르게 확보한다. 이곳은 과거에 노부나가가 거성을 지었던 장소로 적을 방어하고 공격하는 데 유리한 거점이었다. 양측이 잠시 교착 상태를 유지하다가 먼저 병력을 움직인 것은 기다리다 지친 히데요시군이었다.

이에야스의 절묘한 정보전에 당한
히데요시가 노부카쓰를 포섭해 대역전

히데요시는 별동대를 편성해 고마키산성小牧山城에 거의 전군을 보내 방비가 허술해진 이에야스의 본거지 미카와三河. 아이치현을 점령하기 위해 기습공격을 계획한다. 곧바로 별동대 2만 명을 편성하고 고마키산성에 도착한 이에야스군의 배후를 공격하는 기습작전이 발동된다. 하시바 히데쓰구羽柴秀次[19]가 총대장이 된, 본대 최대의 격전이 되는 나가쿠테長久手 전투가 시작된 것이다.

그런데 이에야스는 이가伊賀, 미에현 출신의 첩자를 통해 히데요시군의 동향을 정확히 파악하고 있었다. 이에야스는 즉시 대응에 나서 고마키산의 본진에는 약간의 병사만을 남겨놓고 본인과 노부오를 포함한 주력부대와 사카키바라 야스마사榊原康政[20] 부대 대부분을 추격대로 돌려서 히데쓰구군의 배후를 노린다. 그 결과, 먼저 미카와로 출진한 히데쓰구군의 후방이 이에야스군에게 급습당해 전멸하고, 이케다와 모리 부대마저 계속 진군한 노부카쓰·이에야스군에게 괴멸되었다.

압도적인 병력에도 이에야스의 주도면밀한 정보망에 노출되어 히데요시군은 대패한다. 병력의 열세에도 이에야스가 승리한 요인으로는 전적으로 히데요시군의 전략과 움직임을 먼저 파악한 정보전의 우세였다고 지적할 수 있다.

게다가 한밤중에도 종횡무진 기습작전을 펼칠 수 있을 정도로 자신의 영지에 대한 사정에 밝아서 이에야스가 히데요시군의 움직임을 미리 읽고 선수를 치는 방식으로 공략해 대승을 거둔 것이다.

그런데 두 영웅의 싸움은 이걸로 끝이 아니다. 1차전이라고 할 만한 실전에서 이긴 이에야스에게 히데요시는 벌써 천하가 자신의 손안에 있다는 듯이 천재 전략가의 수완을 발휘한다. 총대장 역할을 한 노부카쓰에게 단독으로 강화를 제안해 그를 자신의 품 안으로 거두어들인 것이다.

이로써 이에야스가 만든 히데요시 포위망은 순식간에 무너지고, 노부카쓰를 껴안은 히데요시는 천하통일을 향해 크게 한 발 내딛는다. 히데요시는 '져도 이긴다'라는 전략으로 정적에게 천하인으로서의 그릇을 과시한 셈이다.

히데요시의 시코쿠 평정,
천하통일에 다가서다

교토를 중심으로 이전 오다 정권의 권력을 수중에 넣은 히데요시에게 시코쿠 평정은 피할 수 없는 일이었다. 원래 시코쿠의 패자 조소카베 모토치카는 주군인 노부나가의 숙적이기도 해서 천하인이 되기 전에 반드시 공략해야 할 상대였던 것이다.

시코쿠의 조소카베 모토치카를 불신한
히데요시가 정벌을 위한 총공세 펼쳐

도사土佐, 고치현의 오코성岡豊城에 거점을 두고 있던 조소카베 가문은 가마쿠라 시대부터 막부의 토지관리인으로 활약해왔다. 그러다 모토치카 대에 와서 단숨에 약진하며 세력을 넓혀 시코쿠 평정을 목전에 두고 있었다. 같은 시기에 천하포무의 기치를 내걸고 영토를 확장하며 모토치카의 영지를 호시탐탐 노리던 노부나가는 혼노사의 정변으로 허무하게 세상을 떠난다. 덕분에 모토치카는 가까스로 위기를 모면한다.

그 후, 중앙에서 오다 정권의 권력을 장악한 히데요시는 오사카성에서 가까운 시코쿠를 직접 지배하려고 호시탐탐 노리고 있었다. 거기에는 몇 가지 이유가 있었다.

먼저 모토치카의 정실은 미쓰히데와 가까운 사이였던 사이토 도시카타斎藤利賢[21]의 의붓딸이었다. 사이토 도시카타의 아들인 사이토 도시미쓰斎藤利三[22]는 미쓰히데의 가신이었다. 말하자면 모토치카의 정실은 도시미쓰의 의붓동생이었던 것이

조소카베의 시코쿠를 세 방향에서 총공세

히데요시는 아우인 하시바 히데나가를 총대장으로 임명하고, 모리군을 포함해 총 11만의 대군을 이끌고 시코쿠로 건너가 이치노미야성에서 격전을 치르고 승리했다.

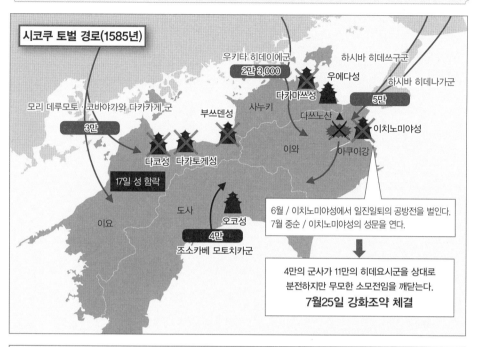

시코쿠 토벌 경로(1585년)

우키타 히데이에군
2만 3,000

하시바 히데쓰구군

우에다성

하시바 히데나가군

다카마쓰성
5만

모리 데루모토 · 코바야가와 다카카게 군
3만

부쓰덴성

사누키

다쓰노산

이치노미야성

이와

아쿠이강

다코성 다카토게성

17일 성 함락

도사

오코성
4만
조소카베 모토치카군

이요

6월 / 이치노미야성에서 일진일퇴의 공방전을 벌인다.
7월 중순 / 이치노미야성의 성문을 연다.

4만의 군사가 11만의 히데요시군을 상대로
분전하지만 무모한 소모전임을 깨닫는다.
7월25일 강화조약 체결

모토치카, 시코쿠 통일의 여정!

1560년, 모토치카는 부친을 따라 출진한 나가하마 전투에서 단숨에 무장으로 이름을 드높인다. 1563년에는 사이토 가문, 1568년에는 모토야마本山 가문, 1569년에는 아키 가문, 1571년에는 도사 이치조 가문의 가신이었던 쓰노시津野 가문을 각각 멸망시키고 세력을 확장한다. 1574년에는 이치조 가문의 당주 이치조 가네사디[29]를 추방하며 도사를 대부분 제압한다. 이후 아와를 침공하고, 나카토미강中富川 전투에서 숙적 소고 마사야스[30]를 격파하면서 아산阿讃의 패권을 장악한다. 1585년에는 이요를 제압, 이요 서부에 잔존 세력이 남아 있었지만 시코쿠 전역을 대부분 통일하는 데 성공한다.

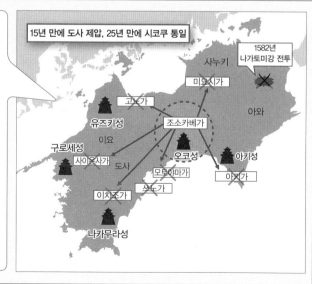

15년 만에 도사 제압, 25년 만에 시코쿠 통일

사누키

**1582년
나가토미강 전투**

미요시가

고토가

아와

유즈키성

조소카베가

구로세성

이요

사이온지가

오코성

아키성

도사

이기가

모토야마가

쓰노가

이치조가

나카무라성

다. 전국시대의 분위기를 감안할 때 옛 주군이었던 노부나가를 배신한 장본인과 관계가 있는 집안을 히데요시가 고운 시선으로 볼 리가 없었다.

더군다나 시즈가타케賤ヶ岳 전투와 고마키 전투에서는 히데요시의 세력 확대에 방해가 되는 적대 세력과 손잡았고, 더 거슬러 올라가면 노부나가의 맹장 시바타 가쓰이에와 도쿠가와 이에야스와 손잡고 시코쿠의 패자가 된 적도 있었다. 이런 이유로 히데요시는 모토치카가 자신이 천하의 주인이 되는 데 방해가 되리라고 생각했다.

1585년 6월, 히데요시는 모토치카를 정벌하기 위해 동생 하시바 히데나가를 총 대장으로 임명했다. 그리고 주고쿠의 모리군을 포함 총 11만 명에 이르는 대군을 이끌고 시코쿠로 건너간다. 7월 17일, 모리군은 동이요東伊予, 에히메현에서 가네코 모토이에金元宅[23]가 지키는 다코성高尾城, 모토하루金子春[24]가 지키는 가네코성金子 城을 공략한다. 기세를 몰아 이요 북부를 침공해 모토치카가 포진한 하쿠치성白地 城과 가까운 부쓰덴성仏殿城까지 밀고 들어간다. 사누키에 상륙한 우키타 히데이 에宇喜多秀家[25] 군대는 우에다성植田城을 공격하지만 함락시키지 못하고 그대로 아 와의 히데나가군과 합류한다.

하지만 아와의 각 성들은 수비가 견고해 좀처럼 함락되지 않았다. 조바심이 난 히데요시는 직접 출진하려고 하지만 히데나가가 이를 만류한다. 그러곤 조카인 히데쓰구와 함께 난공불락으로 명성이 자자하던 이치노미야성一宮城을 공략하기 로 결정한다.

히데나가의 수로 차단과 군량 공격에
이치노미야성은 성문을 열고 항복

이치노미야성은 전방에 흐르는 아쿠이강鮎喰川이 천연 해자로서 적의 세력을 가로막아주고 있었다. 또한, 표고 144미터의 산 정상에 지어진 본성을 에워싸듯이 서 있는 험준한 산들이 후방을 든든히 막아주는 천연의 요새였다. 지형을 최대한으로 살린 정교하면서도 견고한 구조의 이 대규모 산성은 난공불락의 산성으로 이름을 떨쳤다. 이제 시코쿠를 방어하는 최전선의 이치노미야성은 히데요시군과 모토치카군의 최대 격전지가 된다.

5만 명의 군대를 이끌던 히데나가는 이치노미야성이 내려다보이는 다쓰노산辰ノ山에 본진을 두고 아쿠이강 맞은편에서 농성을 벌이는 적병 5,000명과 대치한다. 성의 정면에는 마시타 나가모리增田長盛[26], 하치스카 마사카쓰蜂須賀正勝[27]를 위시한 주력 부대, 산의 오른쪽에는 도도 다카토라藤堂高虎[28] 부대가 진을 치고 이치노미야성을 빈틈없이 포위했다. 하지만 대군의 공세에도 모토치카군은 필사적으로 방어에 나서 전투는 일진일퇴를 거듭하는 지구전 양상이 되었다.

그러자 히데나가는 성내로 연결된 수로를 차단한다. 동시에 주특기인 군량 공격, 즉 보급을 끊어버린다. 그 결과, 이치노미야성에서 농성하던 병사들은 생명줄을 잃고 항복하지 않을 수 없었다. 대자연의 보호를 받던 천혜의 요새도 히데나가의 절묘한 전술 앞에서 싸울 힘과 의지를 잃은 채 성문을 개방한 것이다.

한편, 모토치카 본진의 중요 거점인 와키성脇城, 이와쿠라성岩倉城도 히데쓰구의 치열한 공격에 고전을 면치 못했다. 시간이 지날수록 자신에게 불리하게 전개되는 전세를 지켜보던 모토치카는 이대로 국지전을 계속하는 것은 무모하다고 판단하고, 성문을 열어 히데나가와 강화조약을 맺는다. 7월 25일에 화의가 성립하자, 한 달여에 걸친 양군의 치열한 공방전도 종지부를 찍는다.

히데요시는 시코쿠를 평정한 후 모토치카에게는 도사국의 소유권을 인정해주고, 시코쿠 공격에 공을 세운 무장들에게 아와와 이요, 사누키를 골고루 나눠주었다. 항복한 모토치카는 도요토미의 무장이 되어 각 성의 토목공사에 참여하고 군역을 제공하는 등 헌신적으로 그를 섬겼다.

시마즈 가문을 정벌하고
규슈마저 손에 넣다

시코쿠를 손에 넣은 히데요시의 다음 목표는 규슈 평정이었다. 하지만 그곳은 삼국의 전국 다이묘가 할거하고 있는 땅이었다. 25만 명이라는 대군을 이끌고 규슈로 쳐들어간 히데요시 본군은 채 반년도 되지 않아 시마즈와의 결전에 종지부를 찍는다.

시마즈, 오토모, 류조지 3대 가문의
세력 다툼이 치열했던 '규슈 삼국지'

전국시대는 일본 전토가 전란에 휘말린 역사의 전환기였다. 규슈도 심한 대립이 빈번히 일어나는 전국시대의 축소판이나 다름없었다. 사쓰마薩摩, 가고시마현의 시마즈 가문, 부젠豊前, 후쿠오카현의 오토모 가문, 히젠肥前, 사가현의 류조지龍造寺 가문의 세 다이묘가 패권을 놓고 싸워 '규슈 삼국지九州三国志'라 불리며 지략과 전술을 겨루었다.

1570년대 전반이 되면 규슈의 패권을 두고 다투는 삼파전은 더욱 치열해진다. 주고쿠 지방의 모리 가문이 규슈 북부에 본격적으로 진출한 탓이다.

그사이, 1578년 미미강耳川 전투에서 시마즈 요시히사가 오토모 세력을 제압해 당주 오토모 소린을 망연자실하게 만든다. 이후, '귀신 시마즈鬼島津'라고 불리는 시마즈군의 기세는 멈출 줄을 몰라서 1584년 오키타나와테沖田畷 전투에서는 숙적 류조지 다카노부를 토벌하고 규슈 평정을 목전에 둔다.

오토모 가문은 시마즈 가문의 규슈 제패를 막기 위해 당시 긴키, 시코쿠, 주고

25만 대군을 이끌고 규슈를 침공한 도요토미 히데요시

헤쓰기강 전투에서는 센고쿠 히데히사가 대패하고 철수한다. 이에 격노한 히데요시와 아우 히데나가가 25만 대군을 이끌고 각각 규슈로 진격해 시마즈군의 거점을 차례로 함락시킨다.

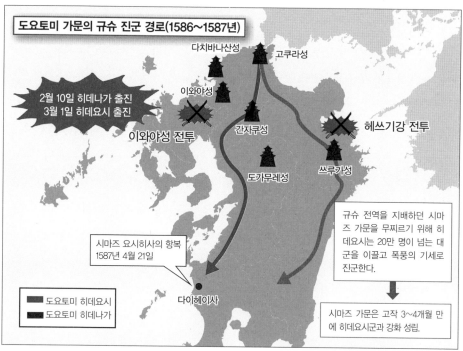

도요토미 가문의 규슈 진군 경로(1586~1587년)

다치바나산성
고쿠라성
2월 10일 히데나가 출진
3월 1일 히데요시 출진
이와야성
이와야성 전투
간자쿠성
헤쓰기강 전투
도가무레성
쓰루가성

시마즈 요시히사의 항복
1587년 4월 21일

다이헤이사

■ 도요토미 히데요시
■ 도요토미 히데나가

규슈 전역을 지배하던 시마즈 가문을 무찌르기 위해 히데요시는 20만 명이 넘는 대군을 이끌고 폭풍의 기세로 진군한다.

시마즈 가문은 고작 3~4개월 만에 히데요시군과 강화 성립.

혼슈와 규슈의 분쟁 지대

도요토미가

대립

시마즈가

도요토미와 시마즈 가문의 격돌은 피할 수 없었다!

도요토미 히데요시가 공격하지 않았더라면 규슈의 지배자가 되었을 시마즈 가문. 하지만 히데요시의 입장에서 보자면 적지에서의 전투인 만큼 전쟁의 판세가 불리해질 가능성도 있었다. 하지만 엄청난 병력과 두 편으로 나눠 공격해 들어가는 전술 등 전략에서 히데요시가 시마즈 가문을 압도했다.

또한, 지정학적인 관점에서 보자면 히데요시가 다스리던 혼슈·시코쿠와 시마즈가 다스리던 규슈는 말하자면 패권을 다투는 분쟁 지대였다. 즉, 오우치 가문이 히데요시에게 도움을 청하지 않아도 언젠가는 격돌했을 것이다.

쿠를 평정해 천하인에 다가간 히데요시에게 도움을 청한다. 1585년, 간바쿠의 지위에 오른 히데요시는 시마즈 가문과 오토모 가문에 정전을 명령한다. 하지만 승전의 기세를 탄 시마즈군은 히데요시의 '규슈 정전령'을 무시하고 북규슈로 공격해 들어간다.

히데요시군이 규슈에 들어오기 전에 전역을 제압하고 대응하려고 했던 요시히사는 지쿠젠국筑前国, 분고국豊後国으로 병사를 보내 시마즈에 굴복하지 않은, 지방 호족이 다스리는 성을 공격한다.

대장 시마즈 다다나가島津忠長[31]가 이끄는 대군은 오토모 가문의 이름 높은 무장 다카하시 죠운高橋紹運[32]이 이끄는 부대를 완전히 포위한다. 죠운이 이와야성岩屋城에 들어가 농성을 벌이면서 양군의 치열한 전투는 보름이 넘게 계속된다. 다다나가군 2만 명에 죠운군은 고작 763명으로 압도적으로 불리한 상황이었으나 오토모 가문을 배신하지 않고 처절한 항전을 계속한다. 그 결과, 시마즈 세력은 이 전투에서 사상자 3,000명이라는 큰 피해를 입고, 히데요시가 침공해오기 전에 규슈를 통일하려던 계획을 단념하게 된다.

25만 대군을 이끌고 침공한 히데요시는
압도적인 힘으로 시마즈 세력을 격파

한편, 히데요시는 직접 대군을 이끌고 규슈를 정벌할 준비를 착착 진행했다.

1586년, 히데요시군과 시마즈군은 헤쓰기강戸次川을 사이에 두고 격돌한다. 히데요시 측 총대장인 센고쿠 히데히사仙石秀久[33]는 시코쿠의 조소카베 모토치카, 소고 마사야스十河存保를 이끌고 강행에 나서지만 시마즈군의 습격을 받고 초라하게 패주한다. 전장에 남겨진 조소카베 노부치카와 소고 마사야스는 시마즈군의 맹공에 목숨을 잃고, 후방에서 진을 치고 있던 모토치카가 장남 노부치카의 전사 소식을 듣고는 전장에서 이탈해 철수한다.

무모한 전투에 나섰다가 패잔병을 챙기지 않고 혼자 자국으로 도망쳐온 히데히사에게 격노한 히데요시는 이듬해인 1587년 3월, 25만에 이르는 대군을 이끌고 규슈에 상륙한다. 이에 맞서 시마즈군은 북규슈에서 병사를 이끌고 사쓰마, 오스미大隅, 가고시마현 동부, 휴가日向, 미야자키현으로 가서 단단히 방어진을 친다.

히데요시는 군대를 둘로 나눠 아우인 히데나가에게 15만의 병사로 휴가를 침공하게 하고, 자신은 10만의 병사를 데리고 히고肥後에서 사쓰마로 향한다. 그리고 간자쿠성岩石城, 구마모토성隈本城 등 시마즈 쪽의 성을 차례로 함락시키며 엄청난 속도로 남하한다. 이는 반대편에서 대항하는 적군이 공포감을 느낄 정도로 엄청난 군사력이었다.

이런 압도적인 병력 차를 보고 절망에 빠진 시마즈군은 서둘러 지정학적 요지에 자리한 본성인 다카성高城을 지키기 위해 주력군을 보낸다. 그러나 네지로자카根白坂 전투에서 패하고 다카성마저 함락되자 결국 항복한다.

같은 해 5월 8일, 히데요시군이 마침내 시마즈 요시히사가 있는 다이헤이시泰平寺까지 진군해 들어오자 승려가 된 요시히사가 히데요시를 찾아와 항복하고 화의를 맺는다. 히데요시는 요시히사에게 사쓰마국의 통치를 맡긴다. 22일에는 요시히사가 항복한 후에도 교전을 계속하던 아우 요시히로義弘[34]마저 항복하고 오스미국의 통치권을 인정받는다.

시코쿠에 이어 규슈를 평정한 히데요시는 천하통일을 눈앞에 두게 되었다.

'일야성 전술'의 속임수로
호조의 오다와라성 공략

규슈를 평정하고 천하통일을 목전에 둔 히데요시에게 남은 적대 세력은 도호쿠의 다테 가문과 오다와라를 지배하는 호조 가문뿐이었다. 호조군 8만을 상대로 전국의 다이묘를 굴복시킨 총 21만의 도요토미군이 성채도시 오다와라를 포위한다.

히데요시는 호조의 농성전에 대비해
20만 병력의 약 1년치 군량을 준비

1587년 규슈를 평정한 히데요시에게 국내에 남은 주요 저항 세력은 사가미相模, 가나가와현의 호조 가문과 오슈奧州, 도호쿠 무쓰국 별칭의 다테 가문뿐이었다. 마침 그때 히데요시의 재량에 따라 사나다真田 가문의 영지가 된 누마타沼田, 군마현 누마타시의 나구루미성名胡桃城을 호조군이 책략을 써서 빼앗는다. 호조를 공격할 구실을 찾던 히데요시는 자신이 2년 전에 공포한, 다이묘 간의 사사로운 싸움을 금하는 명령을 위반했다는 이유로 전국의 다이묘에게 호조를 토벌하라고 지시한다.

호조 가문의 거성인 오다와라성小田原城은 우에스기 겐신이 10만의 대군을 이끌고 공격해도 함락시키지 못한 난공불락의 성으로 유명했다. 성의 최대 특징은 전장 9킬로미터에 걸친 외곽 성벽이 성하도시 전체를 감싸고 있다는 점이었다. 옛날부터 유럽과 중국에서는 도시마다 성벽에 둘러싸인 성하도시가 일반적인 구조였으나, 일본에서는 아주 보기 드문 형태의 성이었다.

1588년에 선발대로 3만 명의 도쿠가와 이에야스군이 출진한다. 그다음 달에는

오다와라성의 함락으로 호조 가문도 멸망

난공불락인 오다와라성과 함께 250만 석의 수확고를 자랑하던 전국시대 최대 다이묘 호조 가문. 천하통일을 위해 호조 공격에 나선 히데요시는 오다와라성을 고립무원에 빠뜨린다.

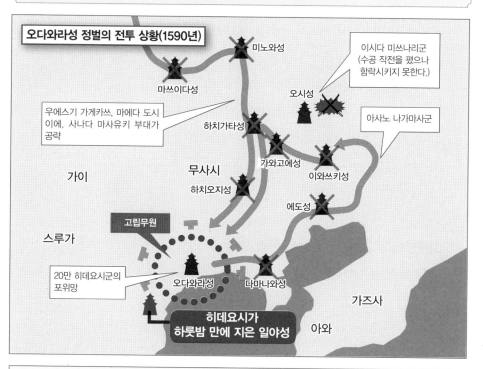

오다와라성 정벌의 전투 상황(1590년)

미노와성

이시다 미쓰나리군
(수공 작전을 폈으나
함락시키지 못한다.)

마쓰이다성

오시성

우에스기 가게카쓰, 마에다 도시
이에, 사나다 마사유키 부대가
공략

하치가타성

아사노 나가마사군

무사시

가와고에성

이와쓰키성

가이

하치오지성

고립무원

스루가

에도성

20만 히데요시군의
포위망

오다와라성

다마나와성

가즈사

히데요시가
하룻밤 만에 지은 일야성

아와

히데요시의 명을 거부한 호조의 사나다 습격

호조 영지

습격

나구루미성

도네강

히데요시의 명령 위반!

사나다 영지

누마타성

히데요시가 호조 토벌에 나선 이유

혼노사의 정변으로 오다 노부나가가 사망

노부나가에게서 통치를 위임받은 다키가와 가즈마스가 기타간토의 패권을 꿈꾸는 호조에 쫓겨 도망친다. 이에 사나다와 호조 두 가문이 공백 지대가 된 누마타 영지의 소유권을 서로 자기 거라고 주장한다.

히데요시의 재량으로 누마타성을 포함해 영지 3분의 2는 호조 가문, 나구루미성을 포함한 영지 3분의 1은 사나다 가문의 영지가 된다.

이 결정에 불만을 품은 호조는 나구루미성을 습격한다. 자신의 결정을 무시한 호조에 격노한 히데요시가 호조 가문의 토벌을 결의한다.

히데요시 본대가 교토를 출발해 도카이도에서 오다와라로 향한다. 동시에 우에스기 가게카쓰, 마에다 도시이에, 사나다 마사유키真田昌幸[35]를 위시한 북방군 3만 5,000명이 도산도東山道˙에서 오다와라로 남하한다. 그리고 군량 운반 및 사가미相模湾 해상 봉쇄를 목적으로 수군 구키 요시타카九鬼嘉隆, 조소카베 모토치카 외 1만 4,000명을 동원한다. 이렇게 총 21만의 대군을 이끌고 세 방면에서 호조 영지를 향해 쳐들어갔다.

대규모 병력의 출정을 앞두고 히데요시는 호조의 농성전에 대비하기 위해 쌀과 잡곡 20만 석을 모은다. 성인이 1년간에 소비하는 쌀이 평균 1석이라고 하니, 단순 계산으로도 20만 병력의 1여년 치 군량을 준비한 것이다.

하룻밤에 성을 지은 '일야성 전술'에
놀란 호조군은 4개월 만에 항복

호조 쪽에서는 교토에서 쳐들어오는 히데요시 본대에 대비해 그 진로에 있는 야마나카성山中城, 니라산성韮山城, 아시가라성足柄城의 세 성을 연결한 방어 라인을 구축하고 호조 우지카쓰北条氏勝[36], 호조 우지노리北条氏規[37]를 비롯한 정예부대를 배치한다.

이러한 호조의 방어 라인에 가까운 누마즈沼津에 도착한 히데요시는 자군을 네 개 부대로 나누었다. 호조 우지카쓰가 방어하고 있는 야마나카성에는 도쿠가와 이에야스 부대 3만, 도요토미 히데쓰구 부대 2만, 이케다 데루마사 부대 1만 8,000명을 파견해 좌익, 우익, 중앙의 세 방면에서 공격을 개시했다. 또한, 야마나카성의 남쪽에 위치한 니라산성에는 4만의 오다 노부카쓰 부대를 보냈다.

처음에는 두 성 모두 완강히 저항했으나, 이 중 야마나카성은 그날 오후에 바로 함락된다. 믿었던 방어 라인이 고작 하루 만에 뚫리자 호조 측은 오다와라성에 들어가 농성을 벌이는 수밖에 없었다. 한편, 니라산성은 4개월에 걸쳐 항전하지만 결국 히데요시 쪽에 항복한다. 도산도에서 남하한 북방군도 마쓰이다성松井田城, 하치가타성鉢形城, 가와고에성川越城, 이와쓰키성岩槻城까지 호조군의 지성을 차례로 함락시키며 오다와라로 향한다.

마침내 오다와라성에 집결한 히데요시군은 성을 완전히 포위한다. 하지만 압도적 기세로 밀어붙이는 대신에 호조군이 지치기를 기다리는 장기전을 구사하기로 한다. 장기전에 들어간 지 4개월 후, 히데요시군은 큰 전투 한번 치르지 않고도 호조군의 항복을 받아내는 데 성공한다.

싸우지 않고 항복한 배경에는 히데요시군이 상상을 초월하는 대군이었던 점, 지성이 모조리 함락되고 본성이 고립무원이 된 점, 동맹을 맺은 다테 마사무네가 히데요시의 진영에 가담한 점을 꼽을 수 있다.

또한, 히데요시의 기발한 술책에 따라 하룻밤에 성을 지었다는 '이시가키산石垣山의 일야성一夜城'도 호조군이 전의를 상실하는 데 일조했다. 이 성은 오다와라성과 가까운 이시가키산에 지었는데, 나무로 가리고 지었다가 완성 후에 일제히 나무를 베어버려서 오다와라성에서는 하룻밤 사이에 성이 완성된 것처럼 보였다고 한다.

항복 후에 실권을 행사한 우지마사와 그 동생 우지테루氏照는 할복하고, 당주 우지나오는 고야산高野山으로 추방됨으로써 호조 가문은 멸망한다.

도산도
일본 혼슈의 옛 지역명으로 데와, 무쓰, 시모쓰케, 시나노, 고즈케, 히다, 미노, 오미가 있었다. 현재는 시가현에서 중부 지방의 산간부와 간토 지방 북부를 거쳐 오우奧羽 지방에 이르는 지역을 가리킨다.

히데요시가 교토에 지은
후시미성의 지정학

교토와 오사카, 나아가서는 세토내해를 연결하는 물류의 요지 후시미. 조카 히데 쓰구에게 간바쿠의 지위와 교토의 대관저를 물려준 히데요시는 이 땅에 후시미 성을 축조한다. 그 결과 물류의 중추를 장악한 후시미는 전에 없는 활기로 가득 차게 된다.

후시미성과 오구라연못을 축조한 후
해로와 수로의 요지가 된 후시미

천하를 거의 수중에 넣은 히데요시는 1583년, 현재의 오사카시 주오구에 오사 카성을 짓는다. 그리고 3년 후, 현재의 교토시 가미교上京구에 저택 겸 정무를 보 는 공간으로 대관저를 건설한다. 이어 가독 및 관백의 자리를 조카 히데쓰구에게 물려준 후, 대관저도 히데쓰구에게 양도한다.

이듬해, 히데요시는 자신이 머물 은거지로서 교후시미京伏見에 후시미성을 건축 한다. 이후, 히데쓰구가 모반의 의심을 받고 고야산高野山으로 도망쳐 자취를 감출 때까지 히데요시와 히데쓰구의 이원정치가 펼쳐진다.

후시미성이 있는 현재의 모모야마桃山 지구는 히가시산東山에서 이어지는 언덕 의 최남단에 위치해 남쪽으로는 우지강을 원류로 하는 오구라연못巨椋池이 드넓게 펼쳐져 있었다. 또한, 이곳은 수로를 통해 교토와 오사카를 잇는 물류 요충지이기 도 했다.

히데요시는 우지강을 후시미성 외곽을 빙 둘러싸는 천연의 해자로 만들기 위해

'토목공사의 귀신'이라 불리던 히데요시

도요토미 히데요시는 성 축조와 도시 건설에 몰두해 '토목공사의 귀신'이라 불렸다. 그의 축성과 도시계획에 대한 안목과 독창성은 후세 사람들조차 감탄할 정도로 탁월했다.

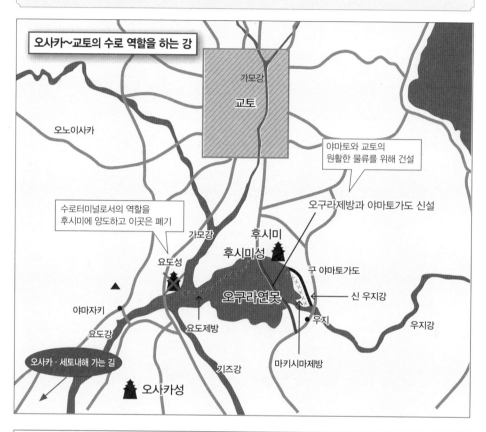

오사카~교토의 수로 역할을 하는 강

- 가모강
- 교토
- 오노이사카
- 야마토와 교토의 원활한 물류를 위해 건설
- 오구라제방과 야마토가도 신설
- 수로터미널로서의 역할을 후시미에 양도하고 이곳은 폐기
- 가모강
- 후시미
- 후시미성
- 구 야마토가도
- 요도성
- 오구라연못
- 신 우지강
- 야마자키
- 우지
- 우지강
- 요도강
- 요도제방
- 마키시마제방
- 오사카·세토내해 가는 길
- 기즈강
- 오사카성

도요토미 히데요시가 주도한 대규모 토목공사는 재정 낭비인가?

- 옛날부터 번성했던 요도진을 놔두고 후시미진을 건설.
- 제대로 굴러가던 오카야진과 요도진의 기능은 마비.
- 우회도로가 있는데도 대공사로 야마토가도를 정비.
- 요도기미의 거처로 개축한 요도성을 고작 5년 만에 철거.
- 강의 나루에 배를 대기 힘들어지는데도 요도제방을 건설.

히데요시의 숨은 의도는 무엇인가?

마키시마제방槙島堤을 건설했다. 그러고는 우지강의 물길을 성의 남단으로 끌어왔다. 또한, 후시미성 아래에 나루인 후시미진伏見津을 건설한 후에는 비와호에서 오는 배가 전부 후시미성 밑을 통과하게 되었고, 오사카에서 교토로 운반되는 물류도 장악할 수 있게 되었다.

그리고 오사카, 세토내해로 연결되는 요도강의 싱류 힙수부에 요도제방淀堤을 축조했다. 이곳은 기즈강, 가모강桂川, 우지강의 세 강이 합류하는 물류의 요지로 예로부터 상업 지역으로서 활기가 넘치던 곳이었다. 히데요시의 측실이자 노부나가의 조카인 요도기미淀君³⁸가 살던 요도성도 상업 중심지로서의 역할을 톡톡히 했다고 한다.

요도제방을 축조한 이유는 여태까지 수로 물류의 거점이었던 요도진의 역할을 후시미진으로 이전하기 위해서였다. 이러한 일련의 공사를 통해 후시미는 가모강을 통해서는 교토, 요도강을 통해서는 오사카와 세토내해로 연결되는 수로 터미널로 탈바꿈했다.

또한, 오구라연못의 동안에는 옛날부터 오카야진岡屋津이라는 나루가 있었다. 이곳은 세토내해에서 요도강으로 올라가는 수로의 동단에 위치해 물류의 요지로서 기능했으나, 히데요시의 명령으로 수로가 정비되면서 그 역할을 잃게 된다. 동시에 역할을 마친, 요도진에 인접해 있던 요도성淀城도 대대적으로 개축한 지 고작 5년 만에 철거되었다.

1596년의 대규모 지진으로 인해
후시미성은 완성되고 4년 후 파괴

히데요시는 수로만이 아니라 육로의 장악에도 힘을 쏟았다. 후시미성 부근에는 이전부터 야마토가도大和街道라는 육로가 있었다. 이 대로는 야마토와 교토를 잇는 가도였는데, 둘 사이를 오가려면 오구라연못 동북쪽으로 멀리 돌아가야 했다. 그래서 히데요시는 오구라연못을 남북으로 관통하는 오구라제방小倉堤을 축조한다. 제방 위를 통과하면 오구라연못을 우회하지 않고 곧바로 지나갈 수 있었다. 이는 짧아진 육로를 통해 물류가 더 활발해지는 계기가 되었다. 히데요시가 이 최단 경로를 만든 이유는 단순히 물류의 편리성만을 높이기 위해서는 아니었다. 제방의 육로를 지나가는 사람과 물류를 후시미성에서 한눈에 쉽게 파악하기 위해서이기도 했다.

후시미성을 기점으로 하는 물류 체제를 정비하자 후시미성에는 상인과 기술자들이 구름떼처럼 모여들었다. 또한, 모든 다이묘가 경쟁하듯 이곳에다 너도나도 저택을 지어서 성하도시는 활기로 가득 찼다고 한다.

이렇게 후시미성은 교토, 오사카, 나아가 세토내해를 잇는 해운 네트워크의 요지로 건설되었으나 완성되고 4년 후인 1596년에 발생한 대규모 지진으로 인해 흔적도 없이 사라졌다. 이 지진은 후시미성 내에서만 500명이 넘는 사망자를 냈다고 한다.

히데요시가 전란의 시기에 상상을 초월하는 토목공사로 적군을 무찌른 전투는 헤아릴 수 없이 많다. 한 달여가 지나도 완성하지 못하던 성벽 공사를 일주일 만에 완성시키거나, 방어용 말뚝과 전망대 등의 건축자재를 뗏목에 실어 보내 단시간에 방어 요새를 구축하거나, 하룻밤 새에 성을 지은 것처럼 위장해 적의 사기를 꺾는 등 대규모 토목공사를 적재적소에 활용하며 노부나가 밑에서 급성장한 대표적인 다이묘. 천하를 통일한 히데요시가 다목적 용도로 축성한 후시미성의 장대한 스케일은 상상으로만 짐작할 수 있을 뿐이다.

관저 주라쿠다이를 완성,
교토를 성새도시로 개조

일본의 중심지 교토에 히데요시가 정무를 보는 거처로 지은 주라쿠다이. 그리고
교토를 빙 둘러싸고 있는 성곽 오도이보리. 이것은 히데요시가 교토를 성새도시화
하려는 위대한 구상의 첫걸음이었다.

숙소와 관청 역할을 하는 주라쿠다이는
성곽과 해자가 있는 어엿한 성이었다

전국의 다이묘들을 전부 동원해 축성한 천하의 명성, 오사카성. 그 성의 제2 성
곽을 짓기 시작한 1586년에 교토에서는 '주라쿠다이聚楽第'를 건설하기 시작한다.
오사카성과 나란히 히데요시의 권력을 상징하는 주라쿠다이는 그때까지 교토의
거점이었던 묘켄사성妙顯寺城을 대신할 곳으로 북쪽에 지어진다.

당시 히데요시의 본거지는 오사카였기 때문에 묘켄사성과 주라쿠다이가 교토
의 정무청과 숙소 역할을 했다. 숙소로서의 역할과 관청의 의미를 가진, '다이第'
라는 글자를 붙인 주라쿠다이는 저택으로 불렸으나 실제로는 본성을 중심으로 세
개의 방어진지와 해자가 있는 어엿한 성이었다.

오사카성과 마찬가지로 모든 다이묘의 협력과 지원을 동원해 대규모의 자금과
노동력을 투입한 주라쿠다이는 착공한 지 1년 만에 완성되었다. 지붕에는 금박
기와를 덧대고 높은 망루와 누각을 세운 건물로 당시 국내외 요인을 접견하는 장
소로도 쓰였다.

주라쿠다이를 중심으로 교토를 요새도시로 완성

교토는 천하인 오다 노부나가가 불의의 습격을 받고 목숨을 잃은 땅이다. 같은 전철을 밟을까 두려워했던 히데요시는 주라쿠다이를 중심으로 교토를 기습이 불가능한 요새도시로 만들려고 했다.

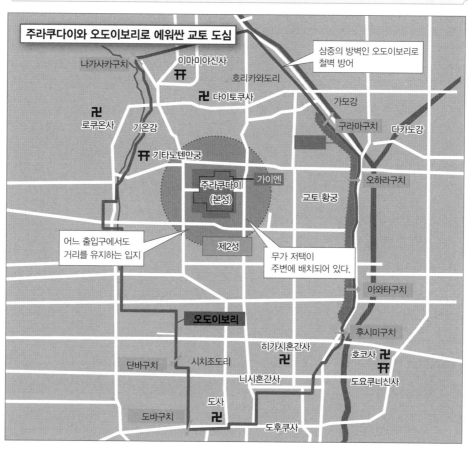

주라쿠다이와 오도이보리로 에워싼 교토 도심

삼중의 방벽인 오도이보리로 철벽 방어

나가사카구치
이마미야신사
호리카와도리
다이토쿠사
가모강
로쿠온사
기온강
구라마구치
다카노강
기타노텐만궁
주라쿠다이 (본성)
가이엔
교토 황궁
오하라구치
어느 출입구에서도 거리를 유지하는 입지
제2성
무가 저택이 주변에 배치되어 있다.
아와타구치
오도이보리
후시미구치
히가시혼간사
호코사
단바구치
시치조도리
도요쿠니신사
니시혼간사
도사
도바구치
도후쿠사

교토를 에워싼 오도이보리

남북으로 약 8.5킬로미터, 동서로 약 3.5킬로미터, 전장 22.5킬로미터에 달하는 오도이보리는 교토를 에워싸듯이 건설된 방어시스템이었다. 그 구조는 성벽과 해자를 조합시킨 것으로 고저차가 10미터를 넘었다. 또한 성벽 위에는 상단과 하단으로 나누어 통로를 만들었고, 이외 땅에는 대나무가 심겨 있었다고 한다.

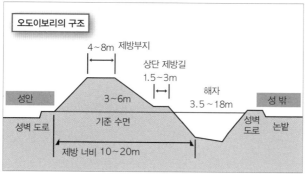

오도이보리의 구조

4~8m 제방부지
상단 제방길 1.5~3m
해자 3.5~18m
성안
3~6m
성밖
성벽 도로
기준 수면
성벽 도로
논밭
제방 너비 10~20m

호화찬란한 주라쿠다이를 완성시킨 히데요시가 이어서 착수한 작업은 교토 자체를 하나의 요새화하는 것이었다. 과거 혼노사의 정변으로 목숨을 잃은 노부나가를 교훈 삼아 천하인으로서 외적과 내적의 기습에 대비하는 것이야말로 교토를 개조하려는 계획의 근간이라고 할 수 있었다.

22.5km의 성곽 오도이보리로 에워싼
교토는 철벽의 성새도시로 변모한다

교토라는 도시 자체를 요새화하기 위해 히데요시가 동원한 방법이 '오도이보리御土居堀'의 건설이다. 오도이보리란 교토 전역을 감싸듯이 세워진 외부 성곽을 가리킨다. 전장 22.5킬로미터에 성벽 폭 10~20미터, 높이 3~6미터(장소에 따라 다르다)의 엄청난 규모를 자랑한다.

성벽 바깥쪽에는 동으로는 가모강, 서로는 가미야강紙屋川이 흘러서 천연의 해자를 형성했다. 그리고 강과 인접하지 않은 부분에는 폭 십여 미터, 깊이 최대 4미터가량의 해자를 팠다고 한다. 또한, 오도이보리를 기준으로 성안과 성 밖을 구분했다. 오도이보리에는 일곱 개의 성문이 있었다고 하며, 히데요시가 사는 본성은 어느 성문과도 충분한 거리를 유지했다.

그러면 본성이 중심에 위치했던 오도이보리의 성안은 어떻게 구성되어 있었을까? 먼저 중심에 본성이 있으면 그 주위를 감싸듯이 내성이 있고, 다시 그 바깥쪽을 제2성으로 둘러싸게 구성했다. 즉, 본성에 내성, 제2성, 오도이보리라는 삼중의 성벽으로 방어막을 설치한 것이다.

내성과 제2성 사이에는 다이묘급 무사의 저택을 배치했는데, 히데요시의 친동생인 히데나가를 비롯한 친족 외에 마에다 도시이에, 구로다 요시타카黒田孝高[39], 호소카와 다다오키, 가모 우지사토蒲生氏郷[40], 호리 히데마사堀秀政[41]라는 신임이 두

터운 가신들의 저택이 줄지어 서 있었다. 도쿠가와 이에야스와 우키타 히데이에의 저택도 내성의 바깥에 있었다고 한다.

　제2성과 오도이보리 사이에 있던 지역이 흔히 말하는 성새도시다. 교토 황궁 바깥으로 가모강에 면한 동쪽에는 5킬로미터에 달하는 사원도시가 형성되었는데, 여기저기 흩어져 있던 인근의 사원을 한곳으로 모아 수비 강화를 꾀한 것이다. 가미야강에 면한 서쪽의 오도이보리에는 돌출된 곳이 있는데(본성 서쪽), 여기에는 나가사카구치長坂口와 단바구치丹波口 주변의 경계를 강화하기 위한 전망대가 있었다고 추측된다.

　성곽을 둘러싸고 있는 강과 해자, 신임이 두터운 가신과 다이묘, 외곽에는 사원까지 배치해 철벽 수비를 자랑하던 주라쿠다이. 1591년에 히데요시가 조카 히데쓰구에게 가독을 물려준 후에는 히데쓰구의 거성이 되지만, 그는 1595년에 모반했다는 의심을 받고 스스로 목숨을 끊는다. 이후, 주인을 잃은 주라쿠다이는 히데요시의 명령으로 흔적조차 남지 않을 정도로 철저히 파괴된다. 주라쿠다이가 완성되고 고작 8년 후의 일이다.

'천하의 부엌' 오사카 입구
사카이는 대명무역의 거점

에도 시대에 '천하의 부엌'이라 불릴 정도로 발전한 상업도시 '사카이'. 전국시대에는 노부나가가 이 도시를 중심으로 오사카의 경제 기반을 다졌고, 그 유지를 히데요시가 그대로 이어받았다. 그는 오사카성을 축성하면서 장대한 도시계획을 추진했다.

오사카성과 사카이항을 중심으로
10년에 걸쳐 상업도시의 기반을 완성

오늘날의 오사카의 기반을 닦은 것은 누가 뭐라 해도 도요토미 히데요시다. 하지만 전국시대에 일찍부터 오사카의 사카이에 주목한 것은 노부나가였다.

노부나가는 부유한 지역 상인들이 무장을 갖춘 자치조직을 형성해 도시 행정을 맡아 운영하던 사카이를 주목했다. 그리고 막강한 경제력을 갖춘 지역 상인들을 자신의 권력 장악에 이용하려고 했다. 천하를 통일하기 위해서는 풍부한 자금이 필요했기 때문이다.

당시에 자치적으로 도시를 운영하던 사카이는 도시 주변에 해자를 깊이 파서 외적의 침입을 막았다. 그래서 전국시대 전란의 와중에도 가장 안전한 도시라고 할 수 있었다. 노부나가는 자치도시이자 경제적으로도 번영했던 사카이를 손에 넣어 재원을 확보하려고 했으나 혼노사의 정변으로 목숨을 잃는다.

노부나가의 유지를 이어받은 히데요시는 1583년에 이시야마혼간사의 터에 오사카성을 축성했다. 전례 없는 규모에다 빼어난 미관과 탁월한 기능을 갖춰 일본,

습지대인 오사카가 일본 제일의 상업도시로 변신

노부나가와 마찬가지로 전국시대 무장인 히데요시는 성새도시, 하수구, 부두 등 지금도 남아 있는 오사카의
도시 인프라를 건설하며 경세가로서의 면모도 증명해 보였다.

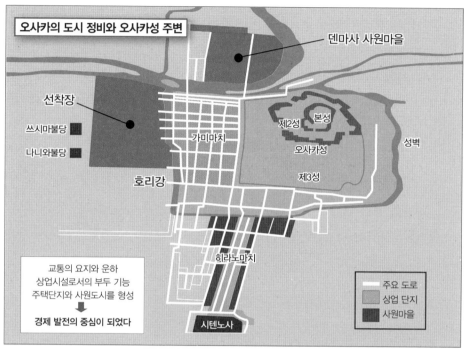

오사카의 도시 정비와 오사카성 주변

덴마사 사원마을

선착장

쓰시마불당

나니와불당

가미마치

호리강

제2성

본성

오사카성

제3성

성벽

히라노마치

교통의 요지와 운하
상업시설로서의 부두 기능
주택단지와 사원도시를 형성
⬇
경제 발전의 중심이 되었다

시텐노사

주요 도로
상업 단지
사원마을

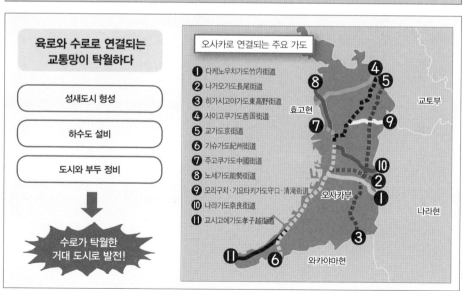

육로와 수로로 연결되는
교통망이 탁월하다

성새도시 형성

하수도 설비

도시와 부두 정비

⬇

수로가 탁월한
거대 도시로 발전!

오사카로 연결되는 주요 가도

❶ 다케노우치가도竹內街道
❷ 나가오가도長尾街道
❸ 히가시고야가도東高野街道
❹ 사이고쿠가도西國街道
❺ 교가도京街道
❻ 기슈가도紀州街道
❼ 주고쿠가도中國街道
❽ 노세가도能勢街道
❾ 모리구치·기요타키가도守口·清滝街道
❿ 나라가도奈良街道
⓫ 교시고에가도孝子越街道

효고현

교토부

오사카부

나라현

와카야마현

중국, 인도를 통틀어 가장 뛰어난 성으로 칭송받았다.

오사카성의 자랑거리로는 산을 뚫고 땅을 파서 도시의 중심에 조성한 수로운하를 꼽을 수 있다. 이 수로는 오사카성의 성새도시를 건설하는 동시에 만들어졌는데, 저습 지대의 배수로로 활용하고 지면을 쌓아올릴 토사를 확보하기 위해 파낸것이다. 이 수로 덕분에 오사카는 물류를 장악한 요지가 되었다. 북으로 도사보리강土佐堀川, 남으로 나가호리강長堀川, 동으로는 히가시요코보리강東橫堀川, 서로는 니시요코보리강西橫堀川의 네 개 강과 수로를 통해 오가는 물류의 선적과 선박의 운행을 위한 부두를 함께 건설했다.

이렇게 히데요시는 축성부터 부두의 정비까지 약 10여년에 걸쳐 상업도시의 기반을 완성했다. 그리고 히데요시 가신 중 한 명인 이시다 미쓰나리石田三成[42]는 항구 주변으로 상인을 이주시키고 식당, 요정, 환전상, 포목점, 철물점 등이 하나씩 들어서도록 만들었다. 이때부터 오사카는 일본의 경제와 유통의 중심지가 되어 번영하기 시작했다.

오사카만을 끼고 있는 사카이항에
상인과 사람들이 모여들며 인구가 폭발

원래 오사카가 활기를 띠게 된 요인은 교통이 편리해서다. 나가오가도長尾街道, 기슈가도紀州街道, 다케노우치가도竹内街道, 니시고야가도西高野街道, 구마노가도態野街道 등 다섯 개나 되는 중요한 육로를 비롯해 오사카를 구석구석 연결하는 수많은 가도의 혜택을 받았다.

또한, 오사카만을 끼고 있는 천혜의 항만인 사카이항도 있는데, 이곳이 대명무역의 거점이 되면서 유력한 상인이 모이기 시작했다. 또한, 대명무역으로 물자가 대량으로 모이자 많은 사람이 이주해오면서 인구가 폭발적으로 증가하기 시작했다.

류큐와 동남아시아를 비롯해 국내외의 여러 곳과 물자를 거래하는 교역항으로 점점 발달하면서 사카이는 자유도시로서도 크게 발전한다. 선박이 입항하기 쉬운 해로와 교역품을 전국으로 유통시킬 수 있는 육로와 수로의 연결망이 원활하게 작동하며 배후의 오사카는 자연스럽게 경제적으로 융성하게 되었던 것이다.

히데요시는 도시계획에 따라 바둑판 모양으로 정연하게 구획된 성새도시를 조성하는 한편, 건물끼리 이어진 부분에 하수구를 설치했다. 역사상 최초로 하수구를 갖춘 획기적인 성새도시가 완성된 것이다. 그리고 히데요시가 설치한 하수도는 지금까지도 제 역할을 다하고 있다. 전국시대의 무장 히데요시 또한 노부나가와 마찬가지로 도시 건설에도 뛰어난 정치적 수완을 발휘했다. 그럼으로써 오사카의 인프라를 성공적으로 구축하는 능력을 보여주었다.

에도 시대가 되면 오사카는 수로의 편리성이 더욱 빛을 발하며 상공업도시로서 눈부신 발전을 거듭하게 된다. '천하의 부엌'이라 불리며 전국에서 쌀과 특산물이 모이고 각지로 운반되는 산업의 핵심 거점이 된 것이다.

히데요시의 도수령은
병농분리 정책으로 정착

천하인 히데요시가 세상을 두루 평안케 하기 위해 펼친 정책이 도수령이다. 농민에게서 대도, 단도, 활, 창, 철포와 같은 무기를 거두어들인 정책인데, 여기에는 여러 가지를 고려한 의도와 목적이 있었다.

농민과 승려가 일으킨 무장봉기가
도검류를 수거한 도수령의 배경

1585년, 관백에 취임하고 명실공히 천하인이 된 도요토미 히데요시. 세상을 안정시키기 위해 통일 사업을 착착 추진하는 동시에 천하를 평정하고 3년 후에 농민들의 무기를 몰수하는 도수령刀狩令을 함께 발포했다. 이름 그대로 대도, 단도, 활, 창, 철포와 같은 무기를 거두어들여서 농민들의 무장봉기를 미연에 방지하는 동시에 농업에 전념케 하기 위한 정책이었다.

강제로 수거한 도검류는 이번 생만이 아니라 내세에도 구원받을 수 있게 호코사方広寺 건축에 쓰일 거란 명목을 내세우는 등 민심을 배려하는 정책도 빈틈없이 추진했다. 백성 출신인 히데요시가 농민의 힘을 두려워해 도수령을 실행했다는 설도 있지만, 노부나가 시대부터 농민과 승려가 일으킨 무장봉기를 진압하는 데 애먹은 것이 도수령을 실시한 배경이라고 본다.

실은 도수령을 실시한 이유가 또 있다. 전국시대 말기에는 지역의 토착무사로 활약한 농민이 수도 없이 많았다. 그런 상황에서 토착무사들의 칼을 몰수하는 대

무사들의 무장해제를 통한 신분제 확립과 생산성 향상

히데요시가 천하를 평정하고 도수령을 실시함에 따라 분명한 신분사회 구축과 유지, 나아가 농산물의 생산성을 향상시킬 수 있게 되었다.

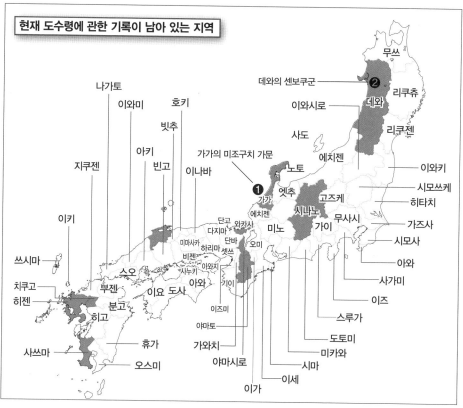

현재 도수령에 관한 기록이 남아 있는 지역

무쓰
데와의 센보쿠군
❷
리쿠츄
데와
이와시로
사도
리쿠젠
에치젠
이와키
시모쓰케
히타치
가가의 미조구치 가문
노토
가즈사
❶ 엣추
시모사
가가
에치젠
고즈케
시나노
아와
단고 와카사
미노
무사시
사가미
다지마 단바
가이
미마사카 하리마 셋쓰
오미
이즈
비젠 아와지
스오
사누키
기이
스루가
아와
도토미
이요 도사
이즈미
미카와
야마토
시마
이세
가와치
야마시로
이가

나가토
이와미
호키
빗추
아키
빈고
지쿠젠
이나바
이키
쓰시마
치쿠고
부젠
히젠
분고
히고
사쓰마
휴가
오스미

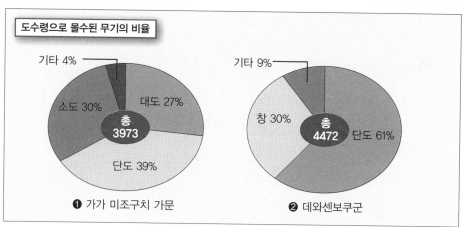

도수령으로 몰수된 무기의 비율

기타 4%
소도 30%
대도 27%
총 3973
단도 39%

❶ 가가 미조구치 가문

기타 9%
창 30%
총 4472
단도 61%

❷ 데와센보쿠군

신 농촌을 떠나 성하도시로 가라고 명령을 내린 것이다. 이렇게 해서 무사, 상인, 백성이라는 신분이 고정되고, 역사상 처음으로 '병농분리兵農分離'가 실현되었다. 참고로 병농분리 정책은 에도 시대에도 국가 차원에서 지속적으로 시행된다.

이렇게 히데요시가 천하를 평정하고 무기류를 회수한 덕분에 사회의 안전망과 질서를 구축하고 유지할 수 있게 되었다. 도수령 발포 이후, 농민이 공공연하게 무기를 소지하지 못하게 되었기 때문이다. 보관하기만 해도 중죄가 되었으므로 대다수의 농민은 자진해 무기를 버릴 수밖에 없었다.

전국적으로 철저하게 시행된 도수령의 결과를 정확히 알 수는 없지만 일부 지역에 약간의 사료가 남아 있다.

도수령 실시를 통한 신분제 확립과
농민의 농산물 생산성 향상이 목표

가가加賀의 미조구치溝口 가문은 고작 한 달여 만에 에누마江沼와 노미能見의 4만 4,000석 소유 영지에서 대도 1,073개, 단도 1,540개, 창 150개, 작은 칼 1,200개, 활과 화살 10개 등 총 3,973개나 되는 무기를 교토에 진상했다. 내역을 보면 대도와 단도류가 가장 많아서 전체의 96퍼센트를 차지했으며, 남은 4퍼센트는 창과 갑옷과 활 및 화살이고 철포류는 없었다.

이즈모의 모리 영지에서는 열두 개 마을에서 99인용 분량의 대도와 단도까지 총 195개를 모았다. 대충 따져도 한 명당 대도와 단도가 1개씩이라는 계산이 나온다. 또한, 전국시대를 마무리하는 전투의 무대가 되었던 오슈奧州*에서는 대도 250개, 단도 2,730개, 창 1,336개, 철포 26정, 화살집 35통, 활 78개, 헌 갑옷 12량, 투구 5개 등 총 4,472개를 모았다.

오슈의 경우는 적지의 토착무사들을 무장해제시켜 습득한 것으로, 모은 무기의 절반은 파손되어 있었다고 한다. 기록으로 남은 이러한 수치는 지방의 무장 상황을 보다 정확하고 생생하게 말해준다고 할 수 있다. 이러한 사례를 보면 전국적으로 회수된 도검류 무기는 엄청난 숫자에 이를 것으로 짐작할 수 있다.

히데요시는 도수령을 통해 무장봉기라는 내분이 일어날지도 모르는 지정학적 위험을 줄이고 억제하는 효과를 노렸다. 동시에 신분제도를 확립해 경제와 정치를 안정화시키려고 했다. 더불어 백성이 농업에 전념할 수 있게 함으로써 농산물의 생산성도 향상시키려 했다. 히데요시가 과감하게 추진한 도수정책은 통일을 앞당기고 사회를 안정시키는 데 결정적인 역할을 했다고 볼 수 있다.

오슈

무쓰의 별칭으로 무쓰陸奥 · 리쿠추陸中 · 리쿠젠陸前 · 이와키磐城 · 이와시로岩代의 5개국 총칭이다. 현재 후쿠시마福島 · 미야기宮城 · 이와테岩手 · 아오모리青森의 네 개 현과 아키다현秋田県의 일부에 걸쳐 있다.

히데요시의 토지조사는
봉건제 정착시킨 대개혁

위대한 정치가의 면모를 지녔던 히데요시는 풍요로운 나라를 만들고자 토지조사라는 혁명적인 사업에 나섰다. 철저한 감시시스템에 의해 정확한 생산력을 파악하려는 시도는 국가 경제를 혁신하는 대개혁 정책이었다.

토지의 가치는 쌀 수확고가 기준,
마을별 영지별로 연공량을 파악

전국을 통일하려고 시도한 정책 중에는 노부나가가 시작하고 히데요시가 본격적으로 추진한 것이 아주 많다. 전국시대를 끝내고 봉건제도를 완성하기 위해서는 무력으로 제압하는 것을 넘어 확고한 신분질서와 제도적 통제가 필요했기 때문이다.

그중 하나로 히데요시가 시행한 토지조사의 위대함을 이해하려면 먼저 해마다 세금으로 내는 공물인 연공年貢. 공물량에 대해 알아야 한다. 전국시대에 무엇보다 중요한 일은 농업이었다. 왜냐하면 무사는 농민이 내는 연공을 돈으로 바꿔 생활했기 때문이다.

그래서 히데요시는 어느 토지에서 얼마만큼의 연공이 들어오는지를 알기 위해 토지조사를 실시하려고 했으나 여기에는 많은 어려움이 있었다. 쌀의 양을 측정하는 되의 크기가 각 지역마다 달랐기 때문이다. 그래서 히데요시는 토지조사를 시작하기 전에 되의 크기부터 먼저 통일했다.

히데요시가 쌀 수확고로 연공을 정한 토지조사

무사계급에게 영지의 수확고에 맞는 군역 의무를 부과하기 위해 연공을 조사한 토지조사는 실로 통일국가를 향한 획기적인 개혁이었다.

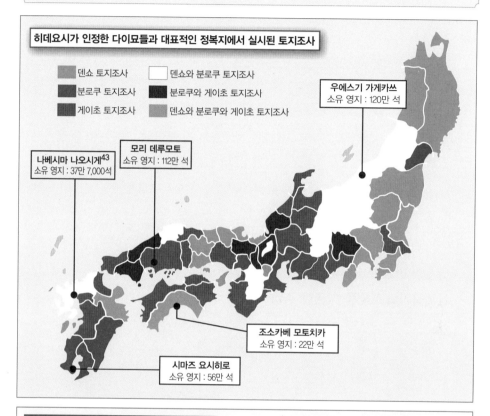

히데요시가 인정한 다이묘들과 대표적인 정복지에서 실시된 토지조사

- 덴쇼 토지조사
- 분로쿠 토지조사
- 게이초 토지조사
- 덴쇼와 분로쿠 토지조사
- 분로쿠와 게이초 토지조사
- 덴쇼와 분로쿠와 게이초 토지조사

우에스기 가게카쓰
소유 영지 : 120만 석

나베시마 나오시게[43]
소유 영지 : 37만 7,000석

모리 데루모토
소유 영지 : 112만 석

조소카베 모토치카
소유 영지 : 22만 석

시마즈 요시히로
소유 영지 : 56만 석

약 700년 동안 일본을 지배한 3대 무사 정권

가마쿠라 막부
천황이 지배한 교토의 헤이안 시대(794~1185년) 이후 미나모토노 요리모토源賴朝가 사가미국 가마쿠라(현 가나가와 현)에 설치한 일본 최초의 무사 정권이다. 1185년부터 1333년까지 9대에 걸쳐 약 150년간 교토의 천황가와 대립하며 일본을 실질적으로 통치했다.

무로마치 막부
고다이고 천황과 가마쿠라 막부가 대립하는 와중에 아시카가 다카우지足利尊氏가 막부 세력과 천황 세력을 차례로 제압하면서 초대 쇼군의 자리에 올랐다. 아시카가 가문이 15대에 걸쳐 1336년부터 1573년까지 약 240년간 일본을 통치했는데, 교토의 무로마치에 궁을 지어 '무로마치 막부'라는 이름이 붙었다.

에도 막부
전국시대를 거치며 일본을 통일한 도쿠가와 이에야스가 에도(현 도쿄)를 본거지로 창설한 세 번째 무사 정권이다. 이에야스가 초대 쇼군에 취임한 1603년부터 15대 쇼군 도쿠가와 요시노부가 1868년의 메이지유신으로 천황에게 정권을 넘길 때까지 265년간 일본을 지배했다.

히데요시는 토지를 검사하는 단위, 즉 도량술을 통일하자 부하를 현지로 보내 직접 토지조사를 하게 했다. 1582년, 야마자키 전투에서 미쓰히데를 격파하고 교토를 지배하게 된 그해에 야마시로국山城国, 교토부 남부에서 처음으로 토지조사가 시작된다.

현재는 토지의 가치를 돈으로 환산하시만 당시에는 쌀의 생산량을 기준으로 섬았다. 다만 토지에 따라 쌀의 수확량이 달라서 쌀의 생산량에 따라 주택과 전답의 가치를 상전上田, 중전中田, 하전下田, 하하전下下田으로 나누었다.

이렇게 토지의 가치가 쌀 수확고를 기준으로 정해지자, 마을 단위와 국가별로 토지의 크기와 가치를 정확히 파악할 수 있게 되었다. 이렇게 영지별로 수확고로 토지의 가치를 평가하는 관례는 히데요시의 토지조사 이후 정착된 것이다.

영지의 연공량을 파악하게 한 것은
통일국가의 토대를 마련한 위업

당시 토지조사를 기반으로 통치의 기준이 된 것은 연공량이었다고 한다. 토지의 가치를 토지에서 생산할 수 있는 쌀의 양(생산량)이 아니라 토지에서 들어오는 연공량을 기준으로 평가했다. 어쨌건 토지조사로 농민의 연공이 어디에서 얼마만큼 들어오는지, 전국 단위로 일목요연하게 파악할 수 있게 된 것만으로도 통일된 제도로 나라를 통치할 기반을 마련했다고 할 수 있다.

또한, 당시는 농민이 직접 영주에게 연공을 바치는 것이 아니었다. 먼저 지역의 유력한 농민에게 내면, 이어서 그가 영주에게 납부하는 방법이 일반적이었다. 그런데 히데요시가 이런 시스템을 싫어해 농민이 직접 영주에게 연공을 납부하는 방식으로 바꾸려고 했다. 결국 살아 있는 동안 완전히 해결하지는 못했지만, 영지의 연공량을 파악할 수 있는 기반을 닦은 것은 통일국가의 토대를 마련한 위업이라고 할 수 있을 것이다.

토지조사의 의의라면 무사계급에게 영지의 수확고에 걸맞은 군역의 의무를 지게 할 수 있다는 점이었다. 당연히 농민에게서 확실하게 연공을 징수하려는 목적도 있었지만, 토지조사의 중요한 성과를 꼽자면 '하나의 땅에 한 명의 경작인이 있다'라는 원칙이 만들어진 것이다. 귀족과 사원이 운영하는 장원제에는 하나의 토지에 여러 사람의 권리가 있었다. 그런데 그 실태를 정리해 실제로 농사를 짓는 농민 한 명의 경작지와 주거지를 각각 토지대장과 지도에 기록하는 구조로 혁신한 것이다. 이 제도 덕분에 농민의 토지 소유권이 공식적으로 인정되면서 중간 착취인이 배제되는 성과를 거둘 수 있었다.

나아가 히데요시는 천하를 통일한 후에 전국의 다이묘에게 자신이 다스리는 영지의 토지대장과 지도를 만들어 제출하라고 명령했다. 이렇게 해서 모든 다이묘의 수확고를 철저하고 정확하게 규명해 군역을 제공하는 체제를 구축했다.

히데요시 정권에서는 나라를 다스리는 군주가 직접 전국 규모의 경제 통제시스템을 완성해 부국강병의 꿈을 이루려고 했다.

"크리스천을 추방하라!",
왜 신부 추방령을 내렸나?

규슈로 원정을 떠났을 때, 기독교의 지나친 포교 활동을 두 눈으로 직접 본 히데요시는 천하통일에 방해가 될 수도 있다는 위기감에 사로잡힌다. 그래서 그때까지 포교를 용인하던 태도를 뒤집고 기독교 신부 추방령을 발포해 모든 다이묘를 견제한다.

노부나가가 기독교 포교를 용인한 이유는
무역 통한 경제적 이익과 선진 문물 유입 때문

다네가시마에 철포가 들어오고 6년 후, 프란시스코 사비에르가 기독교 포교를 위해 가고시마에 상륙한다. 사쓰마의 시마즈 가문, 야마구치의 오우치大內 가문, 분고豊後의 오토모大友 가문으로부터 포교 허가를 받은 사비에르는 활동의 거점을 마련하고 2년 만에 일본을 떠난다.

사비에르가 일본을 떠나고 11년 후인 1563년, 포르투갈 출신의 선교사 루이스 프로이스가 나가사키에 상륙한다. 1569년에는 아시카가 요시아키를 쇼군으로 추대하고 교토에 입성한 오다 노부나가를 면회한다. 그리고 그의 신임을 얻어 교토 인근에서 포교 활동을 해도 된다는 허가를 받는다.

노부나가가 기독교 포교를 허가한 이면에는 저항하는 불교 세력의 힘을 약화시키고, 해외 무역을 통해 선진 문물을 받아들이고, 경제적 이익을 얻기 위해서라는 이유가 있었다고 한다. 이후로 노부나가의 비호 아래 기독교의 선교 활동이 일본 전국에 퍼져 나가고 다카야마 우콘을 비롯한 크리스천 다이묘가 우후죽순처럼 등

기독교의 엄청난 포교 속도에 위기를 느낀 히데요시

일본에 처음 상륙한 선교사인, 포르투갈 출신의 선교사 프란시스코 사비에르. 이후 반세기도 지나지 않아
일본 전역에 기독교가 널리 전파되면서 히데요시는 큰 위기감을 느낀다.

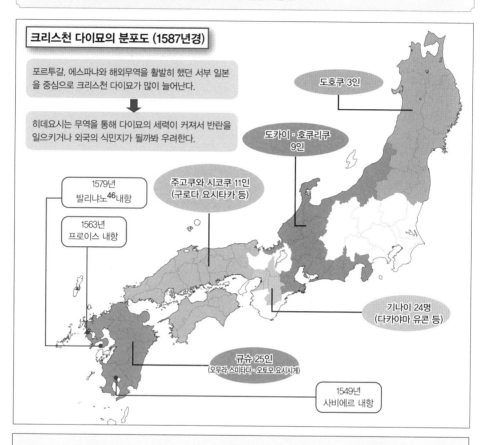

크리스천 다이묘의 분포도 (1587년경)

포르투갈, 에스파냐와 해외무역을 활발히 했던 서부 일본
을 중심으로 크리스천 다이묘가 많이 늘어난다.

히데요시는 무역을 통해 다이묘의 세력이 커져서 반란을
일으키거나 외국의 식민지가 될까봐 우려한다.

도호쿠 3인

도카이·호쿠리쿠
9인

1579년
발리냐노⁴⁶내항

주고쿠와 시코쿠 11인
(구로다 요시타카 등)

1563년
프로이스 내항

기나이 24명
(다카야마 유콘 등)

규슈 25인
(오무라 스미타다·오토모 요시시게)

1549년
사비에르 내항

일본의 기독교 포교의 역사

1549년 프란시스코 사비에르가 가고시마에 도착.
1550년 마쓰우라 가문의 히라도平戸에서 포교 활동.
1551년 오우치 가문의 야마구치에서 포교 활동.
　　　 오토모 가문의 분고에서 포교 활동.
　　　 프란시스코 사비에르가 일본을 떠난다.
1563년 오무라 스미타다가 일본의 첫 크리스천 다이묘가 된다.
　　　 루이스 프로이스가 내항한다.
1569년 선교사 루이스 프로이스가 오다 노부나가에게서
　　　 포교 허가를 받는다.

1579년 알레산드로 발리냐노가 내항한다.
1580년 오무라 스미타다가 자신의 영지인 나가사키를
　　　 예수회에 헌납한다.
1587년 도요토미 히데요시가 기독교 신부 추방령을 발표한다.
1612년 도쿠가와 이에야스가 막부, 천황의 직할 영지에서
　　　 금교령 포고.
1614년 전국에 금교령을 포고한다.
1637년 시마바라의 난이 발발한다.
1639년 모든 다이묘에게 기독교 포교 금지를 명령한다.
　　　 포르투갈선의 내항 금지령 포고, 쇄국정책의 완성

장하게 된다.

노부나가의 천하통일 사업을 이어받은 히데요시도 초기에는 기독교 포교를 용인했다. 천하를 거의 손에 넣은 1586년에는 오사카성에 예수회 선교사 가스파르 코엘료Gaspar Coelho[44]를 불러 포교 허가증을 발급해주기도 했다.

그런데 고작 1년 후에 돌연 기독교 신부 추방령을 발포한 것이다.

기독교 세력의 확대를 두려워한
히데요시가 신부 추방령 발포

직접 규슈에 출진해 시마즈 가문을 제압한 히데요시는 마침내 규슈를 평정한다. 하지만 귀로에 오르기 직전에 '11개조 각서'를 발포한다. 개인의 기독교 신앙은 허용하면서도 다이묘와 상급 무사의 입교에는 히데요시의 허가가 필요하다는 내용이었다. 그리고 이튿날 '5개조 법령'을 추가로 발포한다. 기독교는 일본의 전통적 종교를 파괴하니 선교사는 20일 이내에 일본에서 떠나라는 내용이었다.

히데요시가 신부 추방령을 발포한 배경에는 히젠의 다이묘 오무라 스미타다大村純忠[45]가 자신의 영지를 예수회 교회에 봉납한 일, 기독교의 확대가 나중에 잇코잇키와 같은 반란으로 이어질 가능성에 대한 두려움, 많은 크리스천 다이묘가 탄생한 배경과 무역을 통한 세력 확대 등에 위기감을 느꼈기 때문이라고 한다.

또한, 다이묘가 영지의 백성을 강제로 기독교로 개종시키고 신사와 불전을 파괴했거나, 포르투갈인이 일본인을 노예로 팔아넘긴 사실을 알게 된 히데요시가 '일본이 식민지가 될지도 모른다'라고 우려한 것도 한 이유일 것이다.

하지만 여러 이유를 내세워 신부 추방령을 내리는 한편, '5개조 법령' 제4항에 '무역선은 앞으로도 비즈니스를 계속할 것'이라고 명기해 포르투갈 선박의 내항과 상인의 왕래는 허용했다.

일반 백성에게는 기독교 신앙을 허용하고, 여태까지 그래왔듯이 무역 활동을 할 수 있게 허가했으므로 민간에는 조문의 실효성이 없는 것이나 마찬가지였다고 할 수 있다. 사실 히데요시 자신도 교토에 있던 교회를 철거하고 히젠에 있던 교회당을 압수하는 것 이상의 금지조치는 하지 않았다.

당시 일본의 무역 상대였던 에스파냐와 포르투갈은 포교와 무역을 한 세트로 묶어서 진출했다. 다시 말해, 선교사가 상인을 겸하고 있어 무역을 계속하려면 그들의 존재를 묵인하는 수밖에 없는 속사정이 있었던 것이다.

기독교 신부 추방령은 어디까지나 기독교 다이묘와 선교사의 포교 활동에 대한 견제로 보아야 할 것이다.

히데요시의 조선 침략은
막대한 은 생산량 때문?

천하통일을 마무리한 히데요시는 왜 조선 침략을 결심한 것일까? 그 후, 도요토미 히데요시가 쇠퇴하는 계기가 되었다고 하는 임진왜란은 어떻게 일어났고, 어떻게 수습되었는가?

세계 은 생산량의 40%를 장악한
히데요시의 정복욕이 임진왜란의 원인

일본이 조선을 침략한 임진왜란은 천하인 도요토미 히데요시의 명령에 따라 1592년 5월에 시작되었다. 또한, 1597년 1월에 강화 교섭이 결렬된 후 재개된 정유재란은 히데요시의 사망으로 일본군이 철군하며 종지부를 찍었다.

히데요시가 왜 조선을 침략하기로 결단을 내렸는지, 그 이유로는 서구 열강의 식민지 진출에 저항하기 위해서라는 설, 가신에게 줄 토지를 얻기 위해서라는 설, 늙어서 사리 분별이 안 되는 히데요시의 정복욕이라는 설 등 여러 설이 분분할 뿐 명쾌한 결론은 없다. 다만 천하통일 이전부터 조선과 명나라를 침공하려는 생각이 있었음을 증명하는 다양한 기록은 남아 있다.

언젠가는 조선을 점령하고 이후 명나라, 인도까지 차례로 정복하겠다는, 히데요시의 원대한 야망을 실행할 수 있게 뒷받침한 것이 직할령에 있는 이와미石見와 이쿠노生野 등의 은광이었다.

전국시대 말기부터 에도 시대 초기에 걸쳐 일본이 세계에 수출한 은만 연간 200

베일에 쌓인 히데요시의 조선 침략의 진상

히데요시의 명령에 따라 전쟁에 참가한 다이묘는 전부 세력이 약화되었다. 이후 히데요시가 사망하자 출병하지 않았던 이에야스가 전국시대 말기의 최고 실력자로 급부상했다.

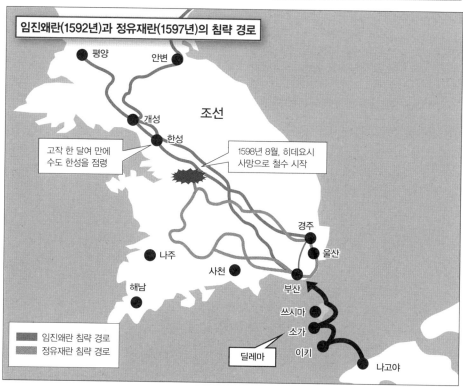

임진왜란(1592년)과 정유재란(1597년)의 침략 경로

- 평양
- 안변
- 조선
- 개성
- 한성
- 고작 한 달여 만에 수도 한성을 점령
- 1598년 8월, 히데요시 사망으로 철수 시작
- 경주
- 나주
- 울산
- 사천
- 부산
- 해남
- 쓰시마
- 소가
- 딜레마
- 이키
- 나고야

■ 임진왜란 침략 경로
■ 정유재란 침략 경로

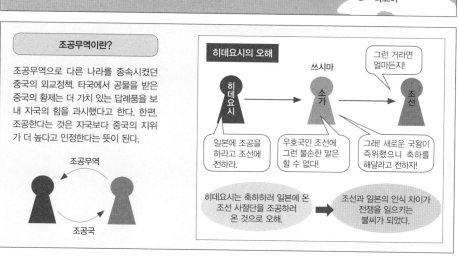

조공무역이란?

조공무역으로 다른 나라를 종속시켰던 중국의 외교정책. 타국에서 공물을 받은 중국의 황제는 더 가치 있는 답례품을 보내 자국의 힘을 과시했다고 한다. 한편, 조공한다는 것은 자국보다 중국의 지위가 더 높다고 인정한다는 뜻이 된다.

조공무역

조공국

히데요시의 오해

쓰시마

그런 거라면 얼마든지!

히데요시

소가

조선

일본에 조공을 하라고 조선에 전하라.

우호국인 조선에 그런 불손한 말은 할 수 없다!

그래! 새로운 국왕이 즉위했으니 축하를 해달라고 전하자!

히데요시는 축하하러 일본에 온 조선 사절단을 조공하러 온 것으로 오해.

➡ 조선과 일본의 인식 차이가 전쟁을 일으키는 불씨가 되었다.

톤에 이르렀다. 한때는 세계 은 생산량의 40퍼센트 가까이가 일본산이었다고 한다. 그중에서도 이와미 은광(시마네현)과 이쿠노 은광(효고현)의 생산량은 어마어마해 이권을 독점한 히데요시에게 막대한 부가 흘러들어갔다. 이렇게 쌓인 엄청난 재력을 무기로 삼아 히데요시는 조선 침략을 개시한다.

히데요시 사망 소식이 전해지면서
1598년 12월의 철군으로 전쟁 종결

1587년, 히데요시는 쓰시마 영주인 소 요시시게宗義調[47]에게 '일본에 조공하라'라는 조건으로 조선과 협상을 벌일 것을 명령했다. 조선과의 무역으로 막대한 부를 얻은 소 가문이었으나 천하인의 명은 거역할 수가 없었다. 히데요시와 조선 사이에 끼어 이러지도 저러지도 못하게 된 소 요시시게와 그의 아들 요시토시義智[48]는 끈기 있게 협상을 계속했으나 결국 원하는 답을 얻지 못한다. 그리고 4년이 흐른 후, 원정 준비가 시작된다.

히데요시는 먼저 히타치常陸, 이바라키현 서쪽, 시코쿠, 규슈 등 해안을 끼고 있는 모든 다이묘에게 10만 석당 대선 2척, 직할령에는 10만 석당 대선 3척, 중선 5척을 준비하라고 명한다. 또한, 군사들에게 임금으로 줄 통화를 대량으로 생산한다.

원정군의 본거지는 규슈 히젠의 나고야名護屋로 정하고, 조선 침략의 전진기지로 나고야성名護屋城을 짓는다. 본거지를 나고야로 정한 이유는 중계 지점인 쓰시마와 가까울 뿐 아니라, 한반도에 상륙할 수 있는 최단 경로였기 때문이라고 한다. 나고야에서 부산까지는 거리로 치면 120킬로미터 정도가 된다.

15만 명에 이르는 히데요시군은 소 요시토시와 고니시 유키나가小西行長[49]가 선두를 이끌며 전투 지휘를 맡는다. 700척의 군선을 이끌고 부산에 상륙한 히데요시군은 고작 하루 만에 부산성을 함락한다. 그 한 달 후에는 수도 한성을 점령한다. 파죽지세로 진격을 계속했으나 명나라가 참전한 데다 제해권마저 빼앗기면서 사태는 급변한다.

일진일퇴의 공방이 계속되며 전선은 교착 상태에 빠진다. 두 나라는 강화협상을 개시하고 휴전을 맞이한다. 그러다가 강화조건에 불만을 가진 히데요시가 강경한 태도를 보이면서 협상은 결렬되고, 1597년에 정유재란이 발발한다.

이 전투에서도 히데요시는 14만의 대군을 조선에 파견한다. 하지만 임진왜란 때처럼 군사력에서도 우위에 서지 못한 상태에서 출전한 터라 한반도 남부 지역밖에 진군하지 못한다. 그러다 일본군에게 히데요시 사망 소식이 전해지면서 1598년 12월의 철군으로 정유재란도 종결된다.

왜 전국시대에는 산에서 전투를 하지 않았을까?

'~산 전투'가 '~강 전투'에 비해 적다는 걸 알고 있는가? 병사들이 싸우는 장소가 거기서 거기지, 라고 생각한 다면 큰 오산이다. 여기서 지리적인 요인을 고려하면서 산에서 전투가 일어나기 어려운 이유를 생각해보자.

산에는 대군끼리 전투를 치를 만한 넓은 평지가 없었다

앞서 '~강 전투'에 이어서 고유의 산 이름이 붙은 전투에 대해 생각해보자. 헤이안平安 시대로 거슬러 올라가면, 가마쿠라 막부 창설기에 미나모토 요리토모源頼朝와 오슈의 후지와라藤原가 맞붙은 무쓰국후쿠시마현의 '아쓰카시산阿津賀志山 전투'가 떠오를 것이다. 그런데 전국시대가 되면 산 이름이 달린 전투명은 거의 찾아볼 수 없다. 그 이유가 뭔가 하니, '~강 전투'의 경우 주로 넓은 강변 지역에서 전투가 곧잘 벌어지지만, 정반대로 산에는 전투를 치를 만한 넓은 평지가 없었기 때문이다. 산성이 있는 산에서의 전투도 지형상 대군이 쉽게 행군하지 못하거나, 양군이 마주 보고 진을 치거나 싸우기에는 적합하지 않았다. 서로 견고하게 진을 치고 대치하는 관계로 전투가 교착 상태에 빠질 가능성이 높기 때문이다. 이것이 대군끼리 부딪치는 큰 전투에 산 이름이 붙지 않은 이유다.

그중 예외라 할 수 있는 오미국近江国. 시가현의 시즈가타케賤ヶ岳 전투를 살펴보자. 이 전투는 양군이 진지를 구축하고 서로 성채를 장악하기 위해 쟁탈전을 벌인, 대군끼리 붙었는데도 땅을 조금씩 점령하는, 땅따먹기 게임과 같은 양상으로 전개된 보기 드문 전투다. 특이하게도 시즈가타케에 여기저기 흩어져 있는 오이와산大岩山 성채, 시즈가타케 성채 등을 히데요시와 가쓰이에 양군의 무장이 서로 뺏고 빼앗는 공방전을 되풀이했다. 이때 히데요시군은 배후에 다키가와 가즈마사와 오다 노부나가의 삼남 노부타카가 버티고 있어, 공연히 시바타 가쓰이에군을

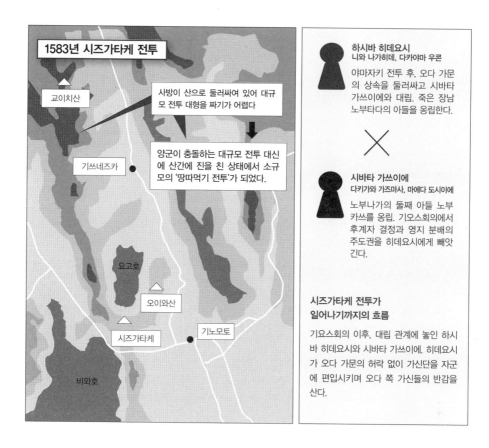

1583년 시즈가타케 전투

교이치산

사방이 산으로 둘러싸여 있어 대규모 전투 대형을 짜기가 어렵다

양군이 충돌하는 대규모 전투 대신에 산간에 진을 친 상태에서 소규모의 '땅따먹기 전투'가 되었다.

기쓰네즈카

요고호

오이와산

시즈가타케

기노모토

비와호

하시바 히데요시
니와 나가히데, 다카야마 우콘

야마자키 전투 후, 오다 가문의 상속을 둘러싸고 시바타 가쓰이에와 대립. 죽은 장남 노부타다의 아들을 옹립한다.

×

시바타 가쓰이에
다키가와 가즈마사, 마에다 도시이에

노부나가의 둘째 아들 노부카쓰를 옹립. 기오스회의에서 후계자 결정과 영지 분배의 주도권을 히데요시에게 빼앗긴다.

**시즈가타케 전투가
일어나기까지의 흐름**

기오스회의 이후, 대립 관계에 놓인 하시바 히데요시와 시바타 가쓰이에. 히데요시가 오다 가문의 허락 없이 가신단을 자군에 편입시키며 오다 쪽 가신들의 반감을 산다.

정면으로 공격했다가는 협공을 받을 수도 있었다. 가쓰이에 쪽도 병력 수에서 열세인 데다 진지를 지키느라 적극적으로 움직일 수 없는 상태였다. 즉, 양 진영 모두 실제 전투에는 소극적으로 임해 넓은 평야에서의 정면충돌을 피하다 보니 이렇게 산 이름이 붙은 전투가 발발한 것이다.

가쓰이에군은 마에다군의 돌연한 철수로 완전히 무너진다. 이탈자도 속출해 가쓰이에군이 전의를 잃고 우왕좌왕하는 사이에 히데요시는 이들을 완전히 포위한다. 그리고 이튿날, 가쓰이에가 스스로 목숨을 끊으면서 시즈가타케 전투는 히데요시군의 승리로 끝난다.

4장 주요 인명 주석

1 **우키타 나오이에**宇喜多直家 – 비젠備前의 슈고다이 우라가미 무네카게浦上宗景의 가신으로 출발했으나 모리 가문과 협력해 주군을 죽이고 비젠의 다이묘로 성장할 만큼 빼어난 책략의 소유자다. 도요토미 히데요시의 주고쿠 침공 때 모리 가문과 손을 끊고 오다 가문에 충성을 맹세해 영지의 지배권을 인정받았다.

2 **난조 모토쓰구**南条元統 – 호키의 우에시성羽衣石城 성주로 도요토미 히데요시에게 항복한 이후 가신으로 활약하면서 규슈 시마즈 가문 침공 때 공을 세웠다.

3 **야마나 도요쿠니**山名豊国 – 이바나국의 슈고다이묘로 도요토미 히데요시의 돗토리성 공격 때 항복했다. 히데요시 사후에는 도쿠가와 가문을 섬겼고, 와카와 다도에 조예가 깊었다.

4 **깃카와 쓰네이에**吉川経家 – 모리 모토나리의 차남으로 깃카와 가문에 양자로 들어가 깃카와 모토하루吉川元春의 휘하에서 주고쿠 지방 정벌에 많은 공을 세웠다. 돗토리성 가신단이 주군 야마나 도요쿠니를 몰아냈을 때 모리 가문의 명령으로 성주로 부임했으나, 히데요시의 포위 공격을 받고 농성으로 버티다 항복하고 자결했다.

5 **하시바 히데나가**羽柴秀長 – 도요토미 히데요시의 동복동생으로 온화한 인품의 소유자였다. 형 히데요시의 오른팔로서 문무 양면에서 맹활약하며 천하통일에 큰 공헌을 했다. 히데요시가 도요토미 정권을 수립한 후 규슈 시마즈 정벌 때 큰 공을 세운 것을 인정받아 야마토 일대 100만 석에 가까운 대영지를 지배하는 다이묘가 되었다. 도요토미로 성을 바꾼 지 얼마 후에 세상을 떠나 하시바 히데나가란 이름으로 불린다.

6 **시미즈 무네하루**清水宗治 – 빗추국 다카마쓰성 성주가 된 후 모리 가문의 휘하에 들어갔다. 도요토미 히데요시가 모리 가문의 주고쿠 지방을 침공했을 때 다카마쓰성을 물로 채우는 수공작전에 항복하고 자결했다.

7 **구로다 간베에**黒田官兵衛 – 부젠국豊前国 나카쓰성의 성주였고 도요토미 히데요시의 군사軍師로 활약했다. 돈 시메온Don Simeon이란 세례명을 갖고 있는 천주교도 다이묘이기도 하다.

8 **다키가와 가즈마스**滝川一益 – 오다 노부나가의 중신이자 오다 사천왕 중 한 명으로 숱한 전투에 참가해 공을 세웠다. 혼노사의 정변 이후 시바타 가쓰이에와 동맹을 맺고 도요토미 히데요시와 대립하다 항복한 후 에치젠 오미에서 은거했다.

9 **니와 나가히데**丹羽長秀 – 열다섯 살부터 오다 노부나가를 모시며 오와리와 미노 전투 등 거의 모든 전투에서 활약한다. 혼노사의 정변 이후 도요토미 히데요시와 손잡고 아케치 미쓰히데를 물리치는 등 공을 세워 히데요시가 깊이 신뢰한 측근이었다.

10 **호소카와 후지타카**細川藤孝 – 무로마치 막부 아시카가 쇼군을 주군으로 모셨으나, 15대 요시아키 쇼군이 몰

락한 후 오다 노부나가, 도요토미 히데요시의 휘하에서 활동했다. 세키가하라 전투에서는 도쿠가와 이에야스의 동군에 참가하는 등 정세 판단에 밝은 무장이었다.

11 **호소카와 다다오키**細川忠興 – 부친 호소카와 후지타카만큼이나 문무를 겸비한 인물이었으며, 일본 다도의 창시자 센노 리큐의 일곱 제자 중 한 명으로 꼽힌다. 혼노사의 정변 때 장인 아케치 미쓰히데의 요청을 거절하고 도요토미 히데요시 편에 섰고, 세키가하라 전투에서는 동군에서 활약해 도쿠가와 이에야스의 총애를 받으며 호소카와 가문의 기반을 다진 주인공이다.

12 **쓰쓰이 준케이**筒井順慶 – 야마토 쓰쓰이성筒井城의 성주로 미요시 가문의 가신 마쓰나가 히사히데가 오다 노부나가에게 반기를 들었을 때 토벌하는 공을 세웠다. 이를 계기로 노부나가 휘하에서 야마토국을 통치했고, 고리야마성郡山城을 축성한 후 오다 정권의 다이묘 지위를 얻었다. 혼노사의 정변 후에 아케치 미쓰히데의 부름을 받았으나 군사를 움직이지 않아서 히데요시의 신임을 받았다.

13 **다카야마 우콘**高山右近 – 전국시대의 대표적인 기독교 신자였던 다이묘로 알려져 있다. 세례명은 주스토 Justo다. 오다 노부나가의 가신일 때 혼노사의 정변이 일어나자 주군의 복수를 위해 야마자키山崎 전투의 선봉에서 공을 세워 도요토미 히데요시의 신임을 받았다. 히데요시 정권의 기독교 탄압 때 영지를 몰수당했고, 1614년에 내려진 도쿠가와 정권의 포교 금지령과 함께 필리핀 마닐라로 추방되어 40여일 만에 열병으로 사망했다.

14 **이케다 쓰네오키**池田恒興 – 오와리 시절부터 오다 가문의 가신으로 활약해 오다 노부나가, 도요토미 히데요시를 섬겼다. 혼노사의 정변 이후 오다 가문의 가독 계승을 놓고 벌어진 고마키·나가쿠테 전투에서 히데요시 진영에 참가했으나 이에야스의 기습공격을 받아 전사했다.

15 **가와테 요시노리**川手良則 – 이마가와 가문의 가신으로 오카자키성岡崎城을 관리하다가 오케하자마 전투에서 패해 도쿠가와 이에야스에게 넘겨주었다고 한다. 이마가와 가문이 멸망하고 의탁한 가이국의 다케다 가문도 노부나가의 침공으로 패한 후 도쿠가와 가문의 가신으로 활약했다.

16 **나카가와 기요히데**中川清秀 – 나카가와 집안은 셋쓰국의 작은 무사계급이었으나, 오다 노부나가의 교토 입경 후부터 가신으로 들어갔고, 다카야마 우콘과 함께 야마자키 전투에서 공을 세우며 다이묘의 지위에 올랐다. 혼노사의 정변 후 히데요시를 따랐는데, 시즈가타케 전투에 참전했다가 시바타 가쓰이에군의 공격을 받고 전사했다.

17 **삿사 나리마사**佐々成政 – 오와리에서 삿사 나리무네佐々成宗의 삼남으로 태어나 위의 형들이 잇달아 죽자 1560년에 가독을 계승했다. 오다 노부나가의 가신으로 활약하며 많은 전공을 세웠으나 혼노사의 정변 후 시즈카다케 전투에서 패하고 히데요시에게 항복했다. 오다 가문의 가독 승계 다툼에서는 이에야스 쪽으로 기울었다가 다시 히데요시에게 항복해 충성을 맹세했다. 규슈 정벌 때 공을 세워 히고국肥後国의 다이묘 자리에 올랐으나 실정과 민중 반란에 대한 책임으로 자결했다.

18 **모리 나가요시**森長可 – 미노국 출신으로 오다 노부나가 휘하에서 많은 전투에 참가해 공을 세웠다. 혼노사

의 정변 이후 장인 이케다 쓰네오키와 함께 히데요시 진영에 참여했다가 고마키·나가쿠테 전투에서 27세의 나이로 전사했다.

19 **하시바 히데쓰구**羽柴秀次 – 도요토미 히데요시의 누나 닛슈日秀의 아들로, 히데요시의 양자가 되어 후계자로 간바쿠 자리를 물려받았다. 하지만 1593년 히데요시에게 친아들 히데요리秀頼가 태어나자 모반 혐의를 받고 교토에서 쫓겨났다가 1595년에 할복을 명받고 자결했다. 그때 그의 자녀 3명과 일족 30여 명도 함께 죽었다.

20 **사카키바라 야스마사**榊原康政 – 어릴 때부터 도쿠가와 이에야스를 도와 우에노 전투 등 많은 전투에 참가해 큰 공을 세웠다. 고마키·나가쿠테 전투 당시, 히데요시를 조롱하는 격문을 적진의 장수들에게 보낼 정도의 용맹과 담력을 지닌 무장이었다. 이에야스가 자신의 이름 한 자를 쓰게 할 정도로 신뢰했다.

21 **사이토 도시카타**斎藤利賢 – 전국시대부터 아즈치모모야마 시대의 무장이다. 미노국 시라카시성白樫城 성주로 사이토 도산과 장남 요시타쓰 2대에 걸쳐 가신으로 활약했다. 아내는 아케치 미쓰히데의 여동생으로 둘 사이에 아들 도시미쓰를 두었다. 아들들은 아케치 미쓰히데의 중신이 되었는데, 장남 이시가이 요리토키石谷頼辰는 도사국으로 가서 조소카베 가문을 섬겼고, 차남 도시미쓰는 혼노사의 정변 이후 책임을 물어 죽임을 당했다.

22 **사이토 도시미쓰**斎藤利三 – 혼노사의 정변을 일으켜 오다 노부나가를 죽음으로 몰아넣은 아케치 미쓰히데의 가신으로 유명하다. 야마자키 전투에서 미쓰히데 편에 종군하다 히데요시군에게 패해 참수당했다.

23 **가네코 모토이에**金子元宅 – 가네코 히로이에金子広家가 이요국伊予国의 니이新居에 영지를 받아 가네코성을 축성하면서 가네코 가문의 시조가 되었다. 조소카베 모토치카가 시코쿠를 제패할 때 협력해 영지의 실질적인 지배자가 되었다. 도요토미 히데요시의 시코쿠 정벌 때 모리군에 맞서 분전했으나 전사했다.

24 **가네코 모토하루**金子元春 – 모토이에의 동생으로 가네코성의 성주였으나 모리군에게 성이 함락되면서 가네코 가문도 멸문되었다.

25 **우키타 히데이에**宇喜多秀家 – 비젠 오카야마성의 성주로 어릴 때부터 히데요시의 총애를 받았으며 기슈 정벌, 시코쿠 정벌, 규슈 정벌 등 히데요시 휘하에서 여러 전투에 참여해 공훈을 세웠다. 세키가하라 전투에서 이시다 미쓰나리에 의해 서군 총수로 추대되었다가 이에야스의 동군에 패해 시마즈 가문의 사쓰마로 도주했다.

26 **마시타 나가모리**増田長盛 – 오와리국 출신으로 도요토미 히데요시의 총애를 받은 중신이다. 임진왜란에 참전했고 히데요시 사후에 세키가하라 전투가 발발하자 서군에 참가했다가 영지를 몰수당했다. 이후 히데요리를 보좌하며 오사카 여름 전투에서 이에야스에 대항했으나 패배해 죽었다.

27 **하치스카 마사카쓰**蜂須賀正勝 – 오와리국 토호의 아들로 태어나 처음에는 사이토 도산을 섬겼고, 뒤이어 오다 노부나가를 섬겼다. 둘 사이를 오가며 이익을 취했고, 어디까지나 독자 세력으로 존재했다는 설도 있다.

이후 도요토미 히데요시의 가신이 되어 그를 따라 많은 전투에 참가해 공을 세웠다. 시코쿠 침공 후에는 히데요시가 아와국 영지를 하사했으나 아들에게 양도하고 은퇴했다.

28 **도도 다카토라**藤堂高虎 – 오미국近江国 출신으로 10대 중반부터 전투에 참가해 전국시대의 유명한 명장을 두루 모신 무장으로 축성술이 뛰어났다고 한다. 임진왜란과 정유재란 때 참전했고, 도요토미 히데요시 사후에는 도쿠가와 이에야스 편에 서서 세키가하라 전투와 오사카 여름 전투에서 큰 공을 세워 32만 석의 다이묘가 되었다.

29 **이치조 가네사다**一条兼定 – 도사국 이치조 가문의 5대 당주로 조소카베 모토치카에게 패한 후, 가독은 아들에게 물려주었으나 영지 지배권은 조소카베 가문으로 넘어갔다. 이듬해 장인 오토모 소린에게 몸을 의탁하고 기독교에 귀의해 세례를 받았다.

30 **소고 마사야스**十河存保 – 아와국의 슈고다이인 미요시 가문 출신으로 소고 가문의 양자 자격으로 가독을 계승했다. 조소카베 모토치카에게 패해 아와 등 영지 대부분을 빼앗긴 후 도요토미 히데요시의 시코쿠 침공 때 협력해 사누키 3만 석의 영지만 돌려받았다.

31 **시마즈 다다나가**島津忠長 – 사쓰마 시마즈 가문의 중신으로 당주 요시히사와는 사촌형제 사이다. 요시히사의 규슈 정벌에 앞장서 히젠의 다이묘 류조지 가문을 격파해 멸망시키는 등 공을 세웠다.

32 **다카하시 죠운**高橋紹運 – 분고 오토모 가문의 가신이며, 규슈를 대표하는 용맹한 장수로 명망이 높았다. 시마즈 가문이 대군을 이끌고 공격해 왔을 때, 지쿠젠 이와야성에서 적은 수의 병사로 농성하며 보름가량 저항하다 옥쇄했다.

33 **센고쿠 히데히사**仙石秀久 – 미노국의 호족 출신으로 처음에는 사이토 가문을 섬겼으나 오다 노부나가에게 멸망하자 도요토미 히데요시의 가신으로 들어갔다. 히데요시 사후에는 도쿠가와 이에야스 진영에 가담해 공을 세우며 다이묘로 출세했다.

34 **시마즈 요시히로**島津義弘 – 사쓰마 시마즈 가문의 당주 다카히사貴久의 네 아들 요시히사, 요시히로, 도시히사歳久, 이에히사家久 가운데 둘째로 용맹과 지략이 출중하다는 평가를 받았다. 임진왜란 때 참전한 후 귀환하면서 전라북도 남원성에서 수십 명의 조선 도공들을 데려간 것으로 유명하다. 세키가하라 전투에서 서군에 가담해 싸우다 패했지만, 도쿠가와 이에야스와의 갈등을 잘 무마하며 85세까지 살다 죽었다.

35 **사나다 마사유키**真田昌幸 – 다케다 신겐의 가신이었던 사나다 유키타카真田幸隆의 삼남으로 태어나 형들이 나가시노 전투에서 전사하자 가독을 계승했다. 다케다 가문 멸망 후에는 도요토미 정권 아래에서 다이묘가 된다. 세키가하라 전투에서 서군으로 참전했다가 동군에 패한 후 유배생활을 하며 은거했다.

36 **호조 우지카쓰**北条氏勝 – 호조 우지야스의 외손자로 시모사국下総国 이와토미번岩富藩의 초대 번주다. 히데요시의 오다와라성 침공 때 항복하고 도쿠가와 이에야스의 가신이 되어 세키가하라 전투에서 공훈을 세웠다.

37 **호조 우지노리**北条氏規 – 호조 우지야스의 4남으로 태어났으며, 사가미국의 미사키성三崎城의 성주였다. 오다와라 전투에서 니라산성을 지키다가 도쿠가와 이에야스의 권고에 따라 성문을 열고 호조 가문의 항복을 주도했다.

38 **요도기미**淀君 – 오미국의 다이묘 아자이 나가마사와 오다 노부나가의 누이동생인 오이치 사이에서 장녀로 태어났다. 부친이 죽은 후 모친이 시바타 가쓰이에에게 재가했으나, 히데요시에게 패한 후 양친은 자결했다. 이후 동생 둘과 히데요시의 보호를 받다가 측실이 되어 외아들 도요토미 히데요리를 낳았다.

39 **구로다 요시타카**黑田孝高 – 구로다 간베에와 동일 인물이다.

40 **가모 우지사토**蒲生氏郷 – 오미국의 호족 집안 출신으로 주군 롯카쿠 가문이 멸망한 후 오다 노부다가의 기후성에 인질로 보내졌다. 당시 노부나가가 둘째 딸 후유히메冬姬와 결혼시켜 사위로 삼았을 만큼 인물이 출중했다. 이후 노부나가와 히데요시를 따라 종군하며 많은 공을 세웠다. 오다와라성 정벌 후 92만 석의 아이즈 땅을 영지로 받았다. 다도와 와카에도 능숙했다.

41 **호리 히데마사**堀秀政 – 부친 대까지 모셨던 미노국의 사이토 가문이 멸망한 후 오다 노부나가의 가신으로 활약했다. 노부나가 사후에는 도요토미 히데요시를 섬기며 시즈카다케 전투와 고마키 · 나가쿠테 전투에서 공을 세웠다. 최종적으로 에치젠국越前国 기타노쇼北ノ庄의 다이묘가 되었다.

42 **이시다 미쓰나리**石田三成 – 오미국 출신으로 10대 중반에 도요토미 히데요시가 나가하마성長浜城 성주일 때부터 섬겼다. 100년 이상 지속된 전국시대를 끝낸 도요토미 히데요시의 수하에서 큰 공을 세우며 두각을 나타냈다. 통일 이후 일본 전역에서 토지조사를 시행했고, 임진왜란 때는 군감으로 참전했다. 히데요시 사후에는 도쿠가와 이에야스와 대립, 서군의 다이묘들을 규합해 세키가하라 전투에 나섰으나 패배한 끝에 체포되어 처형되었다.

43 **나베시마 나오시게**鍋島直茂 – 규슈 히젠국 사가성의 성주로 류조지 가문과 혼인관계를 맺어 가신으로 활약하며 세력을 키웠다. 임진왜란과 정유재란에 참전했으며, 이삼평李參平 등 많은 조선 도공을 데려가 사가현 아리타를 도자기의 명산지로 만들었다. 세키가하라 전투에서는 도쿠가와 이에야스 편에 서서 영지를 유지했다.

44 **가스파르 코엘료**Gaspar Coelho – 포르투갈 출신으로 전국시대에 일본에서 활동했던 예수회 사제이자 선교사다. 예수회 일본지부의 대표를 역임했다.

45 **오무라 스미타다**大村純忠 – 히젠국 산죠성三城城의 성주이자 오무라 가문의 12대 당주다. 1563년에 일본에서 최초로 크리스천 다이묘가 되어 나가사키항을 개항한 인물로 유명하다.

46 **알레산드로 발리냐노**Alessandro Valignano – 에도 시대 초기에 일본을 방문한 예수회 회원이자 가톨릭교회 사제다. 예수회 동인도관구의 순찰사로 활약하며 오무라 스미타다가 주도한 소년사절단의 유럽 파견을 계획하고 실행했다.

47 **소 요시시게**宗義調 – 쓰시마섬을 지배한 소 가문의 17대 당주로 당시 조선과의 무역에서 큰 이익을 얻었다. 1587년 규슈 정벌에 나선 도요토미 히데요시에게 충성을 맹세해 영지 지배권을 인정받고, 히데요시의 명령에 의해 조선과의 교섭을 시작한 이듬해 사망했다.

48 **소 요시토시**宗義智 – 12세의 어린 나이에 쓰시마 소 가문의 20대 당주에 오른 탓에 요시시게가 후견인이 되어 가문을 이끌었다. 임진왜란 직전 도요토미 히데요시의 명령을 받아 조선과의 강화 교섭에 나섰으며, 전쟁이 시작된 후에는 조선에 출병했다. 전쟁 후에도 조선과의 국교 재개 교섭을 담당했다.

49 **고니시 유키나가**小西行長 – 사카이 상인집안 출신의 기독교도 무장으로 유명하다. 대조선 무역을 독점했던 쓰시마국 소 요시토시의 장인으로 조선과의 교섭을 지휘했으며, 임진왜란 때 선봉장을 맡을 정도로 도요토미 히데요시의 총애를 받았다. 세키가하라 전투에 서군으로 참전해 패하는 바람에 참수되었다.

권모술수의 대가
이에야스의 지정학

자신의 손으로 전란에 종지부를 찍고 막번체제를 구축해 평화로운 시대를 열기까지 그가 걸어온 길을 지정학을 통해 풀어본다.

도쿠가와 이에야스

이전까지 교토가 일본의 중심이었던 시대에서 에도에 막부를 열고 장기간 평화의 시대를 구축한 도쿠가와 이에야스. 전국시대 마지막 천하인의 천재적 전략과 야망을 살펴본다.

전국시대에 종지부를 찍은
세키가하라 전투의 개막

군웅이 할거하던 난세의 전국시대. 히데요시가 죽고 불과 3년도 되지 않아서 도요토미 가문의 중신들을 뜻대로 움직여 정권 탈환의 기회를 수중에 넣은 이에야스. 지리적으로도 불리한 전세를 대역전시킨 맹장의 전략은 무엇인가?

6세의 히데요리를 남기고 죽은 히데요시,
이를 정권 탈환의 기회로 삼은 이에야스

1598년 8월 18일, 도요토미 히데요시는 자신을 보좌하는 다이로大老°에게 "히데요리秀頼를 잘 부탁하네"라는 유언을 남기고 숨을 거둔다. 이때 적자인 히데요리는 아직 여섯 살에 불과했다. 히데요리를 보필할 5명의 고다이로五大老는 도쿠가와 이에야스, 모리 데루모토, 우에스기 가게카쓰, 마에다 도시이에, 우키다 히데이에 등으로 히데요시 정권하에서 가장 유력한 권력을 가졌던 다이묘들이다.

이들 중에서도 최고 세력가였던 이에야스는 정권 탈환의 기회라고 여기고 움직이기 시작했다. 합의제라는 이름 아래, 각지의 다이묘와 가신의 혼인을 알선하고 봉록영지를 수여할 때, 자신에게 유리하게 판단했던 것이다. 이에야스가 독단적인 결정을 내릴 수 있었던 배경에는 '어린 히데요리를 위해서'라는 표면상의 이유를 내세운 사려 깊은 책략이 있었다.

거칠 것이 없었던 이에야스에게도 현안이 남아 있었다. 히데요시의 측근이자 가신 중에서도 제일가는 수완가 이시다 미쓰나리가 합의제를 사사건건 위반하는

세키가하라 전투의 계기가 된 아이즈의 우에스기 토벌

이에야스는 자신에게 반기를 든 우에스기 가게카쓰에게 상경하라고 요청한다. 하지만 가게카쓰가 거부하자 아이즈 정벌에 나선다. 이것이 일본 역사상 최대의 전투가 시작된 계기다.

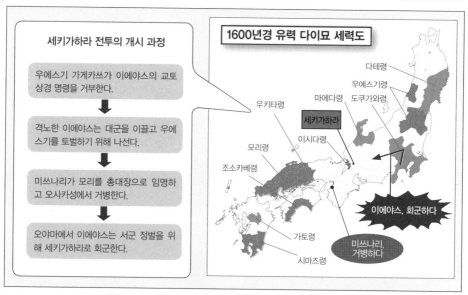

세키가하라 전투의 개시 과정

우에스기 가게카쓰가 이에야스의 교토 상경 명령을 거부한다.

↓

격노한 이에야스는 대군을 이끌고 우에스기를 토벌하기 위해 나선다.

↓

미쓰나리가 모리를 총대장으로 임명하고 오사카성에서 거병한다.

↓

오야마에서 이에야스는 서군 정벌을 위해 세키가하라로 회군한다.

1600년경 유력 다이묘 세력도

다테령
우에스기령
마에다령　도쿠가와령
우키타령
세키가하라
이시다령
모리령
조소카베령
이에야스, 회군하다
가토령
미쓰나리, 거병하다
시마즈령

후쿠시마 마사노리[1], 구로다 간베에 등 도요토미 진영의 무장들이 동군에 참여
→ 8~10만의 동군을 세키가하라에서 요격하려는 서군

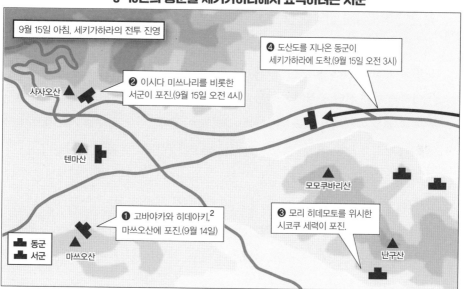

9월 15일 아침, 세키가하라의 전투 진영

❹ 도산도를 지나온 동군이 세키가하라에 도착.(9월 15일 오전 3시)

샤사오산
❷ 이시다 미쓰나리를 비롯한 서군이 포진.(9월 15일 오전 4시)

텐마산

모모쿠바리산

❶ 고바야카와 히데아키,[2] 마쓰오산에 포진.(9월 14일)

❸ 모리 히데모토를 위시한 시코쿠 세력이 포진.

동군
서군

마쓰오산

난구산

이에야스에게 맹렬히 반발하며 문제를 제기한 것이다. 그리고 또 한 사람이 있었으니 바로 마에다 도시이에前田利家다. 고다이로 중에서도 유력자였던 도시이에의 존재는 이에야스에게 눈엣가시였다. 그런데 이에야스는 하늘이 도왔는지 가만히 앉아서 미쓰나리와 도시이에라는 2명의 근심거리를 해결하게 된다.

반이에야스 세력이 도시이에를 따르며 반발하는 사이, 도시이에가 히네요시의 뒤를 쫓아가기라도 하듯이 이듬해에 어이없이 병사한 것이다. 도시이에가 세상을 떠나면서 미쓰나리도 수난을 당한다. 도요토미 히데요시가 남긴 유산이라고도 할 수 있는 조선 출병을 둘러싸고 관료로 대변되는 문관파와 전쟁에서 싸운 무관파가 내부에서 대립하면서 미쓰나리에게 불똥이 튄 것이다. 이전부터 두 그룹 사이를 중재하던 도시이에가 세상을 떠나자 고삐가 풀린 무관파가 문관파의 실력자 미쓰나리를 습격한 것이다. 그 결과, 미쓰나리는 겨우 목숨은 건졌지만 모든 권력을 빼앗긴 채 비와호 동안에 있는 사와산佐和山에 들어가 칩거하게 된다.

이에야스가 이끄는 동군의 창끝은
서군인 미쓰나리 진영을 향한다

기세가 오른 이에야스는 오사카성에 입성하자 자신에게 반기를 든 다이묘들을 제압하기 위해 전면 공격에 나선다. 먼저 반대파 숙청의 일환으로 우에스기 가게카쓰에게 교토로 상경하라고 요청한다. 그리고 이에야스의 예상대로 가게카쓰가 거부하자 역적을 토벌한다는 명분으로 아이즈会津, 후쿠시마현 서부 정벌에 나선다.

한편, 칩거 후에도 이에야스의 폭거를 우려한 미쓰나리는 모리 데루모토를 대장으로 임명하고 오사카성에서 서군을 거병하기로 한다. 아이즈로 가는 도중에 오야마小山, 도치기현에서 미쓰나리가 봉기했다는 보고를 받은 이에야스는 오야마 평정小山評定*을 연 직후 진로를 서쪽으로 돌려 토벌에 나선다. 이로써 이에야스

가 이끄는 아이즈 정벌군은 동군이 되고, 반역자를 토벌하는 창끝은 서군인 미쓰나리 그룹에게로 향하게 된다. 이렇게 해서 미노의 세키가하라関ケ原를 무대로 한, 일본 전국시대의 종지부를 찍은 전투의 서막이 오르게 된다.

결전의 장이 된 세키가하라는 고대부터 교통의 요지이자 군사적 요충지로 천혜의 입지를 지니고 있었다. 기나이畿内에서 도고쿠으로 향하는 국도인 도카이도東海道가 가로지르는, 오미와 미노의 경계에 있는 관문인데, 사실 이곳은 관문뿐만 아니라 해자와 성벽으로 둘러싸인 군사시설의 역할도 겸하고 있었다. 그래서 서군은 주변의 군사시설을 이용하려고 이곳에서 동군을 맞았는지도 모른다.

실은 세키가하라 전투의 진형만 보면 서군이 압도적으로 우위였다. 사방이 산지로 둘러싸인 세키가하라의 분지는 충분히 넓은 평지여서 대군끼리 맞붙기에 적합한 지형이었다. 동서를 가로지르는 평원의 길이는 동서로 약 4킬로미터, 남북으로는 약 2킬로미터에 달했다. 또한, 세키가하라의 서부는 남쪽의 스즈카鈴鹿 산맥과 북쪽의 이부키伊吹 산지 사이에 있어 길이 아주 좁았다.

서군은 이 출입구를 요격하는 형태로 사사오산笹尾山 · 텐마산天満山 · 마쓰오산松尾山을 등지고서 겹겹이 진을 쳤고, 도카이도로 진군하는 동군을 내려다볼 수 있는 난구산南宮山에는 시코쿠에서 온 서군이 배치되었다. 이에야스에 비해 우세했던 진형이었으나 전투의 승패를 결정하는 것은 따로 있었던 모양이다. 양군이 전투 진열을 갖춘 지 6시간 후, 세키가하라 전투는 뜻밖의 결말을 맞이한다.

다이로
무가 정치에서 도요토미 히데요시 및 도쿠가와 가문의 쇼군을 보좌하던 최상위 책임자를 말한다.

오야마평정
우에스기 가게카쓰를 토벌하기 위해 아이즈로 가는 도중, 오사카에서 이시다 미쓰나리가 군대를 일으켰다는 소식을 듣고, 이에야스가 다이묘들을 불러 모아 아이즈로 갈 것인지, 오사카로 갈 것인지를 정한 군사회의를 말한다.

이에야스가 천하인에 오른
세키가하라 전투의 종막

세키가하라 전투는 천하 패권을 건 두 영웅의 싸움이면서도 수많은 인간 드라마
와 심리전이 펼쳐진 전무후무한 역사적 결전이었다. 전국시대의 내로라하는 무장
들이 집결해 벌인 대결전의 결과를 살펴보자.

동군의 이에야스와 서군의 미쓰나리,
누가 사람의 마음을 얻었는가?

　오랜 세월 계속된 전국시대를 마무리 짓고, 도쿠가와 이에야스를 천하인으로
등극시킨 대결전 세키가하라 전투. 1600년 9월 14일 전투를 시작하기 전, 이시다
미쓰나리가 이끄는 서군은 오가키성大垣城, 도쿠가와 이에야스가 이끄는 동군은
미노의 아카사카赤坂에 진을 치고 서로 대치한다.

　서군의 왼쪽 대열에는 사사오산에서 미쓰나리가 진을 치고, 막강한 전투력을
자랑하는 맹장들이 그 전방을 호위했다. 인근의 덴마산 기슭에는 임진왜란에 참
전했던 우키다 히데이에와 고니시 유키나가가 이끄는, 2만 가까운 대군이 진을
쳤고, 오른쪽 대열에는 고바야카와 히데아키가 1만 3,000여 명의 대군을 데리고
마쓰오산에 포진했다.

　서군은 이부키산伊吹山을 비롯해 사방이 산들로 둘러싸인 절구 모양의 분지에
철통같은 진을 치고 진격하는 동군을 기다리기라도 하듯이 요격 태세를 갖추었
다. 서군은 지리적 조건을 최대한으로 활용해 무장을 배치하는 등 대비에 만전을

천하의 주인을 가리는 세키가하라 전투의 결말은?

세키가하라 전투 개전 전에 이시다 미쓰나리가 이끄는 서군은 오가키성에, 도쿠가와 이에야스가 이끄는 동군은
미노의 아사카사에 도착해 서로 대치하며 전투준비에 만전을 기한다.

9월 15일 이른 아침, 대치 중인 동서 양군의 진형

1 이시다　**6** 고바야카와　　**1** 구로다　　**4** 교고쿠
2 시마즈　**7** 조소카베　　　**2** 호소카와　**5** 도쿠가와
3 고니시　**8** 요시카와　　　**3** 후쿠시마
4 우키타　**9** 모리
5 오타니

사사오산

❶ 동군의 장수들이 세키
가하라에 집결한다.

❷ 이에야스 후방에서도 군대가 진
을 치고 시코쿠 세력도 견제한다.

텐마산

모모쿠바리산

❸ 이에야스가 모모쿠바리산에
도착한다.

난구산

마쓰오산

9월 15일 8시, 동군 이이 부대의 선공으로 전투 개시

사사오산

❷ 구로다 · 호소카와 군대와
이시다 군대가 격돌(오전 8시경)

❶ 동서 양군이 격돌(오전 8시경)

텐마산

❹ 이에야스군이 진군
(오후 3시경)

모모쿠바리산

사태를 관망하는
시코쿠 세력

❸ 고바야카와 · 구쓰기 군대가
배신하고 오타니 군대를 공격(정오경)

마쓰오산

난구산

고바야카와 부대의 배신, 그리고 시마즈와 시코쿠 세력의 관망으로 서군은 완전히 붕괴
되고, 천하의 주인을 가리는 대전은 불과 하루 만에 막을 내린다.

기했다. 또한, 이에야스 본대가 도착한 모모쿠바리산 후방에 있는 난구산에는 모리 히데모토가 이끄는, 주고쿠와 시코쿠에서 온 서군의 장수들이 배치되었다. 동군의 진격에 대한 서군의 포위망은 한 치의 빈틈도 없는 완벽한 전투준비였다.

하지만 동서의 맹장과 명장이 집결한 이 대전투는 각각의 군사 전략과 심리전이 불꽃처럼 번쩍이며 인간 군상의 참모습을 드러내는 대하드라마를 언출한 전투가 되었다. 그래서 양군의 전투 대형과 작전 계획으로는 예측할 수 없는, 한바탕 광풍이 몰아치듯이 전쟁 판도도 변화무쌍하게 막을 내리고 말았다.

이 전투는 표면상으로는 무력을 겨루는 승부였다. 하지만 그 이면에서는 전장의 전력과 전술만으로는 측량할 수 없는, 인간의 마음을 움직이는 경세經世의 영역에서 한판 승부가 벌어진 꼴이었다. 서군의 미쓰나리와 동군의 이에야스의 두 영웅 중 어느 쪽이 사람의 마음을 얻느냐에 따라 천하의 주인이 판가름 나게 되어 있었다. 결국 그때까지 두 사람이 형성한 인간관계가 최종 승부를 갈랐다.

평소 인망이 두터웠던 이에야스는
인심을 얻은 다음에 천하도 얻었다

9월 15일, 짙었던 안개가 활짝 갠 이른 아침, 동군의 이이 나오마사井伊直政[3] 부대가 진지를 살며시 빠져나가 공격에 나서며 별안간 격전이 시작되었다. 최전선에서는 동군의 후쿠시마 부대가 가담해, 서군의 총대장인 우키다 본대와 일진일퇴의 공방을 벌였다. 사사오산 기슭에서는 호소카와細川 부대와 구로다黑田 부대가 미쓰나리 부대에 맹공을 개시했다. 여기에서도 양군이 서로 물러설 수 없는 격전을 펼쳤다.

한편, 서군의 오른쪽 대열에서는 히라쓰카平塚 부대와 오타니大谷 부대와 동군의 도도藤堂 부대와 교고쿠京極 부대가 격돌하며 비등비등한 전투가 벌어진다.

교착상태가 계속되면서 결국에는 전선의 서쪽 후방인 마쓰오산에 포진한 고바야카와 히데아키의 결단이 서군의 전과를 좌우하는 모양새가 되었다. 그런데 이러한 히데아키의 행동을 오판한 것이 미쓰나리의 치명적 실수였다. 이에야스의 입장에서는 히데아키가 주어진 임무를 감쪽같이 완수해냄으로써 결과적으로 역사의 수레바퀴를 자기 쪽으로 움직였다고 할 수 있다.

원래 이에야스는 일찍이 히데아키와 접촉해 내통하겠다는 약속을 받아냈다. 지난 조선 출병 때와 자신의 거취를 둘러싸고 미쓰나리와 대립했을 때, 이에야스에게 도움을 받았던 히데아키는 비록 몸은 서군에 속해 있었으나 심정은 동군에 기울었는지도 모른다.

정오를 맞이할 무렵, 지금까지 조용히 지켜보던 히데아키는 서군을 배신하고 돌연 기슭에 진을 친 오타니 부대에 공격을 가했다. 이를 기화로 이에야스 본대가 진군하자마자 서군에 속한 4명의 장수가 차례로 동군으로 돌아서며 순식간에 서군이 내몰리는 상태로 급변했다. 설상가상으로 난구산의 시마즈군과 모리군은 서군이 궁지에 몰렸는데도 조용히 지켜보기만 하다 결국에는 진격을 포기해버렸다.

이렇게 해서 천하의 주인을 결정하는 분기점이 된 전쟁은 전투 개시로부터 반나절도 지나지 않아서 싱겁게 마무리되었다. 평소 인망이 두터웠던 이에야스가 압도적으로 불리한 지리적 형세와 군사적 전술을 뒤집을 수 있는 계책을 꾸며 대승리를 거둔 것이다. 이로써 이에야스는 인심을 얻은 다음에 천하도 얻은 것이다.

오우의 3대 다이묘 격돌,
북쪽의 세키가하라 전투

세키가하라를 둘러싼 동서 양군의 전투는 대리전의 양상을 띠면서 일본 각지로
불똥이 튄다. 이후 일본 각지에서는 크고 작은 전투가 끊이질 않았다. 한편, 전국
시대 최후의 전투에서는 승자와 패자의 희비가 극명하게 갈렸다.

이에야스가 승리했다는 소식이 전해지자
전세가 기울며 우에스기군이 철수를 결정

전국시대의 막바지에 일본을 크게 흔든 세키가하라 전투는 동서 양군의 격전
끝에 불과 하루 만에 승부가 정해졌다. 하지만 1600년 7월에 서군이 거병한 이래,
일본 각지에서는 크고 작은 갖가지 전투가 끊이질 않았다. 이는 천하의 주도권을
둘러싸고 도요토미 가문의 직계를 지키려고 하는 다이묘들과 새로이 천하의 주인
으로 나서려는 도쿠가와 가문 사이에 벌어진 전쟁의 불똥이 전국으로 퍼졌기 때
문이다.

120만 석의 아이즈의 다이묘이며 도요토미의 고다이로 중 한 명인 우에스기 가
게카쓰는 서군의 중진으로 반이에야스 장수들을 이끈 선봉장이었다. 한편, 20만
석의 야마가타山形의 모가미 요시아키最上義光는 이에야스와 강고한 우호 관계를
맺고 우에스기를 공격하는 선봉장을 맡았다. 오우奧羽•를 무대로 펼쳐진 북쪽의
세키가하라 전투에서는 두 영웅 사이에 동군의 다테 마사무네가 가세하며 치열한
공방전을 벌인다. 서군의 이시다 세력인 우에스기 가게카쓰와 동군인 다테 마사

우에스기 VS 모가미 & 다테, 북쪽의 패자는 누구인가?

서군의 중진이자 이에야스에게 반기를 든 우에스기 가게카쓰와 반대로 동군의 모가미 요시아키는 이에야스와 강고한 동맹관계에 있었다. 모가미 세력에 다테 마사무네가 가담한 동서 양군의 격돌의 결말은 어떻게 될까?

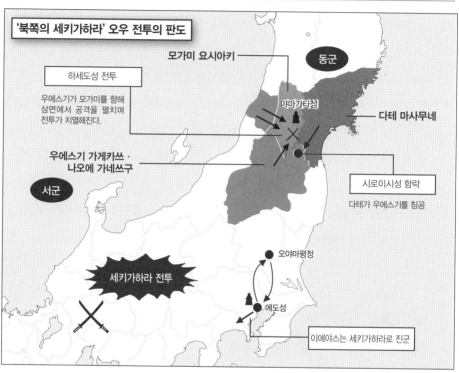

'북쪽의 세키가하라' 오우 전투의 판도

모가미 요시아키

동군

하세도성 전투

우에스기가 모가미를 향해 삼면에서 공격을 펼치며 전투가 치열해진다.

야마가타성

다테 마사무네

우에스기 가게카쓰 · 나오에 가네쓰구

시로이시성 함락

다테가 우에스기를 침공

서군

오야마평정

세키가하라 전투

에도성

이에야스는 세키가하라로 진군

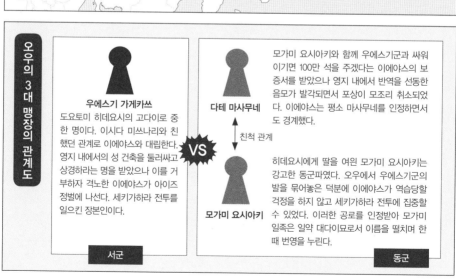

오우의 3대 맹장의 관계도

우에스기 가게카쓰
도요토미 히데요시의 고다이로 중한 명이다. 이시다 미쓰나리와 친했던 관계로 이에야스와 대립한다. 영지 내에서의 성 건축을 둘러싸고 상경하라는 명을 받았으나 이를 거부하자 격노한 이에야스가 아이즈 정벌에 나선다. 세키가하라 전투를 일으킨 장본인이다.

VS

다테 마사무네

친척 관계

모가미 요시아키

서군

모가미 요시아키와 함께 우에스기군과 싸워 이기면 100만 석을 주겠다는 이에야스의 보증서를 받았으나 영지 내에서 반역을 선동한 음모가 발각되면서 포상이 모조리 취소되었다. 이에야스는 평소 마사무네를 인정하면서도 경계했다.

히데요시에게 딸을 여읜 모가미 요시아키는 강고한 동군파였다. 오우에서 우에스기군의 발을 묶어놓은 덕분에 이에야스가 역습당할 걱정을 하지 않고 세키가하라 전투에 집중할 수 있었다. 이러한 공로를 인정받아 모가미 일족은 일약 대다이묘로서 이름을 떨치며 한때 번영을 누린다.

동군

무네, 모가미 요시아키가 오우에서 격돌한 것이다.

먼저 마사무네가 인접한 우에스기 영지를 침공해, 7월 25일 우에스기 쪽의 시로이시성白石城을 함락시켰다. 이에 우에스기군은 가게카쓰가 전폭적으로 신뢰하는 맹장 나오에 가네쓰구直江兼続[4]를 전장에 투입한다.

가네쓰구의 주력 부대는 9월 11일에 요시아키의 서성인 야마가타성 공략을 목표로 진격을 개시한다. 나아가 야마가타성의 남쪽에 위치한 하세도성長谷堂城에도 맹공을 퍼부어 함락 직전까지 몰아붙이며 모가미와의 전투에서 우위를 보인다. 하지만 보름 후인 9월 30일, 양군에 세키가하라 전투 결과가 전달된다. 이에야스가 대승했다는 소식에 형세가 단숨에 역전되며 우에스기군은 철수를 결정한다.

이렇게 서로 이웃한 세 영토의 맹장끼리 각축전을 벌인 대리전은 가히 북쪽의 세키가하라 전투라 할 만했다. 적대하는 양대 세력의 배후에 도사리고 있는 동군과 서군이 패권 전쟁에 앞장설 것을 부추겼기 때문이다.

세키가하라 전투의 동기를 제공한
가게카쓰가 이에야스를 찾아가 항복

이처럼 북쪽의 세키가하라 전투는 개전하고 약 2개월 후인 9월 말경에 급작스러운 변화를 맞이한다. 세키가하라 전투의 결과가 보름 늦게 오우 지방에 전달되면서 형세가 단숨에 역전된 것이다.

요시아키는 하세도성 바깥에서 철수를 개시한 우에스기군에 맹공격을 퍼붓는다. 우에스기군을 이끌던 가네쓰구는 집요하게 추격하는 총대장 요시아키를 뿌리치며 퇴로를 확보해 병력의 손실을 최소화하면서 퇴각에 성공한다. 우에스기군은 갑작스러운 상황의 변화로 패자 진영으로 몰렸지만 정세가 불리한 상황에서도 포기하지 않고 부대를 본국으로 질서정연하게 철수시켜 높은 평가를 받았다.

적군이었던 이에야스마저도 "훌륭한 무장이로다!" 하고 가네쓰구를 칭찬했다고 한다. 세키가하라는 물론 오우에서도 전국시대를 마무리하는 전장에서 무용을 떨친 무장이 탄생한 것이다.

그 후에도 오우에서는 동서 양군의 쟁탈전이 계속되었다. 그러다 이듬해인 1601년 7월, 가게카쓰가 가네쓰구를 비롯한 가신들을 데리고 교토로 상경해 이에야스에게 무릎 꿇고 항복함으로써 기나긴 전쟁이 마무리되었다

가게카쓰가 상경을 거부한 것이 도화선이 되어 발발한 세키가하라 전투는 1년이 지나 항복한 가게카쓰에 의해 막이 내리는 형국이었다. 그 후, 가게카쓰는 아이즈에서 요네자와米澤, 야마가타현으로 영지를 바꾸라는 명을 받고 수학고는 120만 석에서 30만 석으로 감봉되었다. 마사무네는 동군을 승리로 이끌었으나 영지 내에서 반란을 선동한 음모가 탄로나면서 포상으로 받기로 한 100만 석을 받지 못하게 되었다.

하지만 요시아키만은 전공을 크게 평가받았다. 요시아키가 우에스기군을 견제해 발을 묶어둔 덕분에 이에야스가 뒷일을 걱정하지 않고 세키가하라 전투에 전념할 수 있었으니 말이다.

그런 이유로 모가미 요시아키는 이례적으로 33만 석이나 되는 영지를 받아서 57만 석의 대다이묘가 되었다. 그리고 전국시대 이후에는 영지 내에서 산업, 경제, 문화 등 다방면으로 발전을 이뤄내며 '모가미 100만 석'이라 칭송받는 황금시대를 열었다.

오우
혼슈 북부 도호쿠 지방의 중앙을 가로지르는 오우산맥의 양쪽 지역인 무쓰국과 데와국을 합친 지역 명칭이다.

영지 몰수와 재배치로
도쿠가와 막부 시대 개막

사상 최대의 전투 세키가하라가 끝나자 난세의 시대는 드디어 막을 내리고 도쿠가와의 에도 정권이 장기간 세상을 통치한다. 그 이면에는 통일국가를 목표로 단행한 전후 처리와 다이묘에 대한 이에야스의 조치가 크게 영향을 미쳤다.

다이묘에 대한 상벌 조치와 재배치로
도쿠가와 막부의 기초를 다졌다

세키가하라 전투로 패권을 장악한 도쿠가와 이에야스는 전공과 친소 관계를 기준으로 주종 관계를 맺고 영지를 나누어주는 등 지체없이 전후 처리에 나섰다.

전후 처리란 다시 말해 모든 다이묘들에 대한 상벌 조치이자 영지의 재배분을 의미했다. 상벌은 아군 다이묘의 영지는 늘려주고, 중립 다이묘에게는 구영토의 소유권을 인정해주되 적대 다이묘의 영지는 몰수하거나 감봉하는 것을 의미했다. 당연히 이시다 미쓰나리의 서군에 참여했던 장수들의 영지는 몰수되거나 축소되고 변경되었다.

그 결과 새로 수확고 1만 석 이상의 영지를 하사받고 다이묘가 된 장수까지 포함해 200개가 훨씬 넘는 다이묘가 에도 막부체제에서 새로 조직되었다. 도쿠가와 가문이 265년에 이르는 장기 정권을 유지한 배경에는 이러한 철저한 상벌과 통제 체제가 있었다.

이에야스에 대한 공헌도에 더해 사이가 좋고 나쁨에 따라 다이묘에 대한 처리

영지 몰수, 변경, 재배치 등 다이묘에 대한 전후 처리

세키가하라 전투로 천하의 패자가 된 이에야스가 내린, 모든 다이묘에 대한 전후 처리는 정권의 안정과 막부의 영속성을 염두에 두고 무자비할 정도로 엄격하게 집행되었다.

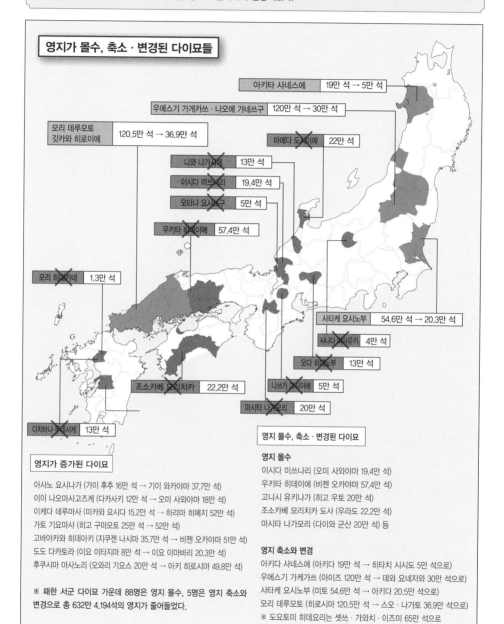

영지가 몰수, 축소 · 변경된 다이묘들

아키타 사네스에 | 19만 석 → 5만 석

우에스기 가게카쓰 · 나오에 가네쓰구 | 120만 석 → 30만 석

모리 데루모토 깃카와 히로이에 | 120.5만 석 → 36.9만 석

마에다 도시마사 | 22만 석

니와 나가사게 | 13만 석

이시다 미쓰나리 | 19.4만 석

오타니 요시쓰구 | 5만 석

우키타 히데이에 | 57.4만 석

모리 히데카네 | 1.3만 석

사타케 요시노부 | 54.6만 석 → 20.3만 석

사나다 마사유키 | 4만 석

오다 히데노부 | 13만 석

나쓰카 마사이에 | 5만 석

조소카베 모리치카 | 22.2만 석

마시타 나가모리 | 20만 석

다치바나 무네시게 | 13만 석

영지가 증가된 다이묘

아사노 요시나가 (가이 후추 16만 석 → 기이 와카야마 37.7만 석)
이이 나오마사고즈케 (다카사키 12만 석 → 오미 사와야마 18만 석)
이케다 데루마사 (미카와 요시다 15.2만 석 → 하리마 히메지 52만 석)
가토 기요마사 (히고 구마모토 25만 석 → 52만 석)
고바야카와 히데아키 (지쿠젠 나지마 35.7만 석 → 비젠 오카야마 51만 석)
도도 다카토라 (이요 이타지마 8만 석 → 이요 이마바리 20.3만 석)
후쿠시마 마사노리 (오와리 기요스 20만 석 → 아키 히로시마 49.8만 석)

※ 패한 서군 다이묘 가운데 88명은 영지 몰수, 5명은 영지 축소와 변경으로 총 632만 4.194석의 영지가 줄어들었다.

영지 몰수, 축소 · 변경된 다이묘

영지 몰수

이시다 미쓰나리 (오미 사와야마 19.4만 석)
우키타 히데이에 (비젠 오카야마 57.4만 석)
고니시 유키나가 (히고 우토 20만 석)
조소카베 모리치카 도사 (우라도 22.2만 석)
마시타 나가모리 (다이의 군산 20만 석) 등

영지 축소와 변경

아키다 사네스에 (아키다 19만 석 → 히타치 시시도 5만 석으로)
우에스기 가게가쓰 (아이즈 120만 석 → 데와 요네자와 30만 석으로)
사타케 요시노부 (미토 54.6만 석 → 아키다 20.5만 석으로)
모리 데루모토 (히로시마 120.5만 석 → 스오 · 나가토 36.9만 석으로)
※ 도요토미 히데요리는 셋쓰 · 가와치 · 이즈미 65만 석으로

와 배치가 정해지는 가운데, 모든 장수가 세 가지의 틀로 등급이 매겨졌다. 신판親藩·후다이譜代·도자마外樣가 그것이다.

신판은 원래 도쿠가와 가문의 피를 이어받은 다이묘다. 후다이는 세키가하라 전투 이전부터 도쿠가와를 섬긴 다이묘로 전후에는 에도에 가까운 중요한 영지를 하사받고 막부 안에서도 중요한 직책을 담당했다. 그리고 노요토미 가문을 섬긴 다이묘인 도자마는 국정에 참여하지 못한 채 에도에서 멀리 떨어진 곳의 영지를 받았다.

한편, 아사노 요시나가浅野幸長[5], 이이 나오마사, 이케다 미쓰마사池田光政, 가토 기요마사加藤淸正[6] 그리고 이에야스와 내통하고 서군을 배신해 전투를 동군의 승리로 이끈 고바야카와 히데아키와 같이 실전에서 활약한 장수들은 포상으로 막대한 녹봉과 영지를 받았다.

이에야스는 전후 처리에 관해 아주 엄격한 조치를 취한 것으로 유명하다. 지도를 보면 알겠지만, 이에야스의 반대편에 선 많은 다이묘가 갖고 있던 영지가 몰수되거나 축소되었고, 요지에서 멀리 떨어진 곳으로 변경되는 처분을 받았다. 그리고 동군에 몸담고 있었지만 눈에 띄는 공적이 없는 자는 벌을 받았다.

도쿠가와 정권의 통치기구 구성은
현대 일본 내각의 원형으로 자리 잡았다

이에야스는 정권의 안정과 막부의 지속성을 유지하기 위해 다이묘 배치에도 공을 들였다. 도쿠가와 막부의 직할령은 에도를 중심으로 하는 간토 일원과 도카이도 일대다. 신판과 후다이 다이묘는 막부 직할령 주변에 있는 요지를 맡겨 전력을 보강하고 감시하는 형태로 배치되었다.

특히 간토 전역에는 하룻밤이면 에도로 달려올 수 있는 장소에 후다이 다이묘를 배치해 만에 하나 있을 긴급사태에도 대응할 수 있게 준비했다.

반면에 도자마 다이묘는 수확고는 높지만 쉽게 에도와 교토로 오지 못하게 먼 변방에 배치되었다. 대표적인 장수를 들어보면 도호쿠의 다테 · 사타케佐竹, 호쿠리쿠의 마에다, 시코쿠의 하치스카蜂須賀 · 야마우치, 규슈의 시마즈 등이다. 천하를 손에 넣은 백전노장 이에야스는 신중하면서도 치밀하게 다이묘를 재배치해 정권 유지에 장애가 생기지 않도록 배려했다.

이에야스의 전후 처리를 정리하면 반대파 다이묘 88개 가문의 총 418만 석의 영지를 몰수하고, 다섯 개 가문에 대해서는 총 216만 석의 영지를 축소했다.

동군에 속했던 히데요시계 다이묘들은 설령 영지가 늘어도 에도에서 먼 주고쿠, 시코쿠, 규슈 방면으로 영지가 변경되었다. 그리고 다이묘에게 적용되는 법을 만들어 이를 어기면 영지를 몰수하는 처분을 내렸다. 후쿠시마 마사노리와 히고肥後의 가토 기요마사처럼 이에야스파의 동군 다이묘들도 엄격한 단속을 받는 등 반목은 절대로 용납되지 않았다.

이에야스는 친소 관계를 기준으로 신뢰할 수 있는 다이묘들로 주변을 가득 채우고, 반대하는 자는 멀리 보내 국정에 참여하지 못하게 막았다. 이렇게 보면 세키가하라 전투에서의 승리 후, 이에야스가 구상하고 실행한 도쿠가와 정권의 통치기구 구성이 현대 일본 내각의 원형이 되었다는 것을 알 수 있다.

이에야스는 내각을 이끄는 총리대신이 수장으로 나라를 통치하면서 국무를 담당하는 각 대신의 임명권과 파면권도 갖는 일본 최초의 통치기구를 조직하는 데 성공했다. 이렇게 정치와 경제를 잘 이끌 수 있는 모체를 구축했기 때문에 도쿠가와 정권이 오랜 세월 일본을 통치할 수 있었던 것이리라.

도쿠가와 이에야스는
왜 에도에 막부를 열었나?

천하인 도요토미 히데요시의 명으로 대대로 지배하던 영지를 내놓고 미개척지 간
토로 옮기게 된 이에야스. 갈대가 무성하게 자란 습지대 안에 본거지 에도를 정한
이에야스의 눈에는 대관절 무엇이 보였던 것일까?

히데요시의 명으로 이에야스의 영지는
미카와에서 미개척지 간토로 이전

이에야스는 에도 막부 초대 정이대장군征夷大将軍 이어서인지 '도쿠가와 이에야
스 하면 에도'를 떠올리게 된다. 하지만 원래는 미카와아이치현 동부 출신으로 오카
자키성岡崎城을 거점으로 미카와를 통일한 후 나중에 하마마쓰성을 짓고 본성으로
삼았다. 그런 이에야스가 간토로 영지를 옮기게 된 것은 1590년의 일이었다.

천하를 거의 수중에 넣은 도요토미 히데요시가 오다와라의 호조 가문을 공격할
때 참전했던 이에야스는 무훈을 세우고도 호조 가문의 구영토인 간토팔주関東八州
로 영지를 옮기라는 명을 받는다. 간토팔주란 사가미相模 · 무사시武蔵 · 고즈케上野
· 시모쓰케下野 · 아와安房 · 가즈사上総 · 시모사下総 · 히타치常陸의 여덟 주로 현재
의 간토지방 전역을 가리킨다.

당시 이에야스는 미카와 · 도토미 · 스루가 · 가이 · 시나노를 지배하던 대다이
묘였다. 그러니 그러한 자신의 영지를 놔두고 다른 지역으로 떠나는 것은 사실상
의 좌천이었다고 할 수 있다. 이에 관해서는 이에야스의 힘을 두려워한 히데요시

광대한 습지 에도를 인구 100만 도시로 탈바꿈시키다

이에야스는 물자를 운반하기 위해 수로를 정비하고 광대한 습지를 매립하는 등 성의 개축보다 성하도시의 정비에
더 힘을 쏟았다. 이에 에도는 세계 최대의 인구 100만 도시로 성장했다.

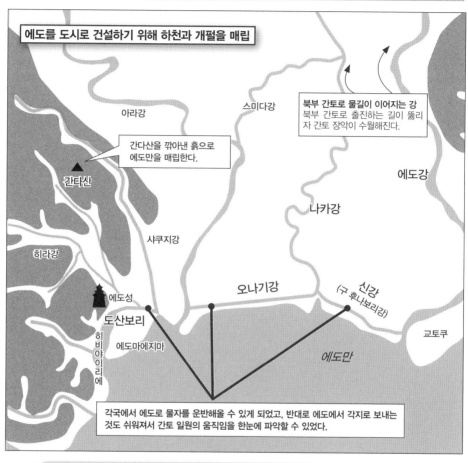

에도를 도시로 건설하기 위해 하천과 개펄을 매립

아라강

스미다강

북부 간토로 물길이 이어지는 강
북부 간토로 출진하는 길이 뚫리
자 간토 장악이 수월해진다.

에도강

간다산을 깎아낸 흙으로
에도만을 매립한다.

간타산

나카강

샤쿠지강

히라강

오나기강

신강
(구 후나보리강)

에도성

교토쿠

도산보리

히비야이리에

에도마에지마

에도만

각국에서 에도로 물자를 운반해올 수 있게 되었고, 반대로 에도에서 각지로 보내는
것도 쉬워져서 간토 일원의 움직임을 한눈에 파악할 수 있었다.

이에야스가 에도를 수도로 결정한 이유는?

· 에도성까지 연결되는 수로를 확보할 수 있었다.
· 육로와 해로를 연결하는 물류의 요충지였다.
· '후지산'을 전망할 수 있는 최적지였다.

**이에야스에게 에도는 도쿠가와 막부의
본거지로 최적의 땅이었다!**

가 이에야스를 견제하기 위해 교토와 가까운 미카와에서 멀리 간토로 보냈다는 설이 있다. 어쨌거나 절대적인 권력을 가진 히데요시의 명이었으니 영지를 옮기는 수밖에 달리 방법이 없었다. 그런데 왜 이에야스는 간토팔주 중에서 하필이면 본거지를 에도로 택한 것일까? 당시 간토평야는 갈대가 무성하게 자라는 광대한 습지대였고, 이에야스가 입성했던 에도성도 지은 지 100년이 넘은 낡고 황폐한 성이었다는데 말이다.

이에야스가 에도를 본거지로 택한 것은
에도에서 후지산이 보이기 때문이었다?

이에야스가 에도를 본거지로 정한 이유를 몇 가지만 꼽으라면 먼저 에도만에 있는 연안도시라는 유용성 때문이었다. 당시 에도에는 에도성 동쪽을 흐르는 히라강平川 하구에 항구가 있었는데, 이곳으로 전국 각지의 산물이 모여들었다.

당시, 기이반도와 이세만, 도카이 지방을 거친 각지의 산물이 에도만에 있는 항구에 모였다가 후루토네강古利根川과 후토히강太日川, 에도강 등의 수로를 거쳐 도호쿠 방면으로 이동하는 게 일반적인 물류 방식이었다. 에도가 바다와 육지를 연결하는 태평양 해운의 터미널이었기 때문이라고 한다.

에도성에 입성한 이에야스가 처음 시행한 것도 습지대 개척과 하천을 비롯한 에도만 정비였다. 이에야스는 에도성으로 물자를 실어 나르기 위해 성에서 히라강 하구를 잇는 도산보리道三堀, 그리고 스미다강과 나카강中川을 잇는 오나기강小名木川의 물줄기를 끌어온다. 여기에 북부 간토로 가는 경로가 되는 에도강과 나카강을 잇는 후나보리강船堀川을 정비해 서부 일본과 도호쿠로 연결되는 물류의 경로를 구축한다.

이러한 하천 정비와 동시에 이루어진 것이 성하도시의 건설이었다. 습지대와 하천의 개펄 지대를 매립해 가신단이 살 저택과 상인들의 거주 지역인 상업마을을 건설한 것이다.

대규모 도시를 건설하는 데 빼놓을 수 없는 것이 자재로 사용할 목재다. 하지만 전란이 계속되던 당시 일본은 만성적으로 목재 부족에 시달렸다. 특히 긴키 지방에서부터 주부, 주고쿠, 시코쿠 지방까지는 무분별한 남벌로 삼림의 대부분이 소실되었다고 한다. 한편, 광대한 습지대가 펼쳐져 성과 도시를 건설하기에 적합하지 않은 에도 주변에는 사람의 손길이 닿지 않은 자연이 그대로 남아 있어 목재를 조달하기도 용이했다. 한마디로 말해서 당시 에도는 물자를 해상으로 운송하기에 적합하고, 풍부한 삼림자원을 얻을 수 있는 천혜의 입지조건을 갖추고 있었다. 그렇게 생각하면 에도라는 미개척지의 개발 가능성에 일찍이 눈뜬 이에야스의 내정에 대한 통찰력에 절로 눈이 휘둥그레진다.

그런데 여기에 또 한 가지 덧붙일 게 있다. 이에야스가 에도를 본거지로 선택한 이유라고 하면 떠오르는 흥미로운 설이 있다. 바로 '에도에서는 후지산이 보인다'라는 것이다. 이마가와 가문의 인질로 잡혀 슨푸駿府, 시즈오카시에서 유년시절을 보냈던 이에야스에게 눈 덮인 후지산은 늘 향수어린 고향을 대하는 느낌이었을 것이다. 후지산에 대한 집착은 에도성 안에 후지산이 보이는 누각 형태의 망루를 만든 데서도 엿볼 수 있다.

정이대장군

일본 역사에서 명목상으로는 천황 다음가는 직책이지만 실질적으로는 최고 권력자였다. 일반적으로 쇼군이라고도 불리는 정이대장군은 본래 720년에 무쓰(아오모리현) 지방의 이민족을 복속시키기 위해 파견하는 군사지휘관에게 부여한 임시 관직이었다. 정이대장군이 막부의 수장을 의미하는 관직으로 일컬어지게 된 것은 가마쿠라 막부를 연 미나모토 요리토모가 1192년에 다시 정이대장군에 임명되면서부터다. 이후 아시카가 다카우지가 교토의 무로마치에 막부를 열면서 정이대장군을 수장으로 하는 정권 자체를 막부라 칭하게 되었다. 이후 도쿠가와 이에야스가 에도에 막부를 개창하면서 1868년의 메이지유신까지 약 700년 동안 무사 정권이 지속되었다.

오사카 겨울 전투에서
이에야스와 히데요리 격돌

1614년 10월, 도요토미 히데요시의 아들 히데요리와 그의 어머니 요도기미가 머무는 오사카성을 향해 이에야스군 20만 대군이 진군한다. 병력이 배나 차이가 나는데도 두 달여에 가까운 농성전을 벌인 난공불락 오사카성의 지형적 우위는 무엇인가?

범종의 글귀를 문제 삼은 이에야스의
침공으로 시작된 오사카 겨울 전투

천하를 가르는 '세키가하라 전투'에서 승리한 이에야스는 에도에 도쿠가와 막부를 열고 실질적인 천하인이 된다. 한편, 전투에서 진 도요토미 가문은 영지를 몰수당하고 수확고가 200만 석에서 65만 석으로 줄어들며 세상의 여러 다이묘 중 하나가 된다. 하지만 도요토미 가문은 재력이 만만치 않았고 여전히 큰 세력을 갖고 있었다.

완전한 천하통일을 바라는 이에야스가 절호의 기회를 얻은 것은 호코사方廣寺의 범종에 새겨진 글귀 때문이었다. 히데요시가 창건한 호코사를 아들 히데요리가 재건했을 때, 범종에 새겨진 '국가안강國家安康' '군신안락君臣安樂'이라는 글귀에 이에야스가 "내 이름 이에家와 야스康란 글자는 갈라놓고 도요토미豊 가문의 번영을 바라다니, 이는 도쿠가와 가문의 몰락을 바라는 것이다"라고 트집을 잡은 것이다. 그 사건을 계기로 두 집안 간의 긴장이 단숨에 높아지고 이윽고 오사카 겨울 전투가 발발한다.

난공불락 오사카성의 약점을 보완한 '사나다마루'

대군이 진을 치기 좋게 평지가 펼쳐져 있는 오사카성 남쪽. 그 입지의 불리함을 역으로 이용한 요격 시설 '사나다마루'로 인해 도쿠가와군의 공성도 효과가 없었다.

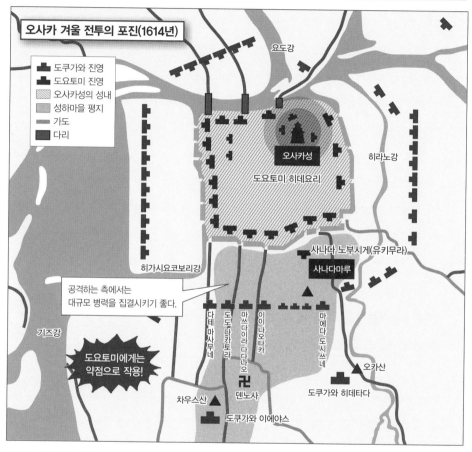

오사카 겨울 전투의 포진(1614년)

- 도쿠가와 진영
- 도요토미 진영
- 오사카성의 성내
- 성하마을 평지
- 가도
- 다리

요도강

오사카성

도요토미 히데요리

히라노강

사나다 노부시게(유키무라)

사나다마루

공격하는 측에서는 대규모 병력을 집결시키기 좋다.

히가시요코보리강

도요토미에게는 약점으로 작용!

기즈강

다테마사무네

도도다카토라

마쓰다이라다다나오

이이나오타카

마에다도시쓰네

오카산

도쿠가와 히데타다

차우스산

덴노사

도쿠가와 이에야스

오사카성 사나다마루의 특징

반원형의 성곽에 본채와 그곳을 감싸는 두 번째 성벽인 제2성벽으로 축조되어 있다. 오사카성에서 남쪽으로 약 2킬로미터 떨어진 곳에 위치하며, 성곽 바깥쪽에 지어졌다. 성벽 바깥쪽에는 마른 해자가 깊게 파여 있고, 안쪽에도 철포를 피할 수 있는 해자를 만들어놓았다.

크기는 동서로 약 180미터, 높이는 약 9미터, 해자의 깊이는 약 6~8미터였다고 한다. 성을 공격하던 도쿠가와군이 해자에 빠지면 15미터 위 성벽에 포진해 있는 적들에게 일제히 공격을 받게 된다.

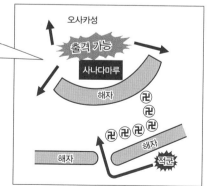

오사카성

출격 가능

사나다마루

해자

해자

해자

적군

전국의 다이묘를 자기편으로 만든 20만 대군의 도쿠가와군에 비해 10만을 헤아리는 도요토미군은 대부분 세키가하라 전투로 영지를 몰수당한 낭인들이었다. 도쿠가와에게 복수를 맹세한 사나다 노부시게真田信繁[7]나 조소카베 모리치카長宗我部盛親[8], 모리 가쓰나가毛利勝永[9], 고토 마타베後藤又兵衛[10] 등도 그중에 이름을 올렸다.

물밀듯이 밀려오는 도쿠가와 군대에, 도요토미군은 오사카성의 문을 걸어 잠그고 농성을 벌인다. 사나다 노부시게(유키무라)를 위시한 일부 장수들이 성에서 나가 적에게 당당히 맞서자고 진언하기도 했으나 오사카성의 압도적인 수비력을 앞세워 성안에서 농성하기로 결정한 것이다.

주위보다 높은 평지에 위치한 오사카성은 동·서·북 삼면이 히라노강平野川과 야마토강大和川, 요도강淀川과 같은 하천으로 둘러싸인 천연의 요새였다. 더욱이 성 자체도 본성과 이를 둘러싼 성벽인 제2성, 세 번째 성벽인 제3성에 성곽까지 갖춘 난공불락의 성이었다.

20만 대군의 포위와 공세 속에서도
히데요시군의 농성전은 2개월이나 지속

도요토미군의 전략은 성의 견고한 수비에 의지해 전투를 길게 끌어서 상대가 지치기를 기다렸다가 유리한 조건으로 전쟁을 마무리한다는 것이었다. 이것이 도요토미군이 계획한 종전까지의 시나리오였다. 하지만 오사카성에도 딱 하나 지형적 약점이 있었다. 바로 하천이 흐르지 않는 남쪽이었다. 여기는 드넓은 평지가 펼쳐져 있어 도쿠가와군이 병력을 집결시켜 진을 치기 좋은 곳이었다.

이러한 오사카성의 유일한 약점을 보완하기 위해 노부시게는 훗날 도쿠가와군을 동요시킨 별도의 방어시설 사나다마루真田丸를 세운다. 오사카성 남쪽에는 네개의 출입구가 있는데, 그중 가장 동쪽에 위치한 히라노구치平野口의 바깥쪽에 이

사나다마루를 세운 것이다. 가령 남쪽에 포진한 도쿠가와군이 사나다마루를 무시하고 진군하면 어떻게 될까? 전면에서는 성곽에 배치된 병사의 공격을 받고, 배후에서는 사나다마루에 있는 병사의 습격을 받게 될 것이다.

"먼저 사나다마루를 함락시켜야 해"라는 명령을 받은 마에다 도시쓰네前田利常[11]와 마쓰다이라 다다나오松平忠直[12], 이이 나오타카井伊直孝[13] 부대가 이 외성을 맹공격했다. 하지만 해자와 해자 밑바닥에 설치된 목책에 가로막혀 한 발짝도 앞으로 나아가지 못한 채, 성곽 안에서 쏟아지는 총탄과 화살의 표적이 되어 큰 타격을 입는다.

이런 철통같은 방어망 덕분에 20만 대군의 포위를 받으면서도 오사카성의 지형상의 이점을 살린 히데요시군은 2개월이나 농성전을 계속할 수 있었다. 그사이 성을 공략할 뾰족한 수를 찾지 못한 이에야스는 노부나가의 아우이자 요도기미의 작은아버지인 오다 나가마스織田長益[14]를 앞세워 평화협상을 추진한다.

여러 차례 논의 끝에 12월 20일 휴전이 성립된다. 강화 조건은 오사카성 본성을 겹겹이 둘러싸고 있는 성벽을 파괴하고 바깥 해자를 메울 것, 그 대신 히데요리의 안전을 보장하고 그의 영지 소유권을 인정한다는 것이었다.

사나다 노부시게유키무라 부대의 분투로 농성전에서 우위를 유지한 히데요시군이 위와 같이 불리한 조건을 받아들인 이유는 군량의 부족과 연일 계속되는 도쿠가와군의 대포 사격에 요도기미가 완전히 겁을 먹었기 때문이었다고 한다.

오사카 여름 전투에서 결국 도요토미 가문 멸망

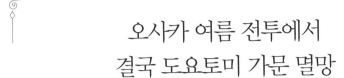

역전의 맹장 이에야스에게 야전을 감행한 도요토미군. 한때는 사나다 노부시게유 키무라 부대의 활약으로 이에야스를 수세에 몰아넣었으나 압도적인 병력 차이를 뒤집지는 못했다. 화염에 휩싸인 오사카성에서 히데요리는 할복으로 죽음을 맞이 하고 도요토미 가문은 멸망한다.

해자를 메워버린 오사카성을 향한
이에야스군의 침공으로 전투 시작

오사카 겨울 전투의 강화 조건이었던 해자를 메우기는, 제2 성벽은 히데요시군 이 메우고 제3 성벽과 맨 바깥 성곽의 해자는 도쿠가와군이 메우는 식으로 역할 분담이 정해졌다.

하지만 오사카성의 해자를 메우면 성의 방어망에 치명적 결함이 생기기 때문에 히데요시 쪽에서 달가워할 리가 없었다. 따라서 '바로 해자를 다시 파낼 수 있게 공사를 엉터리로 한다', '어떤 이유라도 대고 공사를 연기한다'라는 식의 계책을 강구할 가능성이 있었다.

이를 꿰뚫어본 이에야스는 제3 성벽과 바깥 성곽의 해자를 메운 후, 병사들을 시켜 제2 성벽까지 파괴한다. 그뿐이랴, 여기저기 흩어져 있는 망루까지 철저히 파괴한다. 해자는 성벽과 나란히 방위시설의 핵심으로, 적의 진군 속도를 늦추는 역할을 한다. 망루에서 볼 때, 진군을 멈춘 병사는 좋은 표적이기 때문에 성벽 상 부에서 공격하면 엄청난 타격을 줄 수 있다. 그러한 방어전의 유리함을 잃어버리

해자를 잃은 오사카성에서 어떻게 싸울 것인가?

도요토미군은 농성책을 쓰는 대신, 방어하기에 좋은 입지를 택해 전투력을 집중시킴으로써 도쿠가와군의 발을 묶어놓고, 그 틈을 타서 복병이 측면에서 협공하는 작전을 감행했다.

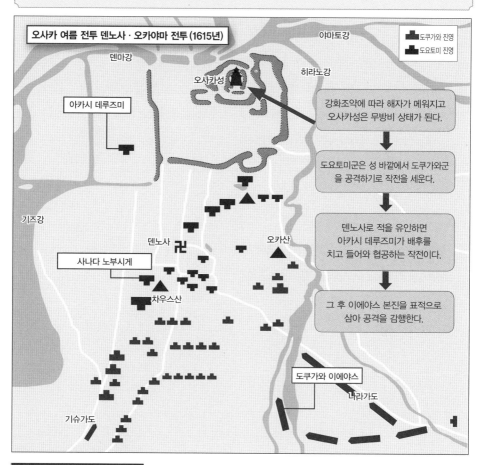

오사카 여름 전투 덴노사·오카야마 전투 (1615년)

야마토강

■ 도쿠가와 진영
■ 도요토미 진영

덴마강

오사카성

히라노강

아카시 데루즈미

강화조약에 따라 해자가 메워지고 오사카성은 무방비 상태가 된다.

기즈강

도요토미군은 성 바깥에서 도쿠가와군을 공격하기로 작전을 세운다.

덴노사

오카산

덴노사로 적을 유인하면 아카시 데루즈미가 배후를 치고 들어와 협공하는 작전이다.

사나다 노부시게

차우스산

그 후 이에야스 본진을 표적으로 삼아 공격을 감행한다.

도쿠가와 이에야스

나라가도

기슈가도

오사카 여름 전투의 시작과 끝

5월 6일 오전 0시~

오사카성에 진군한 도쿠가와군을 방어에 적합한 도묘사 마을에서 요격하려고 사나다 노부시게 등이 1만 8,000명의 군사를 이끌고 진군한다. 동시에 도쿠가와군의 측면을 공격하기 위해 조소카베 모리치카가 도묘사 마을에서 북쪽으로 8킬로미터 떨어진 곳으로 향한다.

5월 6일 ~오후 4시

선봉에 선 고토 마타베가 도묘사 마을에 도착했을 때 이미 도쿠가와군이 먼저 진을 친 상태였다. 하는 수없이 단독으로 전투에 나서지만 목숨을 잃는다. 뒤늦게 도착한 사나다 노부시게유키무라 부대가 선전하지만 오래 버티지 못하고 오사카성으로 철수한다.

5월 7일 새벽~

오사카성 근교에서 벌어진 덴노사·오카산 전투에서는 도요토미군이 주력 부대를 덴노사 입구에 포진시키고 좁은 구릉지로 올라오는 적군을 하나씩 격파한다. 그리고 동시에 길을 멀리 돌아온 별동대가 이에야스 본진의 배후에서 공격하는 협공작전을 펼치기로 한다.

5월 7일 ~오후 4시

오사카성 안에서 도쿠가와군과 내통한 사람이 성에 불을 지른다. 불길이 치솟아 오르는 오사카성을 보고 도요토미군 병사들이 동요하는 가운데, 이에야스는 전군에게 반격을 지시한다. 마쓰다이라 다다나오 부대의 공격을 받은 사나다 노부시게가 죽고 전쟁도 끝난다.

자 견고하기로 명성이 높았던 오사카성은 무방비로 적군에게 노출되는 상태가 되어버렸다.

　강화를 맺었어도 도쿠가와와 도요토미 양측의 군사적 긴장은 계속되었기 때문에 도요토미 측은 낭인들을 오사카성 안에 계속 머물게 하며 경계를 늦추지 않았다. 그와 동시에 도쿠가와 측에서 메워버린 해자를 다시 파내는 작업을 시작한다.

　도요토미 측의 전쟁 준비라고도 할 수 있는 행동에 불만을 품은 이에야스는 낭인들이 거리에서 행패를 부린다는 이유로 도요토미군에게 '낭인을 해고하라', '도요토미 가문은 오사카성에서 퇴거하라'라고 통지한다. 하지만 도요토미 측에서 이를 거부하자, 마침내 도요토미 가문의 존망이 걸린 오사카 여름 전투가 발발한다.

불길이 솟아오르는 오사카 성내에서
히데요리와 요도기미는 할복해 자살

　해자를 잃은 오사카성의 방어력은 크게 약화된다. 또한, 오사카 겨울 전투 이후에 성을 떠난 낭인이 많아 병력도 7만 명으로 준다. 반면에 이에야스군은 15만 명을 동원했는데, 이에야스 본인도 이번 전투에서 끝장을 내기로 결심하고 군량을 최소한만 준비했다고 한다.

　지난 전투와 같은 농성책이 통하지 않게 된 히데요시군은 야전을 감행하려고 성에서 빠져나온다. 주요 전장이 된 곳은 오사카성의 남동쪽 약 20킬로미터에 위치한 도묘사道明寺 마을 부근이었다. 훗날 '도묘사 전투'로 불리는 이 전투에서는 야마토大和 대로로 진군하는 도쿠가와군에 대해 고토 마타베가 이끄는 선봉 부대 6,000명, 사나다 노부시게(유키무라)와 모리 가쓰나가가 이끄는 후발 부대 2,000명이 결사의 각오로 방어전을 펼치고 있었다. 히데요시군이 이곳을 결전의 땅으로 선택한 이유는 산과 강 사이에 있어 방어하기에 적합한 지형이었기 때문이라고 한다.

1615년 5월 6일, 진군하는 도쿠가와군을 요격하기 위해 먼저 출발한 것은 고토 마타베 부대였다. 하지만 한발 늦게 도착하는 바람에 도쿠가와군이 먼저 도묘사 마을의 바로 코앞에다 진영을 마련한다. 하필이면 다른 선봉 부대와 후발 부대도 도착이 늦어져서 고토군은 도쿠가와군과 단독으로 전쟁을 개시한다. 하지만 분투 한 보람도 없이 고토는 적의 총탄을 맞아 목숨을 잃고, 그 직후에 도착한 다른 선 봉대도 도쿠가와군의 공격을 받고 뿔뿔이 흩어진다. 그래서 사나다 노부시게, 모리 가쓰나가의 후방군이 도착했을 때는 전투가 완전히 끝난 상황이라서 패잔병을 모아 오사카성으로 귀환하는 수밖에 없었다.

다음 날인 5월 7일, 사나다 노부시게, 모리 가쓰나가 부대는 오사카성에서 그리 멀지 않은 덴노사에 진을 친다. 배수진을 치고 전투에 임하는 히데요시군의 사기 는 그 어느 때보다 높아서 도쿠가와군을 이끄는 무장들은 힘을 제대로 써보지도 못하고 차례로 목숨을 잃는다. 그중에서도 사나다 노부시게는 눈부신 활약을 펼 치며 이에야스의 본진에 몇 번이나 뛰어들어 적을 베어 죽인다. 적진으로 돌진하 는 기세가 얼마나 대단했던지 이에야스도 죽음을 각오했을 정도였다고 한다.

하지만 수적으로 우세한 도쿠가와군에 차츰 밀리면서 결국 노부시게는 목숨을 잃는다. 이에 모리 가쓰나가의 지시에 따라 도요토미 전군이 오사카성으로 퇴각 한다. 불길이 솟아오르는 오사카 성내에서 히데요리와 요도기미는 가쓰나가의 시 중을 받으며 할복으로 생을 마감한다. 이로써 풍운을 일으키며 전국시대를 지배 했던 도요토미 가문도 멸망한다. 한편, 오사카성에서 전투가 벌어지는 내내 히데 요리가 나선 일은 한 번도 없었다.

핏빛 물든 전국시대에
꽃잎처럼 스러진 무장들

이에야스가 세상을 떠나고 그의 뒤를 이어받은 2대 히데타다를 정점으로 하는 평
화 시대가 시작되었다. 하지만 격전에서 이기고 살아남은 다이묘들에게는 가문의
존망이 달린 최후의 시련이 기다리고 있었다.

2대 히데타다는 다이묘 통제가
목적이었던 무가 제법도를 공포

히데요시 가문의 멸망은 전국시대의 종막을 의미했다. 이후 일본은 도쿠가와
막부를 토대로 250년에 걸친 태평성대를 맞이한다. 오사카 여름 전투가 발발하고
수개월 후에는 2대 쇼군 도쿠가와 히데타다가 다이묘를 통제하는 법령을 공포함
에 따라 모든 다이묘는 도쿠가와 정권의 지배를 받게 된다. 전국 다이묘를 통제하
는 법령은 다음의 13개 항목으로 되어 있다.

'학문과 무술을 갈고닦지 않으면 안 된다', '여럿이 무리 지어 술을 마시거나
놀지 않는다', '법령을 어긴 자를 숨겨주지 않는다', '자국에 반역한 자나 살인자
가 있으면 추방해야 한다', '영지에 타국인을 살게 해서는 안 된다', '성의 신축을
금지하고 부득이하게 수리해야 할 때는 반드시 신고한다', '이웃 나라에서 수상
한 움직임이 보이면 신고한다', '모든 다이묘는 막부의 허가 없이 결혼 약속을 해
서는 안 된다', '에도 부임 시에는 정해진 수 이상의 시종을 데려와서는 안 된다',
'신분에 맞는 복장을 해야 한다', '신분이 낮은 자가 멋대로 가마에 타서는 안 된

사라진 다이묘와 살아남은 다이묘들

전국시대 각지에서 세력을 형성한 많은 다이묘가 패전과 영지 몰수로 역사의 무대에서 자취를 감춘다. 도쿠가와 막부 시대에도 살아남은 전국시대의 다이묘 가문은 일부에 불과하다.

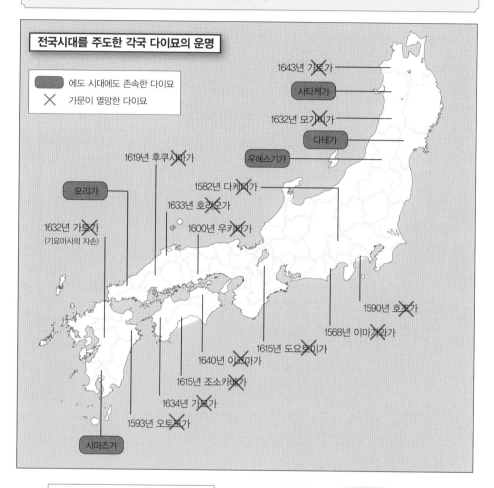

전국시대를 주도한 각국 다이묘의 운명

에도 시대에도 존속한 다이묘

✕ 가문이 멸망한 다이묘

1643년 가모가
사타케가
1632년 모가미가
다테가
우에스기가
1619년 후쿠시마가
1582년 다케다가
1633년 호리오가
모리가
1600년 우키타가
1632년 가토가
(기요마사의 자손)
1590년 호조가
1568년 이마가와가
1615년 도요토미가
1640년 이케마가
1615년 조소카베가
1634년 가토가
1593년 오토모가
시마즈가

공신에게도 엄격한 처벌을 내렸다!

세키가하라 전투에서 도요토미에게 은혜를 입은 무장이면서도 도쿠가와 편에 섰던 후쿠시마 마사노리. 그는 이에야스가 세상을 떠난 1619년, 태풍으로 무너진 성을 보수하려고 히데타다의 측근인 혼다 마사즈미本多正純에게 허가 신청을 해서 구두로 허락을 받았으나, 정식으로 신청하지 않았다는 이유로 영지를 몰수당한다. 세키가하라 전투에서도 우키타 히데이에를 물리치는 등 활약했으나 마지막까지 도요토미에게 중용되었던 도자마 다이묘라는 평가를 뒤집지는 못했다.

영지 몰수 처분을 당한 주요 이유

- 적군 진영에 속했다는 군사적 이유
- 세습을 하지 않은 채 영주가 사망
- 다이묘를 통제하는 법령을 위반
- 집안싸움 등 가문과 영지에서 사고 발생
- 칼부림 등의 난폭한 행동을 보인 경우

다', '무사는 검소한 생활을 해야 한다', '능력이 있는 자를 고용해 선정을 펼쳐야 한다' 등이다.

전체적으로는 도덕적 가치를 설파하는 내용이 많다. 그런데 그중에 눈에 띄는 조항이 있다. 바로 성의 개축 및 축조 제한과 다이묘 간의 혼인 금지다. 성의 축조 제한에 대해서는 일국일성一國一城, 즉 다이묘는 성을 하나만 소유할 수 있다고 제한했는데, 이는 모든 다이묘의 군사력을 약화시키려는 게 목적이었다. 혼인 금지는 다이묘 간의 연대를 경계한 조항임이 분명했다.

이러한 법령이 공포된 것만 봐도 막부가 모든 다이묘, 특히 세키가하라 전투 전후에 도쿠가와에게 굴복한 도자마 다이묘外樣大名의 반란을 경계한 것임을 알 수 있다. 사실, 히데타다부터 3대 쇼군 이에미쓰家光에 이르기까지, 막부는 많은 도자마 다이묘의 영지를 몰수하는 처분을 잇달아 단행한다.

수많은 무장들이 전국시대란 난세를 살며
다이묘로 살아남지 못한 채 스러졌다

도쿠가와 정권하에서 영지 몰수의 처분을 받은 다이묘라고 하면 먼저 후쿠시마 마사노리福島正則를 들 수 있다.

가토 기요마사, 이케다 미쓰마사와 나란히 도요토미 히데요시가 어릴 때부터 키운 다이묘로 알려진 마사노리는 에도 막부 치하에서 50만 석의 아키 히로시마 영지를 받는다. 그러나 성의 개축 제한을 위반해 1619년에 영지 몰수 처분을 받는다. 또한, 가토 기요마사에게서 가독을 물려받은 히고肥後의 구마모토성熊本城 성주 가토 다다히로加藤忠広도 영지를 몰수당한다.

그 외에도 57만 석의 데와出羽 야마가타山形를 다스리던 모가미 요시토시最上義俊, 24만 석의 이즈모出雲 마쓰에松江를 다스리던 호리오 요시하루堀尾忠晴, 57만 석의 이요伊予 마쓰야마松山를 다스리던 가모 다다토모蒲生忠知, 17만 석의 사누키讃岐 다카마쓰高松를 다스리던 이코마 다카토시生駒高俊을 비롯한 도자마 다이묘가 전부 영지를 몰수당한다. 그렇게 1632년에 세상을 떠난 2대 히데타다가 살아 있는 동안에 영지 몰수 처분을 받은 도자마 다이묘만 24명에 이른다.

영지를 빼앗긴 다이묘가 있는가 하면, 도자마이면서 막부 말기까지 가문을 존속시킨 다이묘도 있다. 우에스기 가문, 다테 가문, 사타케 가문, 모리 가문, 시마즈 가문 등이 그러하다. 세키가하라 전투에서 서군에 있었으면서도 우에스기 가문과 모리 가문이 영지 몰수 처분을 면한 것은 히데요시 정권하에서 이에야스와 함께 고다이로의 지위에 있었을 만큼 명문가였기 때문인지도 모른다.

같은 고다이로에 속했던 마에다 가문도 가가加賀 100만 석의 영지를 소유한 대 다이묘였으니, 고다이로의 요직을 맡았던 다이묘 중 영지 몰수 처분을 받은 것은 우키타 가문뿐이다. 우키타 가문은 세키가하라 전투 후 이에야스에게 영지를 몰수당한다.

수많은 무장들이 전국시대의 난세를 살며 다이묘로 살아남지 못한 채 산산이 스러졌다. 하지만 그렇게 흔적도 없이 스러져간 이들이 이후 300년 가까이 태평성대를 이룬 밑거름 역할을 했는지도 모른다.

100만 인구의 생명수였던 에도의 상수도와 저수지

에도의 도시는 이에야스가 죽은 후에도 번영을 계속해 세계에서도 유례가 없는 인구 100만 명의 도시가 되었다. 이런 대규모 인구의 생활을 뒷받침하려면 수맥이 흐르는 파이프라인의 정비가 필수였다. 에도 막부는 이러한 위업을 어떻게 달성한 것일까?

표고 차가 92m인 다마강에
43km나 되는 긴 물길을 조성

1800년 당시 세계 주요 도시의 인구는 런던 86만 명, 베이징 90만 명, 파리 54만 명에 뉴욕 6만 명으로 추정된다. 이 수치와 비교하면 에도 인구 100만 명이라는 숫자가 얼마나 대단한지 짐작할 수 있을 것이다. 그리고 그만한 사람들이 생활하려면 수원의 확보가 무엇보다 중요했다. 그러면 이에야스를 중심으로 에도 막부는 어떻게 해서 생명의 수맥을 확보한 것일까?

당시 에도의 저지대 쪽에는 에도만으로 흘러가는 도네강利根川과 아라강荒川이 있었다. 하지만 하류에서는 바닷물이 섞여 농업용수나 음용수로 사용할 수 없었고, 더욱이 고지대로 퍼 올릴 수도 없는 상황이었다. 그래서 1590년, 히데요시의 명에 따라 에도로 영지를 옮긴 이에야스는 고이시강小石川 상수를 끌어와서 에도의 상수를 확보하는데, 이것이 훗날 간다神田 상수도가 된다.

세키가하라 전투 후 이에야스는 에도의 도시 건설에 더욱 박차를 가한다. 간다산에서 흙을 가져다 해안이었던 히비야노이리에日比谷入江를 메워 성하도시를 건설함으로써 에도만으로 흘러들어오던 도네강의 흐름을 바꾼다. 덕분에 에도는 홍수 피해를 입지 않고 습지대에서도 농사를 지을 수 있게 된다.

또한, 현재의 황궁인 고쿄皇居의 남서부에서 물이 솟아났는데, 이 물이 저습지

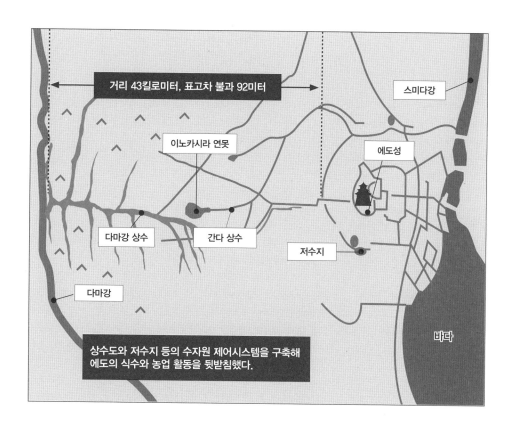

거리 43킬로미터, 표고차 불과 92미터

스미다강

이노카시라 연못

에도성

다마강 상수

간다 상수

저수지

다마강

바다

상수도와 저수지 등의 수자원 제어시스템을 구축해
에도의 식수와 농업 활동을 뒷받침했다.

로 흘러들어가는 것을 보고 이에야스는 그 물을 막아 저수지를 만들었다. 결국 이
것이 물을 저장하는 역할을 한, 즉 에도 시대 최초의 댐이 되었다.

1653년에는 다마강에서 물을 끌어와 에도의 생활용수 공급원인 다마강玉川 상
수도를 만들기도 한다. 표고 차가 고작 92미터밖에 안 되는 곳에 무려 43킬로미
터나 되는 긴 물길을 만들고 강물을 끌어와 에도에 식용수와 농업용수를 제공한
것이다.

이렇게 해서 상수와 저수지를 활용한 수자원 제어시스템을 완성시킨 에도는
300년에 걸친 세월 동안 번영을 누렸다.

5장 주요 인명 주석

1 **후쿠시마 마사노리**福島正則 – 오와리국 출신으로 모친이 도요토미 히데요시의 숙모였기 때문에 어릴 때부터 히데요시를 모시면서 시즈가타케 전투 등 여러 전투에서 용맹을 떨쳤다. 히데요시가 죽은 후 서군의 이시나 미쓰나리와 사이가 좋지 않아 도구가와 이에야스 측에 기담했고, 세키가하라 전투에서 공을 세워 50만 석의 히로시마의 성주가 되었다. 그러나 막부의 금령을 어기고 히로시마성을 개축했다가 영지 몰수 처분을 받고 시나노국의 소영지로 추방되었다.

2 **고바야카와 히데아키**小早川秀秋 – 도요토미 히데요시의 정실이었던 네네의 오빠인 기노시타 이에사다木下家定의 아들로 오카야마성 성주였다. 히데요시 가문의 양자로 들어갔다가 외아들 히데요리가 태어나자 다시 고바야카와 가문의 양자로 보내졌다. 세키가하라 전투에서 이에야스와 짜고 서군을 배신한 동군 승리의 주역으로서 52만 석의 영지를 하사받았으나 21세의 젊은 나이에 요절했다.

3 **이이 나오마사**井伊直政 – 이마가와 가문의 가신 집안에서 태어났으나 10대 중반에 도쿠가와 이에야스에게 가신으로 발탁되었다. 이에야스의 명령으로 조직한 특수부대의 대장으로 고마키·나가쿠테 전투, 오다와라 전투의 선봉에 서서 큰 공을 세웠다. 여러 전투에서 승리를 이끈 맹장인 데다 전후 처리를 깔끔하게 마무리하는 외교적 능력도 탁월해 이에야스의 총애를 받았다. 세키가하라 전투에서 입은 부상의 후유증으로 세상을 떠났다.

4 **나오에 가네쓰구**直江兼続 – 우에스기 가문의 가로인 에치고 노미네성直峰城의 성주 히구치 가네토요樋口兼豊의 아들로 태어났다. 우에스기 겐신과 양자로 들어간 가게카쓰의 가신으로 활약하면서 도요토미 히데요시가 전국시대의 패권을 잡는 데 큰 공을 세웠다. 히데요시가 가게카쓰에게 120만 석의 아이즈 영지를 하사할 때 가네쓰구에게 따로 요네자와성米沢城 성주로 봉하고 6만 석의 영지를 내리는 이례적인 조치를 취했다. 북쪽의 세키가하라 전투에서 이에야스의 동군에 패해 영지가 축소된 우에스기 가문을 유지하기 위해 도쿠가와 정권에 협력하는 등 많은 노력을 기울였다.

5 **아사노 요시나가**浅野幸長 – 부친 아사노 나가마사浅野와 함께 오다와라 정벌 등 여러 전투에서 전공을 세우며 도요토미 히데요시의 천하통일에 힘을 보탰다. 이시다 미쓰나리와 반목한 탓에 도쿠가와 이에야스를 따랐으며, 세키가하라 전투에서 공을 세웠다. 기이국 와카야마성의 성주에 봉해져 37만 석의 영지를 받았다.

6 **가토 기요마사**加藤清正 – 오와리국 출신으로 어릴 때부터 친척인 도요토미 히데요시의 가신으로 시즈가타케 전투 등에서 활약했다. 세키가하라 전투에서 도쿠가와 이에야스의 동군으로 전공을 세워 히고국의 54만 석의 영주가 되었다. 이때 명성으로 이름을 날린 구마모토성熊本城을 지었고, 이후 에도성과 오사카성의 축성에 참여하는 등 축성술의 전문가로 이름을 떨쳤다.

7 **사나다 노부시게**真田信繁 – 사나다 가문은 대대로 모셨던 가이국의 다케다 가문이 멸망하면서 오다 노부나가에게 귀순했다. 부친 마사유키가 다시 도요토미 히데요시의 휘하에 들어가면서 자연스럽게 주군으로 모시

게 되었다. 오사카 겨울 전투에서는 이에야스군에 맞서 오사카성을 지켜냈다. 하지만 1615년 오사카 여름 전투에서 패배해 전사했다. 사나다 유키무라真田幸村라고도 불린다.

8 **조소카베 모리치카**長宗我部盛親 – 시코쿠를 통일한 조소카베 모토치카의 4남으로 형들을 물리치고 22대 당주 자리를 차지했다. 세키가하라 전투에서 서군으로 참전해 패배한 후 오사카 전투에서도 도쿠가와 이에야스군에 대적하는 등 연속된 패착으로 가문의 몰락을 자초했다. 오사카 여름 전투에서 패하고 도주 후 체포되어 참수되었고, 자식들도 모두 죽임을 당했다.

9 **모리 가쓰나가**毛利勝永 – 오와리국 출신으로 부친 가쓰노부勝信와 함께 도요토미 가문의 가신으로 활약했다. 도요토미 히데요시의 규슈 정벌 때 공을 세워 부젠국의 영지를 하사받았다. 오사카 전투에서 도요토미 히데요리가 죽자 아들과 함께 자결했다. 사료에는 모리 요시마사毛利吉政란 이름으로 알려져 있다.

10 **고토 마타베**後藤又兵衛 – 원래 이름은 고토 모토쓰구後藤基次인데 마타베로 더 유명하다. 규슈 지쿠젠국의 구로다 간베에와 아들 나가마사長政와 함께 도요토미 히데요리를 섬기며 세키가하라 전투에서 공을 세워 오쿠마성大隈城의 성주가 되었다. 오사카 여름 전투에서 다테 마사무네의 대군과 맞서 싸우다 전사했다.

11 **마에다 도시쓰네**前田利常 – 에도 시대 초기의 무장이자 다이묘. 가가번 2대 번주이며 가가국 마에다 가문의 3대 당주다. 가가국의 다이묘 마에다 도시이에前田利家의 4남으로 도쿠가와 2대 쇼군 히데타다의 딸과 결혼했다. 한때 막부로부터 모반 혐의를 받아 장남 미쓰타카光高에게 가독을 물려주고 은거했다.

12 **마쓰다이라 다다나오**松平忠直 – 도쿠가와 이에야스의 차남 유키 히데야스結城秀康의 장남으로, 에치젠 후쿠이 67만 석의 영지를 상속받았다. 세키가하라 전투와 오사카 전투에 공을 세워 이에야스로부터 칭송을 받았으나 포상에 불만을 가졌다고 한다. 이후 영지 내의 가신들이나 주민들을 함부로 죽이는 등 갖은 만행을 저질러 유배 처분을 받았다.

13 이이 나오타카井伊直孝 – 스루가에서 이이 나오마사의 차남으로 태어나 가독을 승계한 고즈케국의 영주다. 오사카 전투에서 도쿠가와군이 도요토미군을 공격할 때 공적을 세운다. 도쿠가와 막부의 원로로 쇼군 히데타다秀忠, 이에미쓰家光, 이에쓰나家綱를 3대에 걸쳐 보필했다.

14 **오다 나가마스**織田長益 – 오다 노부나가의 동생으로 오다 우라쿠사이織田有楽斎로도 불린다. 혼노사의 정변 이후 도요토미 히데요시의 진영에 가담했고, 세키가하라 전투에서는 히데요시의 동군에 참가했다. 센노 리큐에게 다도를 배웠고 나중에 자신만의 다도법을 창안했다.

지도로 읽는다

일본 전국시대 130년 지정학

초판 1쇄 인쇄 | 2022년 3월 20일
초판 1쇄 발행 | 2022년 3월 22일
초판 3쇄 발행 | 2023년 10월 24일

지은이 | 코스믹출판
감수자 | 아베 겐타로
옮긴이 | 전경아
펴낸이 | 황보태수
기획 | 박금희
디자인 | 디자인봄 정의도
인쇄 | 한영문화사
제본 | 한영제책

펴낸곳 | 이다미디어
주소 | 경기도 고양시 일산동구 강석로 145, 2층 3호
전화 | 02-3142-9612
팩스 | 070-7547-5181
이메일 | idamedia77@hanmail.net
블로그 | https://blog.naver.com/idamediaaa
페이스북 | http://www.facebook.com/idamedia
인스타그램 | http://www.instagram.com/ida_media
네이버 포스트 | http://post.naver.com/idamediaaa

ISBN 979-11-6394-056-2 04900
       978-89-94597-65-2 (세트)